BASTEI
LÜBBE

Von Ursula Richter sind bei BASTEI LÜBBE TASCHENBÜCHER lieferbar:

70126 Bräute der Nacht

Über die Autorin:

Dr. Ursula Richter, geboren in der ehemaligen Tschechoslowakei, studierte Soziologie, Psychologie und Pädagogik in München, Los Angeles, Santa Barbara und Wien. Promotion 1989 an der Universität Wien, Forschungsaufenthalt an der University of British Columbia in Vancouver, Kanada. Von 1992 bis 2002 Professorin an der Miyazaki University in Japan. Von 2006 bis 2007 Lehrbeauftragte an der Fuzhou University, China, sowie an der Fujian Agriculture and Forestry University in Fuzhou. Heute lebt sie als freie Autorin in Süddeutschland.

Ursula Richter

DAS LEBEN DER GEISHA

Die Wirklichkeit
hinter der weißen Maske

BASTEI LÜBBE

BASTEI LÜBBE TASCHENBUCH
Band 60586

1. Auflage: September 2007

Hinweis zu den japanischen Namen und Begriffen:
Im Japanischen git es keine Groß- und Kleinschreibung. In der Regel haben wir japanische Begriffe klein und kursiv geschrieben, bekannte Begriffe wie »Ikebana« oder »Shōgun« folgen der deutschsprachigen Konvention. Die Aussprache der hier verwendeten internationalen Umschrift ist einfach und folgt bei Konsonanten dem Englischen, bei Vokalen dem Deutschen: j *wird wie* dsch, ch *wie* tsch, sh *wie* sch, *Vokale mit Querstrich* (ū, ō, ē, ā) *werden lang, Doppelvokale (wie* ei *in Geisha) leicht getrennt ausgesprochen.*

Vollständige Taschenbuchausgabe
der im Gustav Lübbe Verlag unter dem Titel
»Das Lächeln der Geisha« erschienenen Hardcoverausgabe

Bastei Lübbe Taschenbücher und Gustav Lübbe Verlag
in der Verlagsgruppe Lübbe

Titelbild: © getty-images/Joshua Ets-Hokin
Umschlaggestaltung: Bettina Reubelt
unter Verwendung eines Entwurfs von Guido Klütsch, Köln
Satz: Druck & Grafik Siebel, Lindlar
Druck und Verarbeitung: Ebner & Spiegel, Ulm
Printed in Germany
ISBN 978-3-404-60586-6

Sie finden uns im Internet unter
www.luebbe.de
Bitte beachten Sie auch: www.lesejury.de

Der Preis dieses Bandes versteht sich einschließlich
der gesetzlichen Mehrwertsteuer.

Geishas werden im Japanischen oft *chō-chō*, Schmetterling, genannt. Dieser schöne Brauch wurde bei der Buchgestaltung aufgegriffen.

INHALT

ZUR EINSTIMMUNG

Vor einiger Zeit habe ich eine Veranstaltung mit Mineko Iwasaki, einer ehemaligen Geisha, besucht.

Ja, Mineko war zierlich und hübsch und sie tanzte anmutig zu dem überraschend tiefen und erdigen Gesang der *shamisen*-Spielerin.

Insofern stimmte das Bild einer Geisha mit der Erwartung des Publikums überein.

Die Menschen, die zur Veranstaltung gekommen waren, sind freundlich und gewillt, sich auf die Enthüllung von exotischen Geheimnissen einzustimmen. Die Geheimnisse der Geisha Mineko.

»Und wie steht's mit der Liebe?«, fragt eine Frau.

»Wenn ein Mann zudringlich wird«, antwortet Mineko Iwasaki, »weist ihn die Geisha energisch und aufs Schärfste zurück. Eine Geisha ist keine Kurtisane.«

Skepsis bei den Zuhörern.

Ich staune: Findet hier eine Entzauberung des Klischees Geisha statt?

Mineko erzählt aus ihrem Leben im Geisha-Haus, unter anderem dass sich eine Geisha täglich das Gesicht rasiert, um eine makellos glatte Haut zu haben.

Wie bitte?!

Ist eine Geisha nicht von Natur aus märchenhaft schön? Das Rasieren könne sicher nur symbolisch gemeint sein, vielleicht mit einem herrlichen Bambusmesser als Geste übers Gesicht geführt?

»Nein«, antwortet Mineko, und sie blickt verwundert ins Publikum, »nein, eine Geisha rasiert sich mit einem ganz normalen scharfen Rasiermesser.«

Die Menschen im Saal blicken sich verständnislos an, schütteln ungläubig die Köpfe.

Mineko Iwasaki trägt einen Kimono, von dem sie sagt, er sei in höchstem Maße kostbar und unvorstellbar teuer, maßgeschneidert allein für sie.

Der Kimono ist in gedeckten Farben, braunen Tönen vor allem, gestreift, schlicht und wirkt hausbacken.

Noch immer lächeln die Zuhörer freundlich, jedoch ist die Enttäuschung nicht zu übersehen: Man hat einen dekorativen, prachtvoll bestickten märchenhaften Kimono an einer Geisha erwartet.

Die Menschen lassen sich jedoch so schnell ihr Bild von einer Geisha nicht zerstören: Mineko mag eben keine hundertprozentig richtige Geisha gewesen sein.

Als Mineko Iwasaki ihre Biografie signiert, mit dem Pinsel ihren Namen auf Japanisch malt, da hat das Publikum endlich sein Geheimnis wieder. Staunend und verzückt werden die exotischen Schriftzüge betrachtet: Das muss sicher die Botschaft einer richtigen Geisha sein!

In Wirklichkeit ist es nur eine ganz normale japanische Unterschrift.

MYTHOS UND REALITÄT

IM LAND DER GEISHAS

Kommt der Reisende aus dem Westen nach Japan, wird er auf den Straßen der Metropolen und Dörfer ganz normale, westlich gekleidete Japanerinnen antreffen, die sich kaum von den Frauen anderer Industrienationen auf der Welt unterscheiden.

Was ist also los im viel zitierten »Land der Geishas«? Wo sind denn all die Geishas in ihren prachtvollen Kimonos, wird er sich fragen.

Meine erste Begegnung mit einer Geisha fand unter Ausschluss der Öffentlichkeit statt. Damals lebten mein Mann und ich schon seit mehreren Jahren in Japan. Der Gerichtsmediziner Professor Takahama, ein angesehener und reicher Mann auf der südjapanischen Insel Kyūshū, hatte uns – wie schon etliche Male zuvor – zu einem Abendessen eingeladen.

Der Taxifahrer in tiefblauer Uniform und blütenweißen Handschuhen fuhr uns diesmal in eine dunkle, menschenleere Gasse am Rande der Stadt. Alte Straßenlaternen beleuchteten wenig mehr als ein schmales Stück des Straßenrands, von ferne hörten wir das hysterische Bellen eines Hundes, einer dieser fuchsähnlichen japanischen Shiba vermutlich, der Professor entschuldigte sich für die ungeteerte Straße, die unser Taxi zum schaukelnden Gefährt werden ließ, kaum anders, als wären wir mit einem Ochsenkarren unterwegs.

Das Taxi hielt an. Außer einem schmalen verwitterten Holztor schien nichts darauf hinzuweisen, dass wir uns in einer Wohngegend oder sogar vor einem Restaurant befanden. Kiefern, Bambusdickicht, vereinzelte Zedern säumten den Weg. Am Tor selbst befand sich nichts als ein einfaches Namensschild aus Holz. Zeichen in japanischer Schrift, die ich nicht lesen konnte.

Hier also wohnte die Geisha.

Der Taxifahrer schaltete Licht und Motor aus und richtete sich augenscheinlich auf eine längere Wartezeit ein: Er rutschte auf seinem Sitz in Schlafstellung, noch ehe wir durch das Tor getreten waren und auf den im Moosboden eingetretenen Steinplatten, vorbei an Dutzenden von himmelblauen Hortensienbüschen, dem Eingang des niedrigen Holzhauses zustrebten.

Die breite Schiebetüre öffnete sich, und ein zierliches Mädchen im fliederfarbenen Kimono mit blütenbedruckter bunter Schärpe begrüßte uns kniend und verneigte sich so tief, dass ihre Stirn den Boden zu berühren schien.

Das junge Mädchen war die Empfangsdame des Hauses.

Sie reichte uns aus Reisstroh geflochtene Sandalen, unsere Straßenschuhe mussten wir – wie es überall in Japan üblich ist – im vorderen Eingangsbereich des Hauses abstellen.

Anschließend führte sie uns mit ehrfürchtiger Verbeugung und den Blick nach unten gerichtet über einen kurzen Gang und durch eine Schiebetüre. Sie ließ uns auf prächtigen Seidenkissen an einem niedrigen Holztisch in der Mitte eines mit Reisstrohmatten ausgelegten Raumes Platz nehmen.

Der Raum duftete nach Kampferholz und war – bis auf den Holztisch, an dem wir saßen, und ein kunstvolles Arrangement aus Zweigen und Gräsern und ein Rollbild in einer hohen Wandnische – leer. Wie wir später erfuhren, handelte es sich bei dem Rollbild um ein klassisches Gedicht.

Der Professor setzte sich mit gekreuzten Beinen auf ein Kissen, während ich, so wie es sich für Frauen in Japan geziemt, erst einmal kniend auf den Fersen saß. Doch schon nach wenigen Minuten schmerzten meine Beine derart, dass ich sie unter den Tisch ausstrecken musste.

Der Holztisch war mit schwarzen Lacktabletts gedeckt, auf denen verschiedene Tellerchen und Schälchen aus kostbarem Porzellan mit eingelegtem Gemüse und kleinen Blütenzweigen arrangiert waren, rote, lackierte Essstäbchen ruhten auf blau gemusterten Porzellanbänkchen.

Von irgendwoher klang die schmelzende Stimme einer Sängerin. Der Professor erklärte, dass dies die 1989 verstorbene Hibari Misora sei (die Edith Piaf Japans). Jeder Japaner kenne ihre berühmten Lieder wie etwa »*Ringo oiwake*« (der Apfelblüten-Song) oder »*Kanashii sake*« (Melancholie-Wein). Unser Blick fiel auf einen beleuchteten Innenhof: eine harmonische Anordnung von Steinen, Zwergbäumen und einem kleinen Teich mit Seerosenblättern.

Nachdem uns die junge Frau allein gelassen hatte, beugte sich der Professor zu meinem Mann und verkündete mit einem Augenzwinkern, dass wir nun mit dem Höhepunkt des Abends rechnen könnten: Die Besitzerin dieses Hauses sei die Geliebte eines hohen Politikers, eine Geisha, die dieser vor vielen Jahren aus dem Vertrag mit dem Geisha-Haus, an das sie gebunden war, freigekauft hat. Seither sei sie seine heimliche Nebenfrau. Er ließ dieses Haus im alten japanischen Stil für sie bauen und einrichten, wo sie – von der Öffentlichkeit abgeschirmt – ihn und seine illustren Freunde empfängt. Professor Takahama gehörte zu diesem erlauchten Kreis. Wie er uns versicherte, durften wir uns als Ehrengäste betrachten.

Wir waren sehr gespannt.

Endlich betrat sie den Raum: Madame Kimiko. Eine zierliche, scheu wirkende Schönheit. Sie glitt auf dem Reisstrohboden an unsere Seite und begrüßte uns mit einer respektvollen Verneigung. Ihr schüchternes Lächeln und ihre kühle Ausstrahlung kennzeichneten sie als Frau, die nicht gern im gleißenden Licht der Öffentlichkeit weilte, sondern sich lieber im schützenden Hintergrund hielt.

Sie tauschte zunächst Höflichkeiten, standardisierte Floskeln, mit dem Professor aus, obwohl die besondere Vertrautheit zwischen ihnen für uns deutlich zu spüren war. Sie war perfekt geschminkt, ihre Haut wirkte hell und pudrig, ohne jegliche weiße Paste, die zu übertrieben gewesen wäre für den Anlass, so wurde uns später erklärt. Ihr schwarzes, glänzendes Haar hatte sie mit Haarnadeln aus Jade und ein paar Zierkämmchen zu einer schlichten Hochfrisur aufgesteckt.

Sie schenkte Bier aus der Flasche in die kleinen Kristallgläser ein, die ich als Wassergläser betrachtet hatte, doch Wasser wurde auch später nicht angeboten. Es ist Brauch in Japan, zur Begrüßung der Gäste einen Schluck Bier zu trinken. Später füllte Madame Kimiko die Porzellanschälchen mit Sake.

Sie saß in der traditionellen Sitzhaltung mit geradem Rücken und hatte ihre Aufmerksamkeit auf den Professor gerichtet, von jedem Wort aus seinem Mund schien sie fasziniert zu sein. Sie sprachen Japanisch. Während er ihr offensichtlich von uns erzählte, blickte sie immer wieder zu meinem Mann und zu mir herüber, mit strahlenden Augen und erstaunten spitzen Ausrufen des Entzückens, fast übermütig, ganz im Gegensatz zu ihrem bisherigen beherrschten Benehmen. Sie ermunterte uns zu trinken, versuchte, uns auf Englisch die Speisen zu erklären, die mittlerweile von der jungen Dienerin hereingebracht wurden: Kunstwerke für Auge und Gaumen, auf Essplättchen und in Lackschalen angerichtet, gezaubert aus Kräutern und mariniertem Gemüse aus den Bergen, aus seltenem Fisch, exquisitem Rindfleisch und dem besten Reis der Gegend. Den Koch hatte sie – wie wir vom Professor hörten – nur für uns engagiert, denn weitere Gäste waren nicht geladen, und nach der Zubereitung der Speisen hat er – von uns unbemerkt – das Haus wieder verlassen, während wir nach dem vorzüglichen Essen noch weiterhin die Gastfreundschaft der Geisha genießen durften.

Madame Kimiko trug einen Kimono in verschiedenen Grüntönen mit einer farblich abgestimmten Schärpe, die mit gestickten Ahornblättern verziert war. Ein äußerst schlichter Kimono mit dem vollkommenen Schimmer, dem leisen Rascheln, dieser Aura von höfischer Eleganz, die nur Seide umgibt. Er verhüllte ihre Figur vollkommen und saß trotzdem wie angegossen, kein Faltenwurf verrutschte, keine Drapierung bauschte sich auf. Nur ihre schmalen schwarz schimmernden Augen, ihr Mund und ihre Hände bewegten sich, während sie an unserer Seite über unser Wohlbefinden wachte.

Am Ende des Mahls, nachdem wir zum Dessert noch drei winzige geleeartige Pralinen aus süßer Bohnenpaste verzehrt hatten, lächelte Madame Kimiko, als wir ins Lob des Professors über das köstliche Mahl einstimmten, verneigte sich und verließ den Raum. Wenig später kehrte sie mit einem Musikinstrument zurück, einer langhalsigen Laute, *shamisen* genannt, und begann für uns zu spielen. Mir gefiel der näselnde Saitenklang nicht besonders. Mein Mann hingegen hörte dem Spiel von Madame Kimiko aufmerksam zu, an seinem Blick konnte ich erkennen, dass er sich für den seltsam aufreizenden Klang begeistern konnte. Madame Kimiko lächelte und legte das *shamisen* beiseite. Für wenige Momente nahm sie die Züge einer Frau an, die jahrelang in Teehäusern gelebt hat und die Kunst beherrscht, Männerherzen zu bezaubern.

Als der Professor um einen Tanz bat, führte sie uns einen Fächertanz vor; die Musik dazu kam aus dem Kassettenrekorder, den sie in den Raum bringen ließ.

Sie wirkte zerbrechlich, bewegte sich äußerst geschmeidig und elegant. Es war schwer zu glauben, dass sie vierzig Jahre alt sein sollte, wie uns der Professor verraten hatte. Nach dem Tanz nahm sie mit bescheidenem Lächeln und vielen Verbeugungen unsere Komplimente entgegen.

Kurz darauf erschien die Dienerin und brachte heißes Wasser. Madame Kimiko brühte grünen Tee für uns auf, ein Zeichen, dass sich die Einladung dem Ende zuneigte. Pünktlich um einundzwanzig Uhr erhob sich der Professor, verbeugte sich dankend, und wir folgten ihm, erstaunt über den abrupten Aufbruch.

Madame Kimiko begleitete uns zum Eingangsbereich des Hauses, wo uns die junge Dienerin mit unseren Schuhen erwartete. Madame Kimiko verabschiedete sich vom Professor mit einer besonders tiefen Verbeugung und folgte uns bis über die Schwelle der Eingangstür. »Bye, bye« und »*sayonara*« rief sie uns noch lange nach, ich blickte mich ein letztes Mal um, bevor wir hinter dem Bambusgestrüpp zur dunklen Straße einbogen: Eine Gestalt im schwachen Schein der Hauslaternen, in vollendeter Verbeugung erstarrt, so behielt ich das Bild von der Geisha Kimiko in Erinnerung.

Der Taxifahrer erwartete uns in korrekter Haltung an seinem Luxusgefährt, und ich hatte das seltsame Gefühl, soeben von einer privaten Theatervorstellung zurückgekehrt zu sein.

Ich hatte eine Geisha kennen gelernt. Sie lebte allein, hatte eine Dienerin, und ihr Geliebter besuchte sie, so hatte ich erfahren, wenn seine Termine und die Familienverpflichtungen es zuließen. Ich verstand, dass sie ein ruhiges, geordnetes und finanziell sorgloses Leben in ihrem traditionell japanischen Haus in der ländlichen Umgebung führte. Ob sie zufrieden oder gar glücklich war, blieb ihr Geheimnis.

Der Abend bei Madame Kimiko machte mir deutlich, dass es verschiedene Möglichkeiten gibt, eine Geisha zu sein. Wie die meisten Menschen in Europa hatte ich keine klare oder konkrete Vorstellung von einer Geisha.

WAS WIR ÜBER DIE GEISHA WISSEN

DER TRAUM VON DER GEISHA

»Madame Butterfly« ist eine romantische Geschichte, die heute passé erscheint. Nichtsdestotrotz ist in den Ländern mit westlicher Kultur das Interesse an der Geisha nicht erloschen.

In einer Welt, in der die Auseinandersetzung mit selbstbewussten, streitbaren und unabhängigen Frauen an der Tagesordnung ist, träumen viele Männer von fügsamen, sanften Ehefrauen.

Zahlreiche Frauen hingegen träumen insgeheim von den geheimnisvollen Tugenden und Fähigkeiten einer Geisha, weil sie in einer Welt leben, in der die Kunst der Partnerschaft von ihnen mehr verlangt als die Wahrnehmung gleicher Rechte und Pflichten: Die moderne Frau in der westlichen Kultur ist längst zur Superfrau mutiert, die sich neben ihrer beruflichen Karriere und der Mutterrolle auch dem Anspruch stellen soll, eine glückliche Liebesbeziehung führen zu können, und die – wenn sie ihr Glück festhalten will – auch noch allerlei Tricks benötigt und jede Art von Hilfe dankbar annimmt. Gute Ratschläge für sie umfassen auch solche, die in den so genannten Frauenzeitschriften nach fernöstlichen Mustern greifen, die dann bei uns als Vorbild für ein erfülltes Liebesleben gelten sollen, wie zum Beispiel ein Artikel in der Frauenzeitschrift »Cosmopolitan« im Oktober 2003 über »Die Liebeskunst der Geishas: Lernen Sie von den stolzen, klugen Geishas, wie man Erotik als Fest der Sinnlichkeit zelebriert« vorschlägt.

Nicht wenige Frauen hoffen, auf diese oder ähnliche Weise in die Geheimnisse der Geisha eingeweiht zu werden und quasi via Schnellkurs deren Magie beherrschen zu lernen, durch die sie einen Mann an sich fesseln können. Sie hoffen, mit dem Wissen einer Geisha schließlich eine bessere, ja eine ideale Beziehung gestalten zu können. Schließlich, so wird behauptet, besitzt die Geisha den Schlüssel zur Verwirklichung dieser Träume.

Diese Vorstellung teilen in der Komödie von John Patrick: »Die Geisha des Captain Fisby – Das kleine Teehaus« (nach einer Erzählung von Vern Sneider »The Teahouse of the August Moon«), die in den 1950er Jahren am Broadway Furore machte, sogar die Frauen im japanischen Dorf Tobiki. Sie beobachten mit zunehmender Empörung, wie sich ihre Ehemänner gegenüber den überraschend ins Dorf gekommenen Geishas Lotosblüte und Goldblume verhalten: Die männlichen Dorfbewohner bewundern die Geishas, wollen ihnen zu Diensten sein, nehmen sich Zeit für sie, nehmen sie sogar wichtiger als ihre Arbeit, während sie ihre eigenen Frauen weiterhin wie Dienstpersonal behandeln. Die Frauen wollen sich damit nicht länger abfinden. Sie wollen auch Geishas werden, denn »sie sehen doch, wie alle Männer hinter Goldblume und Lotosblüte her sind«, sagt der japanische Dolmetscher von Captain Fisby. Was haben diese Geishas, was wir nicht haben, überlegen die Frauen und fordern vom Dorfpräfekten zunächst alles, womit sie äußerlich den Geishas gleichen können: Seidenstoffe für einen Kimono, weißen, duftenden Puder und andere Schminkutensilien und Accessoires wie prächtige Schärpen, Sandalen aus buntem Stoff und elegante Fächer. Anschließend bestehen sie darauf, von den Geishas unterrichtet zu werden, sie fordern ein »demokratisches Erziehungsprogramm«: Sie wollen lernen, eine Geisha zu sein. Ihr Ziel ist, von ihren Ehemännern beachtet zu werden und ein partnerschaftliches Miteinander zu erreichen.

Deshalb beschäftigen sie sich nicht nur mit der Teezeremonie und der Kunst, Gespräche zu führen, sondern wollen auch lernen, wie eine Geisha zu lächeln, Instrumente zu spielen und frivole Lieder zu singen. Schließlich will jede der Dorffrauen im Garten hinter ihrem Haus ein kleines Teehaus haben, damit die Männer kommen und mit ihnen beim Tee über dies und das sprechen, über Politik und die Natur, sowie mit ihnen romantische Gefühle und glückliche Momente teilen, so wie sie es im Teehaus der Geishas zu tun pflegen.

Ob die Dorffrauen mit ihrer Schulung zur Geisha Erfolg hatten, bleibt in der Erzählung unbeantwortet.

Der amerikanische Autor spielt mit einigen Vorstellungen von der Ehe, die in der westlichen Kultur bedeutungsvoll sind: Eine Ehe soll eine Partnerschaft sein, in der die Partner nach demokratischen Grundsätzen zusammenleben. Die Verantwortung für das Funktionieren einer solchen Partnerschaft obliegt jedoch ausschließlich der Frau: Die Ehefrau soll alle weiblichen Rollen in sich vereinen – Hausfrau, Mutter und Geliebte (Geisha).

In der Alltagswirklichkeit japanischer Ehepaare gibt es jedoch keine Vermischung von Ehefrau und Geisha, denn, so heißt es in Japan: Ehefrau und Geisha, das passt nicht zusammen.

GEISHA-BILDER

Unter einem rot lackierten *torii*, dem frei stehenden Tor, das den Beginn des geheiligten Weges zu einem Shintō-Schrein markiert, im Hintergrund ein Pinienwäldchen mit einigen Kirschbäumen, stehen zwei japanische Frauen mit Sonnenschirm in zeremonieller Verbeugung vertieft.

Die eine trägt einen veilchenfarbigen Kimono mit vielfarbigen Chrysanthemenblüten; die *geta*, die traditionellen Sandalen, und der Schirm schimmern in gleicher Abtönung, die breite Schärpe, mandarinenfarbig, ist mit violetten Ornamenten verziert. Die andere trägt einen meergrünen Kimono, bestickt mit herabfallenden Glyzinien an den breiten, langen Ärmeln und am Saum, die Schärpe ist aus irisierend grüngoldenem Brokat. Auf ihren Sonnenschirmen hat der Maler zwischen zarten Bambusblättern Kraniche gemalt, die vorüberziehen. An den Füßen tragen sie die charakteristischen *tabi*-Socken, weiß wie der Flaum eines Kranichs. Sie passen in die lebhaft gefärbten *geta* mit den hohen Stegen hinein.

Das Ganze ist ein Bild von eigenartiger Eleganz und Schönheit, ein Bild, auf dem der Blick mit Wohlgefallen ruht und das den Betrachter aus dem Westen zu der Vermutung veranlasst, dass die beiden japanischen Frauen Geishas sind.

Den Begriff Geisha zu kennen scheint in unserer Kultur zum Allgemeinwissen zu gehören. Wie ich bei einer Zufallsbefragung von einhundertfünfzig Personen in unterschiedlichen Städten in Deutschland feststellte, löst das Wort »Geisha« in der Vorstellung von Frauen und Männern hauptsächlich zwei Bilder aus: zum einen das Bild einer Prostituierten, einer geheimnisvollen Verkörperung irdischer Lust und himmlischer Träume, eingebettet in ein paradiesisch-exotisches Ambiente; zum anderen das Bild eines fügsamen, selbstaufopfernd liebenden und passiv-treuen Wesens.

Es wird vermutet, dass die Geisha seit alters her untrennbar zum Charakter der Japanerin gehört und jede Japanerin auch als Geisha beschrieben werden kann. Daher wird das oft benutzte Klischee verständlich, welches Japan als »Land der Geishas« definiert. In unserem westlichen Denken hat sich der Widerspruch erhalten, Japan einerseits als eines der modernsten Industrieländer mit hoch entwickelter Technologie zu kennen und es andererseits gleichzusetzen mit dem »Land der Geishas«, wodurch ein fremdes, geheimnisumwittertes, exotisches und archaisches Land vor unserem geistigen Auge ersteht. Berichte wie »Karrierewillige Frauen haben es schwer im Land der Geishas« (Süddeutsche Zeitung, 30. August 2001) oder »Im Land der Geishas brechen die Frauen mit Traditionen« (Der Spiegel, 19/2001) erwecken den Eindruck, jede Japanerin sei tendenziell eine Geisha und die Frauenwelt dort werde vom Rollenverhalten der Geisha bestimmt.

Von den von mir befragten Personen glaubten die meisten, das Wesen, das sich hinter dem Begriff Geisha verbirgt, ein wenig zu kennen.

Sie kennen das geheimnisvolle Wesen aus zahlreichen Quellen, aus aktuellen Medienberichten, wie etwa Fernsehreportagen, Büchern, Zeitungsmeldungen, Hochglanzmagazinen, die oft seitenweise Fotos von perfekt maskenhaft geschminkten, in paradiesisch bemalten Seidenkimonos versteckten Geishas präsentieren; aus alten Filmen wie »Sayonara« oder »Denn der Wind kann nicht lesen«, Opern und Operetten wie »Madame Butterfly« und »Der Mikado« oder »Das Land des Lächelns«; von Kunstwerken wie etwa der in den Farbholzschnitten berühmter japanischer Künstler wie Harunobu, Kiyonaga, Utamaro und Hokusai dargestellten Welt oder von Gebrauchsgegenständen wie die Malereien auf den blau-weiß oder rostrot-gold gemusterten Teeservicen, jenen, die wir als die klassisch japanischen betrachten.

Vieles, was als typisch japanisch gilt, ist jedoch oft Bestandteil einer gänzlich anderen Kultur.

So waren manche der Befragten der Ansicht, eine Geisha trage stets eine Perücke, da ihr Haar als Symbol der Ablösung vom Elternhaus bei der zeremoniellen Aufnahme in ein Geisha-Haus abgeschnitten worden sei, wie dies etwa eine katholische oder buddhistische Novizin erleidet, die Nonne werden will. Einige denken an kleine, kurze Schritte, den typisch trippelnden Gang, der als Folge von bereits in der Kindheit eingebundenen und daher verkrüppelten Füßen vermutet wird. Doch dies ist ein chinesischer Brauch, der in Japan unbekannt ist. Eine vielfach geäußerte Vorstellung ist, dass eine Geisha die fantasiereichen Liebeskünste beherrsche, wie sie das »Kamasutra« beschreibt. Dabei wird übersehen, dass diese schon im dritten christlichen Jahrhundert verfasste Liebesbibel aus Indien stammt.

Die Bilder der Lustdienerin und der Opferwilligen lassen sich jedoch nicht eindeutig trennen. Die befragten Personen waren überwiegend der Meinung, dass sich im Begriff der Geisha beide Bilder auf wundersame Weise vereinen: Die Geisha ist die Frau, die jeden Wunsch auf erotischem Gebiet und gleichzeitig jeden Wunsch nach leiblichem und seelischem Wohlergehen auf selbstlose und ehrerbietige Weise erfüllt. Sie verkörpert natürliche Reinheit und Sinnlichkeit zugleich.

Sie ist liebreizend, zart, zerbrechlich, klug und exotisch-verführerisch. Sie denkt nur an das Wohl des Mannes, dem es wie zum Beispiel in »Schneeland«, der Erzählung des japanischen Schriftstellers Yasunari Kawabata (der 1968 den Nobelpreis für Literatur verliehen bekam und daher westlichen Lesern bekannt ist) schwer fällt, sich zwischen ihrem Bild als Mutter und als Hure zu entscheiden. Die leidenschaftliche Geisha Komako in »Schneeland« stellte, zusammen mit dem geheimnisvollen Mädchen Yoko, das den todkranken Sohn ihrer *shamisen*-Lehrerin mütterlich umsorgt, für viele westliche Leser das Idealbild einer japanischen Frau dar: Mutter und Hure zugleich.

Diese Ansicht hat ihre Berechtigung. Sie wurzelt im Geist westlicher Kultur, im Versuch der ersten (männlichen) Besucher Japans, geprägt von romantischer Liebe und puritanischen Eheidealen, sich das Fremdartige erklärbar und verständlich zu machen.

DAS »GEISHA-GIRL«

Das Image der Japanerin als Geisha hat sich im Wesentlichen ab 1860 entwickelt, als Japans Feudalzeit endete und der junge Kaiser Meiji das Land zu europäisieren begann. Die ersten ausländischen Besucher in Japan kamen vorwiegend aus Amerika und Europa. Sie waren zum Aufbau von Handelsbeziehungen von ihren Regierungen entsandt worden. Ihre Lebensführung war geprägt vom damals vorherrschenden viktorianischen Moralempfinden – auch die USA betrachteten diese Werte als den allgemein anerkannten moralischen Maßstab –, einer Sichtweise, die unter anderem besagte, dass Sex von Natur aus schlecht sei, jedoch um der Fortpflanzung willen toleriert werde.

Während ihres Aufenthalts in Japan hatten die ausländischen Männer wenig Chancen, mit japanischen Frauen in Kontakt zu kommen. Die japanischen Geschäftsleute machten ihre Handelspartner nur selten mit ihren Ehefrauen und Töchtern bekannt. Der Aktionsbereich der ehrbaren Japanerin war auf das Haus beschränkt, ihr war es verwehrt, an gesellschaftlichen Veranstaltungen teilzunehmen – ein Los, das sie mit der Europäerin viktorianischer Prägung teilte, als deren Domäne der häusliche Herd galt und die als höchstes Ziel anstrebte, eine perfekte Mutter und Hausfrau zu sein. Die Liebe zu Heim, Kindern und Haushaltspflichten sollte ihre einzige Leidenschaft sein, ein eigenes sexuelles Verlangen sollte sie nicht kennen. Und Prostitution passte nicht zur viktorianischen Auffassung von Schicklichkeit. Sie passte auch nicht zur ehrbaren Japanerin.

Die Welt der Frauen, die zum Vergnügen der Männerwelt in Japan existierte, war die »andere Seite der Medaille«. Sie war es vor allem, mit der die Fremden Bekanntschaft machten. Mit der weiblichen Dienerschaft, dienstwillig den »fremden, weißen Barbaren« zugetan. Mit den Prostituierten, die ganz selbstverständlich von den japanischen Gastgebern vermittelt wurden, denn Prostitution war damals, im Gegensatz zu heute, in Japan noch legal. Nicht ohne Stolz führte man die ausländischen Männer auch in die speziellen japanischen Freudenviertel. Das lustvolle, tabulose Treiben dort erschien dem Mann aus dem westlichen sittenstrengen Kulturkreis wie ein Märchen und setzte seiner Fantasie keine Grenzen. Der staunende Fremde schwelgte in einer nie gekannten Befreiung von sexuellen Verboten, die ihm von seiner eigenen Kultur auferlegt worden waren. Dennoch: Im Vergleich zu den tugendhaften, unantastbaren, prüden Frauen in der Heimat empfanden sie diese japanischen Frauen im Kimono als vulgär und lasterhaft, als willige, puppenhafte Objekte der Fantasie, als fremdartige Prostituierte.

Das war der Anfang des Image vom »Geisha-Girl«, das für die ersten Ausländer in Japan die japanischen Frauen als ultimatives Lustsymbol definierte. Der Begriff des »Geisha-Girls« wurde allerdings erst nach dem Ende des Zweiten Weltkriegs geprägt.

Nach der Kapitulation Japans im Jahre 1946 gestatteten die japanischen Behörden den Soldaten der US-Besatzungsmacht leichten Zugang zu den Vergnügungsvierteln, die noch immer der staatlichen Kontrolle unterlagen. Die Japaner, überzeugt davon, dass die Amerikaner wilde Tiere wären, die bald ihre Frauen, Mütter und Töchter vergewaltigen würden, hatten Vorsorge getroffen und ihre Frauen so weit aufs Land geschickt wie irgend möglich, bevor die amerikanischen Truppen in Tōkyō anlangten. Als Alternative waren unterdessen Bordellbesitzer aus dem Yoshiwara, deren Etablissements während der Bombardierung niedergebrannt waren, zusammen mit Vertretern der großen Unterhaltungsbranchen sowie der Geisha-Vereinigung von der städtischen Polizei beauftragt worden, unter Aufsicht der Regierung und mit Regierungsmitteln in großer Eile die »Recreation und Amusement Association« einzurichten. Sie hatten gleichzeitig begonnen, unter Prostituierten, Geishas und Barmädchen Freiwillige zu rekrutieren, es sollten fünftausend Frauen sein. Im April 1946 nahmen diejenigen, die sich bis dahin gemeldet hatten, in den dreiunddreißig »Häusern des Vergnügens« ihre Arbeit auf. Die Hauptkundschaft bestand natürlich aus amerikanischen Soldaten.

General MacArthur, der mächtige Kommandeur der US-Besatzungsmacht, war allerdings entschlossen, diesem gefährlichen und ungesunden Geschäft ein Ende zu bereiten. Er verbot seinen GIs den Zutritt zu sämtlichen Bordellen und erließ eine Verordnung, nach der die vertragliche Prostitution für verboten erklärt wurde. Im Jahre 1947 folgte ein entsprechender kaiserlicher Erlass.

Das berühmt-berüchtigte staatliche Vergnügungsviertel Yoshiwara in Tōkyō wurde privatisiert. Die Chefs und Chefinnen der alten Etablissements unterhielten nunmehr einen »Spezialgetränkeausschank«, und die Frauen wurden zu »Kellnerinnen«. Als Freischaffende erhielten sie einen Anteil am Umsatz des Hauses und konnten theoretisch gehen, wann immer es ihnen passte. Das Gesetz verlangte, dass sie ausnahmslos über achtzehn zu sein hätten, auf viele traf das jedoch nicht zu.

Die offiziellen Rotlichtbezirke bildeten allerdings nur die Spitze des Eisbergs. Neben den nichtlizensierten Vierteln waren auch die Reihen der Prostituierten durch Tausende verzweifelter Frauen, die ihre Familien verloren hatten oder ohne große Hoffnung auf die Rückkehr ihrer Männer von der Front warteten, massiv verstärkt worden. Diese Frauen sahen in der Prostitution die einzige Möglichkeit, sich zu ernähren. Um einen Begriff zu gebrauchen, den die GIs verstanden, nannten sie sich »geisha-gals«.

Unter den Besuchern aus dem Westen wurde »Geisha-Girl« rasch zum Universalbegriff für jede Frau von zweifelhafter Moral, angefangen von den Hostessen in den Bars, Cabarets und Tanzbars bis hin zur armseligen Straßendirne.

In den Vergnügungsbezirken gab es natürlich immer noch echte Geishas, doch für die Fremden war es kompliziert, die Mädchen in ihren bunten Kimonos zu unterscheiden. Und die Feinheiten der Rangordnung der Frauen in der Vergnügungswelt blieb ihnen ebenfalls verborgen. Sie nannten jedes weibliche Wesen innerhalb der Freudenviertel »Geisha-Girl«, was jedoch nichts anderes bedeutete als Prostituierte.

Auch die so genannten *ameyuki-san* (wörtlich übersetzt: die nach Amerika Gehenden) festigten das Klischee des »Geisha-Girls«: Es waren junge Japanerinnen, die Anfang des 20. Jahrhunderts im Ausland als Prostituierte Geld verdienten.

In den 1970er Jahren erschien der hart an der Pornografie entlangwabernde Erotikfilm »Im Reich der Sinne«, eine japanisch-französische Koproduktion, die vom Skandalfilm zum Kultfilm mutierte, auf einem aufsehenerregenden tatsächlichen Ereignis aus dem Jahr 1936 beruhte und eine Botschaft hatte: Geishas sind alles andere als selbstlos liebend, sie sind dominant, hinterhältig, rache- und sexbesessen.

Seit Ende der 1980er Jahre ist das »Yellow cab girl« eine weitere Variante des »Geisha-Girl«-Klischees. »Yellow cab« ist der Name einer Taxifirma in Manhattan, New York. Der Begriff »Yellow cab girl« bezieht sich auf japanische Touristinnen im Ausland, die ein schnelles Abenteuer oder One-night-stands mit Ausländern suchen. In den 1990-er Jahren wurden auch diejenigen Japanerinnen so bezeichnet, die in ihrer Heimat, in Japan also, eine Affäre mit einem Ausländer eingegangen sind.

Etwa zur gleichen Zeit wie sich das als eher negativ betrachtete Stereotyp der Japanerin als »Geisha-Girl« entwickelt hat, entstand das Image der Japanerin als hingebungsvolle Geliebte, fügsame Ehefrau und dienende Mutter.

Für den gebildeten Japaner des 19. Jahrhunderts, der Kontakt mit Ausländern aus dem Westen hatte, war die Vorstellung, dass das Stereotyp des »Geisha-Girls« als typisch für die japanische Frau gelten solle, unangenehm und peinlich. Man glaubte, es vermittle die Vorstellung, die japanische Gesellschaft sei kulturell minderwertig.

Um dieses Image wettzumachen, wurde auf alte Werte zurückgegriffen und die neokonfuzianische Moral betont, wie sie vor allem während der Feudalzeit des Tokugawa-Shōgunats (bis 1860) die Rolle der Frau definiert hatte. Die Tugenden der Samurai-Frauen vergangener Zeit wurden gepriesen, die mehr oder weniger im Einklang standen mit den Grundsätzen der viktorianischen Moral. Nitobe Inazō, der Verfasser des klassischen Werkes »Bushido: The Soul of Japan« (»Bushido – die Seele Japans«), das im Jahre 1899 veröffentlicht wurde, bezeichnete die japanischen Frauen als die »Verwalterinnen« der Moral. Die Japanerin sei treu, fügsam, unterwürfig, schweigsam und selbstlos, behauptete er.

Shingorō Takaishi, ein führender Journalist um die Wende zum 20. Jahrhundert, publizierte eine neue Fassung des Werkes »Onna Daigaku« (»Die Große Lehre der Frauen«), jenes detailliert erzieherischen Handbuches, das für die japanische Frau in der späten Feudalzeit (1600–1800) geschrieben worden war und das Ideal der Frau pries, die stets den Männern ihres Lebens untertan zu sein hatte, dem Vater, dem Bruder, dem Ehemann und schließlich dem Sohn. (In Deutschland gab es zu dieser Zeit ähnliche Bücher, z.B. Klencke, Hermann: Die Mutter als Erzieherin ihrer Toechter und Soehne. Zur physischen und sittlichen Gesundheit vom ersten Kindesalter bis zur Reife – Ein praktisches Buch fuer deutsche Frauen. Leipzig 1881). Takaishi – ein Verfechter der neokonfuzianischen Moral – versuchte in seinem Werk darzustellen, dass die japanische Frau alles andere als ein sittenloses Wesen sei. Sie sei ganz im Gegenteil unübertroffen sittlich hochstehend, sodass sie als Modell für die Frau gelten könne, die sowohl im Osten als auch im Westen streng den viktorianischen Sittenkodex befolge.

Es war vor allem Lafcadio Hearn (1850–1904), einer der ersten Ausländer (1890 als Journalist nach Japan gekommen), der offiziell eine Japanerin – Setsu Koizumi, die Tochter eines Samurai – geheiratet hatte und der in seinen zahlreichen Schriften, die im späten 19. Jahrhundert veröffentlicht wurden, die japanischen Frauen als gehorsame, selbstlose Wesen beschrieb, die sich an die soziale Pflichterfüllung im Rahmen der strengen konfuzianischen Moral gebunden fühlten. Der irisch-griechische Schriftsteller beschrieb ihre Zartheit, ihre kindliche Pietät und ihr Vertrauen sowie ihre taktvolle Wahrnehmung aller Dinge um sie herum und bezeichnete sie als Wesen mit »moralischem Charme«. Diese edle Tugend ordnete er auch den Geishas zu. Er betrachtete sie zwar einerseits als Bedrohung für den moralisch schwachen Mann, dem sie geschickte Fallen stelle: »Das Flüstern einer Geisha hatte seinen Willen gelähmt, und ihr Lächeln hatte ihn verblendet. Sie war längst nicht so hübsch wie seine Frau, aber sie war sehr bewandert in der Kunst, Netze zu spinnen, Netze der Sinnlichkeit, die einen schwachen Mann umgarnen und immer fester umstricken, bis schließlich die Stunde der Enttäuschung und des Zusammenbruchs da ist …« (Lafcadio Hearn, »Haru«).

Andererseits beschreibt er in seiner Erzählung »Kimiko«, wie die Geisha – die »mehr als hübsch« und »mehr als klug« war: »sie war vollendet« – vollkommen und für immer aus dem Leben des geliebten Mannes, der sie heiraten wollte, verschwand, weil sie sich der Einheirat in eine ehrbare Familie unwürdig fand. Sie kannte ihren Platz in der Welt, sie war eine Geisha, die sich den Männern hingegeben hatte, wofür sie sich schämte und weshalb sie sich als für immer stigmatisiert empfand. »Ich darf niemals den Platz einer Ehefrau einnehmen, und die Freuden einer Mutter darf ich nie kennen. Ich bin nur Ausdruck deiner Narrheit, deines törichten Handelns, mein Liebster, eine Illusion, ein Traum, ein Schatten, der durch dein Leben huscht«, beschreibt Kimiko ihre Lage. Eines Tages – Kimikos abgewiesener Geliebter hatte eine andere Frau geheiratet, sie hatten inzwischen Kinder – klopfte eine bettelnde Nonne am Haustor an. Sie bat um ein Almosen und die Ehre, es vom Sohn des Hauses erhalten zu dürfen. Der kleine Junge kam ans Tor. Sie flüsterte ihm eine Botschaft an seinen Vater ins Ohr: »Sag ihm, das Herz einer Frau, die du nie mehr auf dieser Welt sehen wirst, ist voller Freude, weil sie deinen Sohn gesehen hat.« Der Vater erkannte, wer die Nonne gewesen war, und war gerührt eingedenk des bitteren Verzichts, dem die Geisha Kimiko ihre Liebe geopfert hatte.

In das Muster der selbstaufopfernd liebenden, tugendhaften Frau mit »moralischem Charme« passt die Geisha Butterfly, wie sie uns einige Jahre nach Lafcadio Hearns Erzählungen in der Heldin der Oper »Madame Butterfly« von Puccini begegnet. Sie symbolisiert zudem die Umwandlung vom negativen »Geisha-Girl«-Image in die Frau mit »moralischem Charme«. War das »Geisha-Girl« Symbol für die sittenlose, schamlose japanische Frau, so wurde die »Madame Butterfly« die Geisha mit moralischem Charakter. Die romantische Figur der Madame Butterfly, die Giacomo Puccini vor dem Ersten Weltkrieg berühmt und zum ultimativen Modell einer Geisha machte, kam den damals in der westlichen Kultur vorherrschenden Vorstellungen in Bezug auf die Rolle der Frau entgegen und bildete daher eine Voraussetzung für den Erfolg aller Geschichten, die sich um ein japanisches Wesen à la Madame Butterfly rankten.

AUF DER SUCHE NACH DER GEISHA BUTTERFLY

WOHER MADAME BUTTERFLY IHREN NAMEN HAT

»Butterfly« ist das englische Wort für Schmetterling. In der westlichen Kultur werden die Schmetterlinge, diese zarten, leichten, flüchtigen Wesen, gern als Symbole von Weiblichkeit betrachtet.

In Japan gilt jedoch der Mann als Schmetterling. Die Frauen werden mit Blumen verglichen. Der Schmetterling gleitet von Blume zu Blume, lässt sich kurz nieder, um sich zu laben, und fliegt wieder davon. Die Frauen sind die lieblichen Blumen. Sie wehren sich nicht. Im Gegenteil, in geduldiger Konkurrenz erstrahlen sie in den herrlichsten Farben. Sie locken stumm, doch in verschwenderischer Schönheit, eingedenk ihrer kurzen Blütezeit. Der Preis ihrer Anstrengung ist die flüchtige Berührung des Schmetterlings. Der nicht lange verweilt. Vertane Liebesmüh also. Denn der Schmetterling käme sowieso. Es liegt in der Natur des Mannes, sagt die erfahrene Japanerin, dass er alle Blumen besuchen wird, über die ihn sein Flug lenkt. Dahinter steckt keine Absicht. Nur Zufall und Gelegenheit.

Die in Japan vorherrschende Vorstellung vom Mann als Schmetterling beeinflusste auch die bereits im frühen Mittelalter gepflegte Gewohnheit, die Namen von Mädchen, die in die Vergnügungsviertel verkauft oder verschleppt worden waren, durch Blumennamen zu ersetzen. Die Mädchen »Apfelblüte«, »Chrysantheme«, »Lotosblüte« oder »Schwertlilie« zum Beispiel waren dann nur noch unter diesen Namen bekannt.

Ab Beginn der Meiji-Ära, in der zweiten Hälfte des 19. Jahrhunderts also, in der Japan sich wieder dem Westen geöffnet hatte, erfreute sich der *chonkina*-Tanz, der Schmetterlingstanz, in den Freudenvierteln der Städte großer Beliebtheit. Auch ihm liegt die Vorstellung vom Mann als Schmetterling zugrunde. Er wurde von den *chonkina-onna*, wie die Tänzerinnen des Schmetterlingstanzes genannt wurden, gern für die fremden »weißen Barbaren« aus Amerika und Europa aufgeführt.

Zu fortgeschrittener Stunde wurde eine Wand des Gastzimmers zurückgeschoben. Das dahinter liegende Zimmer – eine genaue Abbildung des vorderen Raumes – war bis auf eine mit kostbaren Laken und Decken aufgetürmte Liegestatt aus Futons (Matratzen) leer. Im Hintergrund saß eine *shamisen*-Spielerin auf dem Fußboden und begleitete mit dem Instrument und lockendem Gesang die Tänzerin.

Chonkina, chonkina, chon, chon, kina, kina,
chochon ga, nanno ha de, chochon ga – hoi!

Komm, Schmetterling!
Komm, Schmetterling! Schmetterling! Schmetterling!
Komm!
Komm auf die Blüten des Rapses!
Schmetterling, he du!

…sangen die Mädchen, die *chonkina-onna* vollführte verrenkende Bewegungen von der Hüfte aus, die Haltung der Füße und Hände eigenartig verdrehend, und schwankte hin und her wie eine Bambusgerte im Wind.

Schmetterling! Schmetterling!
Komm! Komm!

Mit einem grellen Schrei hielt die Tänzerin unvermittelt inne. Sie löste den Knoten der breiten, mit Goldfäden durchwirkten Schärpe, und ihr prächtiger, scharlachroter Kimono aus Brokat, über und über mit silbernen und rosafarbenen Kirschblüten bestickt, glitt sanft raschelnd zu Boden. Dann stand sie im blassblauen kimonoartigen Unterkleid aus fließender, leichter Seide da. Und wieder begannen der fremdartige Gesang und der merkwürdige Tanz:

Chon, chon, kina, kina!
Schmetterling! Schmetterling! Komm! Komm!

Bis erneut mit schrillem Ton das Locken ein Ende nahm und sich die Tänzerin weiter entkleidete bis auf einen weißen Flanellkimono. Ein allzu junges Mädchen, dachte der europäische Betrachter dieses Tanzes, als die *chonkina-onna* die letzten Hüllen fallen ließ.

Die Tänzerin wiegte ihren Oberkörper weiter hin und her, ihr Leib bebte und krümmte sich, die Stimme wurde heiser, das Gesicht mimte Verzückung, die kleinen Finger verschränkten sich zu eindeutigen Gesten.

Schmetterling! Schmetterling!
Schmetterling! Komm! Komm!
Auf die Blüten des Rapses!

Nun tanzte das Mädchen rückwärts auf die zum Bettlager aufgetürmten Futons zu, winkte den Gast, im Lied als Schmetterling besungen, mit der Hand heran, und als der Gesang verstummte, ließ sie sich auf die Futons fallen und zog den Mann zu sich herab.

Nicht nur Tanzmädchen, die im Allgemeinen Prostituierte waren, führten den Besuchern der Freudenviertel den Schmetterlingstanz und ähnliche frivole Tänze vor, sondern auch so manche Geisha – zu deren Berufsausbildung eine strenge Tanzausbildung gehörte –, die sich somit nicht nur auf die künstlerischen Aspekte des Tanzes beschränkte, obwohl sie eben keine Prostituierte und ihr jeder intime Umgang mit dem Gast offiziell verboten war.

Die Tänzerinnen des Schmetterlingstanzes wurden – unbesehen des Ranges, den sie in der Welt der Vergnügungen tatsächlich einnahmen – von den Fremden aus dem Westen, die ab Mitte des 19. Jahrhunderts nach Japan kamen, bewundernd »butterfly«, Schmetterling, genannt. Auf Japanisch heißt das: *cho-cho-san.*

CHO-CHO-SAN – DAS SELBSTLOSE, TRAGISCHE WESEN

Die Melodien Puccinis in der volkstümlichen Oper »Madame Butterfly« haben in der ganzen Welt eine Atmosphäre der Sympathie für die lieblichen Frauen des kleinen, fernen Landes bewirkt. *Cho-cho-san,* die Madame Butterfly aus Puccinis Oper, gilt auch heute noch als Prototyp für das Image der romantischen, selbstlosen Geisha – damals fast ein Synonym für die Japanerin. Nicht zuletzt deshalb, weil das Stereotyp der Butterfly in immer wiederkehrenden Formen aufgegriffen wurde und noch immer wird.

Im Jahre 1895 veröffentlichte der amerikanische Rechtsanwalt John Luther Long, der neben seinem Beruf Schauspiele und Kurzgeschichten schrieb, eine Erzählung mit dem Titel »Miss Cherry Blossom of Tokyo«. Darin hatte er die Erinnerungen seiner Schwester Mrs. Correll verarbeitet, die mit ihrem Mann, einem Missionar, in Japan gelebt hatte.

Long beschrieb und kritisierte am Beispiel des Marineoffiziers Pinkerton, der mit einer jungen Geisha namens Butterfly eine »Ehe auf Zeit« eingegangen war, das Verhalten amerikanischer Offiziere in Japan. Sie würden die japanischen Frauen als hübsche Spielzeuge betrachten, war seine Anklage, und die japanische Kultur als eine Art Wegwerfkultur, die es nicht wert sei, sich damit näher auseinander zu setzen.

Er bat den bekannten Produzenten und Autor David Belasco, seine Kurzgeschichte in ein Schauspiel umzuschreiben. Das Bühnenstück mit dem Titel »Madame Butterfly« wurde im Jahre 1900 in New York fertig gestellt. Es war ein Erfolg und wurde auch in London aufgeführt.

Dort hat es der italienische Komponist Giacomo Puccini, der

sich zu dieser Zeit in London aufhielt, gesehen und sich für die Geschichte interessiert. Es heißt, sie diente schließlich dem Libretto der gleichnamigen Oper als Vorlage.

Dem damaligen Brauch folgend, geht der in Nagasaki stationierte amerikanische Marineleutnant Linkerton mit der neunzehnjährigen Geisha namens Cho-cho-san (Schmetterling) eine Ehe auf Zeit ein.

Während der Amerikaner die Regeln einer japanischen Ehe beruhigend findet: »Mir verwandt, so lang ich möchte«, erbittet Butterfly von ihm, »dass für immer mein Beschützer und mein Gatte du bist«. Während er Butterfly als Spielzeug betrachtet: »Wer dächte, dass dies Spielzeug meine Frau ist…«, bittet sie ihn demütig um Liebe: »Willst du mich nun lieben? Gib mir von deinem Herzen ein winziges Teilchen, dann bin ich schon zufrieden! Still und voller Demut will ich für dich nur leben, will dir nah sein, solang du mich lieb hast.«

Schon kurze Zeit nach der Vermählung kehrt Linkerton jedoch in seine Heimat zurück und hinterlässt eine tief liebende Cho-cho-san, die ihm wenige Monate später ein Kind gebärt.

Obwohl sie schon drei Jahre ohne jede Nachricht ist, hofft sie beharrlich auf eine Rückkehr Linkertons. Sie gibt ihre japanische Identität völlig auf: »Ich bin Frau Linkerton. Bitte!« Tatsächlich kehrt er zurück, doch hat er inzwischen eine amerikanische Frau geheiratet. Er will nicht Cho-cho-san, sondern nur das Kind mit sich nehmen. Sie verabschiedet sich vom kleinen Sohn: »…niemals sollst du 's wissen: Für dich, für deine reinen Augen stirbt Butterfly, damit du fortgehen kannst mit deinem Vater, ohne dass dich bekümmert, wenn du einst groß bist, das Geschick deiner Mutter…« und nimmt sich selbst das Leben.

Am 17. Februar 1904 wurde die Oper »Madame Butterfly. Eine japanische Tragödie« in der Scala in Mailand uraufgeführt. Sie war ein Reinfall. Zu lang und nicht romantisch genug, war die Kritik. Die Überarbeitung wurde wenige Monate später, am 28. Mai 1904, in Brescia mit großem Erfolg aufgenommen. Der Welterfolg war dann nach zwei weiteren Umarbeitungen für die Londoner Fassung (am 10. Juli 1905) und die Pariser Fassung (am 28. Dezember 1906) nur noch eine Frage der Zeit. Die deutsche Erstaufführung fand am 27. September 1907 in Berlin statt, es wurde die so genannte Pariser Fassung gegeben, die wir noch heute auf den Opernbühnen zu sehen und zu hören bekommen.

Im Gegensatz zu der kritischen Botschaft der ursprünglichen Erzählung von John Luther Long und dem Bühnenstück von David Belasco, die jene Fremden in Japan anklagen, die wenig Achtung vor den Formen des japanischen Lebens zeigen und selbst nur ein beklagenswertes Niveau an westlicher Moral und Kultur repräsentieren, ist die Oper Puccinis frei von Bewertungen. Hier liegt der Schwerpunkt auf der menschlichen Tragik. »Madame Butterfly« wurde eine der rührendsten Gestalten der Opernwelt: Cho-cho-san, die zierliche Geisha, die an ihrer Liebe zerbricht.

Puccinis Rolle bei der Verbreitung des Geisha-Frauentyps à la Butterfly lässt sich mit derjenigen von Marco Polo vergleichen, denn wie jener hat Puccini ebenfalls Japan nie persönlich betreten und doch ein Klischee mit großer Wirkung geschaffen. Bevor Puccini mit der Komposition von »Madame Butterfly« begann, hatte er sich – glaubt man den Biografen – mit der japanischen Musik anhand von Grammophonaufnahmen beschäftigt und sich auch über die Sitten und Gebräuche des Landes informiert. Von der japanischen Musik übernahm er einige melodische Wendungen – das Wiegenlied zu Beginn des dritten Aktes soll eine japanische Weise sein –, vom Instrumentarium den Gong und die Glöckchen, sonst allerdings kaum etwas.

Es handelt sich bei der Exotik seiner Musik also im Wesentlichen um eigene Klangvorstellungen, um ein »als-ob«. Dasselbe gilt für die Melodik und die farbige, delikat getönte Instrumentation. Das alles gefiel dem Publikum schließlich, und Puccinis »Japonismen« bürgerten sich derart ein, dass sie für lange Zeit die landläufige abendländische Vorstellung von japanischer Musik bestimmten.

Mehr als eine Generation nach der Uraufführung von

»Madame Butterfly« wurde ein Buch bekannt, dessen Inhalt dem der Oper recht nahe kam.

Der Autor, Paul Loewen, behauptete, der Enkel jener Chō-chō-san zu sein, um deren Geschichte sich das Drama und die Oper »Madame Butterfly« ranken. Paul Loewen hatte die Tagebuch-Aufzeichnungen seines Großvaters, den er »Henry Pinkerton« nannte, im Jahre 1988 in den USA veröffentlicht, mehr als zehn Jahre nach dem Tod seiner Mutter Itsuko, die die Tochter jener legendären Chō-chō-san gewesen sein soll. (In der Oper von Puccini hat Butterfly einen Sohn.)

Als Cho-cho-san noch ein kleines Kind war, starb ihre Mutter. Der Vater war ein heruntergekommener Samurai. Er verkaufte sie an ein Bordell, dort wurde sie durch Zufall von einer Geisha entdeckt, die von dem Mädchen so angetan war, dass sie die Kleine mitnahm und ausbildete.

Während ihrer Tätigkeit als Geisha wurde sie als Tänzerin des Schmetterlingstanzes berühmt. Man kannte sie nur unter dem Namen Chō-chō-san. Pinkerton nannte sie Butterfly, als er sie kennen lernte. Als er sie freikaufte und heiratete, war sie achtzehn Jahre alt. Ituko, die Tochter aus der Verbindung von Butterfly und dem Amerikaner ist von der Zofe Sachiko aufgezogen worden. Ituko hat später in Tōkyō Klavier studiert und lernte 1920 einen deutschen Arzt kennen, mit dem sie nach Heidelberg zog. Dort wurde 1924 ihr Sohn Paul geboren.

Das Buch ist eine Sammlung von Geschichten, die sich mit der Beziehung zwischen Cho-cho-san, Pinkerton und Kate, seiner amerikanischen Geliebten und späteren Ehefrau, beschäftigen und von ausschweifenden erotischen und sexuellen Fantasien, Obsessionen und Abhängigkeiten berichten.

Der Amerikaner Pinkerton hat jedoch seine sexuellen Fantasien und Begierden nicht mit Butterfly ausgelebt, der Geisha, in die er sich bei seinem Aufenthalt in Japan verliebt, die er »japanisch« geheiratet und wieder verlassen hat. Die wilden Exzesse lebt er mit Kate aus, während die japanische Geisha als selbstlos liebendes, unschuldiges, reines Geschöpf dargestellt wird, das jeder ausschweifenden Fantasie oder Handlung abhold gewesen sei.

(Daher kann man den Titel der deutschen Übersetzung des Buches »Blume der Lust – Butterfly« als irreführend betrachten.)

DIE GEISHA IM DIENST DES VATERLANDES

Nur teilweise historisch gesichert gilt die Geschichte der Geisha Okichi, der schönen Tochter eines Schiffers aus Shimoda. Ihr zu Ehren wurde das Drama »Tojin Okichi« geschrieben, das, so heißt es, noch heute die Theaterbesucher zu tränenreicher Rührung hinreißt.

Okichi wird heute von ihren japanischen Landsleuten und vielen amerikanischen Patrioten gleichermaßen bewundert:

Als der erste amerikanische Konsul in Japan, Townsend Harris, im Jahre 1856 in Shimoda angekommen war mit dem Auftrag, ein ordentliches Handelsabkommen abzuschließen, haben die japanischen Behörden alles getan, um ihm seinen Aufenthalt zu verleiden. Als »Residenz« bekam er eine Holzbude, deren näheren Umkreis zu verlassen ihm untersagt war. Zur Versorgung seines Haushalts wiesen ihm die Beamten die achtzehnjährige Geisha Okichi zu, eine schöne und beliebte junge Frau, die für ihre zauberhafte Stimme berühmt war. Es heißt, sie sei über diesen Auftrag verzweifelt gewesen, denn wie viele japanische Menschen damals fürchtete sie die Ausländer, die man »weiße Barbaren« nannte. Doch ihre Loyalität ihrem Land gegenüber kannte keine andere Wahl: Sie gehorchte dem Befehl.

Der Übergabe Okichis an den Konsul ging ein großes Fest der Stadtverwaltung von Shimoda voraus, an der sogar der Innenminister teilnahm. Okichi erschien in den Augen der Nation als eine Art Opferlamm. Sie opferte ihr Schicksal dem Altar des Vaterlandes, damit die Beziehungen zwischen Japan und den Vereinigten Staaten von Amerika besser würden. An einem Tag im Juni 1857 wurde sie von der schwarz lackierten Sänfte des Konsuls abgeholt und zu seinem Haus gebracht, eskortiert von Samurai und königlichen Beamten.

Nach drei Tagen fiel Harris auf, dass Okichi einen Hautausschlag hatte, und er befahl ihr, ihn erst wieder aufzusuchen, wenn sie geheilt sei. Doch Harris holte sie nie mehr ins Haus, nach zweieinhalb Monaten beendete er den Vertrag.

Für Okichi muss die Erfahrung traumatisch gewesen sein. Sie musste mit einem fremden Barbaren schlafen, hatte ihrem Geisha-Recht abschwören müssen, sich die Kunden selbst zu wählen, und dann war sie in der Öffentlichkeit erniedrigt worden. Sie war ruiniert. Durch die Berührung eines Barbaren unrein geworden, wollte sie kein japanischer Mann mehr anrühren.

Sie wurde schließlich sogar von ihrer Familie verachtet, als die Fremden auf japanischem Boden zu verhassten Eindringlingen geworden waren.

Da Harris auf ihre Hilfe ganz besonders angewiesen war, lernte sie ihn lieben, heißt es. Okichi erlebte, wie die Behörden nichts unversucht ließen, den guten Willen von Townsend Harris, seine Geduld, seine amerikanischen Vorstellungen von Zivilisation und seine Gesundheit zu strapazieren. Doch sein Wohlwollen Japan gegenüber schwand nie. Es dauerte eineinhalb Jahre, bis es ihm gelang, sein Beglaubigungsschreiben als erster Repräsentant einer ausländischen Macht endlich dem Shōgun Iesada Tokugawa zu überreichen.

Die alte Hütte, in der Harris mit der Geisha Okichi hausen musste, ist heute ein japanischer Wallfahrtsort. Dort wird sowohl des »guten Fremden« gedacht, der Beharrlichkeit bewiesen hatte und zugleich die Bereitschaft, auf die Besonderheiten des Landes einzugehen, als auch der treuen Geisha Okichi, die schließlich einsam an gebrochenem Herzen gestorben sein soll. Nicht aus Liebesleid, sondern aus Kummer darüber, trotz oder vielmehr aufgrund der Erfüllung ihrer Pflichten dem Vaterland gegenüber verachtet worden zu sein. Manche Quellen behaupten, sie habe nach dem Ende ihrer Liaison mit dem Fremden erfolglos eine Bar geführt und sich schließlich im Fluss ertränkt.

MADAME CHRYSANTHÈME ODER: LOLITA OHNE LEIDENSCHAFT

Im Jahre 1887 hat ein junger französischer Marineoffizier, Pierre Loti (Pseudonym von Louis Marie Julien Viaud), seine Erfahrungen in Japan unter dem Titel »Madame Chrysanthème« *(Okiku-san)* veröffentlicht.

Bei seinem Landaufenthalt in Nagasaki beauftragte er einen geschäftstüchtigen Vermittler, eine junge Japanerin zu suchen, die geeignet und bereit sei, für die Dauer seines Aufenthalts in Japan mit ihm zusammenzuleben. Der Vermittler bot ihm Okiku-san an, ein achtzehnjähriges Mädchen aus einem Teehaus, das per Vertrag von den Eltern für eine erkleckliche Summe »gemietet« wird. Dem damals üblichen Brauch folgend, wollte Loti sich mit ihr japanisch verheiraten: Dies besagt, dass der Ehevertrag erlischt, wenn der Mann die Frau von seinem Wunsch, sich zu trennen, informiert und sie verlässt. Loti erwarb ein Haus auf einem der Hügel von Nagasaki und zog dort mit Okiku-san ein.

Er schrieb: »Ich konnte kein Wort Japanisch, nichtsdestotrotz: die Art und Weise, wie die reizenden, lieblichen Kimono-gewandeten, hellhäutig geschminkten Wesen auf den Gast eingehen, erweckt das Gefühl, vollkommen verstanden zu sein.«

Lotis Empfinden für seine »Ehefrau auf Zeit« blieb jedoch sehr reserviert. Er fand sie anfangs »fast hübsch« im Sinne von seltsam, wunderlich, aber »lächerlich winzig, wie eine Miniatur«. Im Laufe seines Zusammenlebens mit Chrysanthème wurde seine Kritik immer heftiger. Schließlich verglich er die japanischen Frauen mit »Zirkusäffchen« und »kleinen tanzenden Hündchen«, die immer in Gelächter ausbrächen, eine Piepsstimme und affektierte Manieren hätten. Okiku-san sei dekorativ und liebreizend, aber kindisch und langweilig. Zwischen ihnen kam weder Leidenschaft noch Liebe auf. Als Loti sie einmal auf dem Bauch schlafend überraschte, verglich er sie mit einer kraftlosen, unerotischen Libelle.

Loti kann die Gefühle der jungen Chrysanthème nicht deuten. Er findet keine Verhaltenssignale, die er bisher bei seinen Liebesabenteuern mit Frauen aus anderen Ländern kannte. Er hat von Okiku-san Liebe erwartet, doch – auch wenn er oft erstaunt ist über ihre Fähigkeit, ihm Wohlgefühl und Dankbarkeit zu zeigen – für liebesfähig im Sinne seines europäischen Denkens hält er sie nicht.

Bis zum Ende seines Aufenthalts bleibt dem Franzosen Loti die Kultur seiner »Ehefrau auf Zeit« fremd. Ohne Abschiedsschmerz verlässt er sie schließlich und erkennt, dass auch Chrysanthème sich schmerzlos von ihm trennen kann. Für sie ist die Trennung »normal«: Ihr »Engagement« als Ehefrau ist mit seiner Abreise beendet. Was bleibt, sind die schönen Münzen aus Silber, die Okiku begeistert zählt, während ihr Marineoffizier zum Hafen aufbricht.

DIE GEISHA OYUKI ERDOLCHT SICH NICHT

Im Jahre 1902 landete George Dennison Morgan, ein Neffe des bekannten amerikanischen Multimillionärs J. Pierpont Morgan, in Tōkyō. Er hatte gerade eine unglückliche Liebesaffäre in New York hinter sich und gedachte, sich davon im fernen exotischen Japan zu erholen. Im Geisha-Theater »Miyako Odori« sah er die zweiundzwanzigjährige Oyuki auf der Bühne. Sie war seit ihrem vierzehnten Lebensjahr eine Geisha und soll außergewöhnlich schön gewesen sein. George war einunddreißig, verliebte sich in sie und beauftragte einen Dolmetscher, ihr seine Gefühle mitzuteilen. Die schöne Geisha Oyuki aber blieb kalt und wies ihn ab. Ihr Desinteresse an dem Fremden hatte einen Grund: Sie war verliebt in Shunsuke Kawakami, der an der Kaiserlichen Universität in Tōkyō studierte. Heimlich verbrachte der junge Student seine Nächte mit ihr.

Unter den Geishas gab es den Brauch, am Abend, wenn die formellen Gesellschaften zu Ende waren, Universitätsstudenten zum Plaudern und Trinken ins Teehaus einzuladen, ohne ihnen das »Blumengeld« zu berechnen. Die Geishas genossen die Gesellschaft der jungen Männer, sie wussten, dass diese eines Tages zur Elite des Landes gehören würden. Die ersten Universitäten waren gerade gegründet worden (nur für Männer, denn Frauen waren noch nicht zugelassen), und den intelligenten jungen Männern, die es geschafft hatten, angenommen zu werden, war eine Position unter den Mächtigen des Landes gewiss. Sobald sie reich und mächtig waren, würden sie ganz von selbst die Teehäuser unterstützen, in denen sie als Studenten so verwöhnt worden waren.

So hatte Oyuki ihren Shunsuke kennen gelernt. Sie hoffte, er würde sie für immer zu seiner Geliebten machen, sie aus der Geisha-Welt auslösen und sie vielleicht sogar heiraten.

George, der von dieser Liebe nichts wusste, gab seine Bemühungen um Oyuki nicht auf. Er lernte Japanisch und widmete der Angebeteten Gedichte. Aber Oyuki blieb weiterhin unbeeindruckt.

Schließlich kam den Eltern Kawakamis das Verhältnis ihres Sohnes zu Ohren. Sie reagierten sofort: Sie stellten ihre finanzielle Unterstützung für den Sohn ein. Was sollte er nun ohne Geld tun? Oyuki – praktisch veranlagt und opferwillig – wusste Rat. Um die Karriere ihres Geliebten zu retten, gestattete sie jetzt George Morgan, ihr Liebhaber zu werden. Dass all seine Geschenke und sein Geld nun heimlich dazu genutzt wurden, Shunsuke Kawakamis Studium zu sichern, ihn gut zu kleiden und zu versorgen, das wusste George nicht.

Kawakami beendete im Jahre 1903 sein Studium. Oyuki hatte geplant, sich unmittelbar danach von George zu trennen, um für ihren Liebsten frei zu sein. Dieser machte sich jedoch aus dem Staub: Er verließ heimlich Tōkyō und hinterließ nicht einmal eine Abschiedszeile. Oyuki war verzweifelt. Als sie herausfand, dass er bei einer Bank in Ōsaka Karriere machte, versuchte sie, ihn zurückzugewinnen. Vergebens. Es war ein furchtbarer Schlag für Oyuki. Neben dem Schmerz über diese Abfuhr überfielen sie nun auch heftige Gewissensbisse wegen der Art und Weise, in der sie den Fremden zu Gunsten ihres treulosen Liebhabers ausgenutzt hatte. Reumütig akzeptierte sie schließlich George Morgans Heiratsantrag.

Es gab allerdings ein Problem: Oyuki war vertraglich an ein Geisha-Haus gebunden. George kaufte sie frei, für eine unglaublich hohe Summe, heißt es.

Sie heirateten im Jahre 1904 im amerikanischen Konsulat in Kobe (andere Quellen berichten, die Heirat hätte in Yokohama in aller Stille stattgefunden). Oyuki gab ihre japanische Staatsbürgerschaft auf.

Die beiden frisch Vermählten kehrten Japan den Rücken und reisten per Dampfer nach New York. Von einem freudigen Empfang des Heimgekehrten und seiner Madame-Butterfly-Frau konnte allerdings keine Rede sein. Die mächtige Familie Morgan war gegen die Ehe mit der Japanerin und nahm deutlich Abstand. Zu all den wichtigen gesellschaftlichen Ereignissen der Morgans und der gesamten feinen New Yorker Gesellschaft wurden George und Oyuki nicht eingeladen.

Zutiefst enttäuscht beschlossen sie, nach Japan zurückzukehren. Das war im Jahre 1905, als sich Japan im Krieg mit Russland befand. In Tōkyō war die Stimmung gegenüber Ausländern abweisend und intolerant. Die Fremdenfeindlichkeit übertrug sich auch auf diejenigen, die sich mit Ausländern einließen. Deshalb wurde Oyuki eines Tages auf offener Straße attackiert.

Das junge Paar wanderte nach Frankreich aus. Die folgenden zehn Jahre lebten sie in Paris glücklich und zufrieden.

Bei Ausbruch des Ersten Weltkriegs war George gerade allein in Amerika, um seine finanziellen Belange zu regeln, Oyuki wartete auf ihn in Paris.

Die Kriegssituation in Europa erschwerte ihm eine baldige Rückkehr. Die direkte Route nach Paris war durch den deutschen U-Boot-Krieg unpassierbar geworden. Es gelang ihm schließlich, 1915 nach Spanien zu kommen. Bevor er nach Paris weiterreisen konnte, starb er jedoch an einem Herzinfarkt. Er war gerade vierundvierzig Jahre alt.

Oyuki, zutiefst schockiert über seinen Tod, eilte nach Spanien, ließ den Leichnam einäschern und überbrachte die Asche ihres Ehemannes nach Kriegsende seiner ehrenwerten Familie in New York.

Die Morgans hatten mittlerweile ihre Ablehnung gegenüber Oyuki aufgegeben. Als wohlhabende junge Witwe, sie war vierunddreißig Jahre alt, blieb sie in New York, gab Klavierkonzerte und galt als attraktive Gesellschafterin.

Die Jahre gingen dahin, es kam der Zweite Weltkrieg, mit Pearl Harbor, Atombomben fielen auf Hiroshima und Nagasaki, und Oyuki drängte es, die Heimat wiederzusehen. Sie besuchte ihren Geburtsort, sah das verwüstete Tōkyō und das Elend im Land. Aus Liebe zur Heimat nahm sie wieder ihre japanische Staatsbürgerschaft an und blieb im Land ihrer Kindheit und Jugend, ihrer ersten Liebe und ihres Geisha-Lebens. Es heißt, sie lebte zufrieden und glücklich, bis sie im Alter von zweiundachtzig Jahren der Tod ereilte.

MADAME BUTTERFLY UND DIE EHE AUF ZEIT

Es ist anzunehmen, dass sich ab Mitte des 19. Jahrhunderts – seit der Öffnung Japans für den Westen – manche Geisha in ihren ausländischen Bewunderer und Gönner, den geheimnisvollen fremden Mann, verliebt hat. Möglich, dass die Geisha Chō-chō-san und Madame Butterfly in ihrem Liebesschmerz verzweifelt waren und ehrenvoll handelten, wie es als Pflicht der einstigen Samurai-Ehefrauen galt.

Ihre Situation war jedoch nicht ungewöhnlich. Es war wie erwähnt durchaus üblich, dass eine Geisha mit Zustimmung ihres Patrons – oder ihrer Familie, wenn sie eine freischaffende Geisha war – vertraglich für eine bestimmte Zeit an einen Fremden vermietet werden konnte. Solche »Zeitehen« wurden selbst dann geschlossen, wenn ein reicher Freier das Mädchen aus der Verpflichtung ihrem Patron gegenüber freigekauft hatte. War ihr Gönner verheiratet, wurde sie im Allgemeinen als Geliebte von ihm ausgehalten, oft heimlich, manchmal als offizielle Nebenfrau. Wurde sie geheiratet, bedeutete dies das Ende ihres Geisha-Lebens. Es galt das Recht, das einem japanischen Ehemann komplikationslos die Scheidung von seiner Frau einräumte, wenn er dies aussprach und verschwand. Wie hatte in der Oper »Madame Butterfly« der Vermittler Goro zu Butterfly gesagt, um sie an ihre wirkliche Lage zu erinnern: »Wird die Ehefrau verlassen, ist die Scheidung schon perfekt.«

Ausländer waren als Ehepartner im japanischen Gesetz gar nicht vorgesehen und daher an keine Pflichten gebunden. Hätten die ausländischen Männer ihre japanischen Bräute nach geltendem Recht ihrer Heimatstaaten geheiratet, wäre die japanische Frau mit mehr Rechten versehen gewesen. Und der Ehemann mit festgelegten Pflichten.

Japanerinnen zeigen sich vom Schicksal der Madame Butterfly wenig berührt. Sie denken vielmehr daran, dass sich die Geisha Butterfly durch ihren Selbstmord eine große Schande erspart hat: die Schande, ihr Gesicht ganz und gar zu verlieren, wenn der ausländische Geliebte und Ehemann nicht nur sie verlässt, sondern ihr gemeinsames Kind mit sich nimmt. In der Vorstellung japanischer Menschen wird nur einer gewissenlos schlechten Mutter ihr Kind weggenommen. Der Selbstmord von Butterfly erscheint daher weder verwerflich noch bedauerlich, sondern lediglich konsequent.

Noch aus einem anderen Aspekt wird Butterflys Selbstmord in der Vorstellung japanischer Menschen als konsequent gelten können: In der japanischen Gesellschaft, der die christliche Einstellung von der Sünde der Selbsttötung fehlt, ist der Selbstmord stets mit Ehre verknüpft, sei es die eigene Ehre, die aufrechterhalten werden soll, die Ehre und das Ansehen der Angehörigen (denen die Schande des unfähigen oder unangepassten Familienmitglieds erspart werden soll) oder der Nation, wie zum Beispiel das Phänomen der Kamikaze-Flieger beweist, der jungen Piloten, die sich gegen Ende des Zweiten Weltkriegs in Japan als Selbstmordattentäter auf die feindlichen Schiffe stürzten mit dem Ziel, die Ehre Japans zu retten. Selbstmörder werden in Japan nicht verdammt, sondern als Helden verehrt.

Vor diesem Hintergrund ist es möglich, dass Madame Butterfly von den japanischen Männern als Heldin gesehen wird. Wie lautete die Inschrift auf Butterflys Dolch: »Ehrenvoll sterbe, wer nicht länger mehr leben kann in Ehren.« Sie hatte sich mit einem verachteten Fremden eingelassen und ein Kind zur Welt gebracht, das als Mischlingskind in der japanischen Gesellschaft zeit seines Lebens als mangelhaft, als »halber« Mensch behandelt worden wäre. Sie hat mit ihrem selbst gewählten Tod nicht nur ihre eigene Ehre, sondern auch die Ehre aller japanischen Frauen wiederhergestellt, die sich mit einem »fremden Barbaren« eingelassen haben. Ein Selbstmord also, der ohne weiteres auch »patriotisch« genannt werden kann.

Während der Mann aus dem westlichen Kulturkreis möglicherweise seinen Wert gesteigert sieht, wenn sich eine Frau aus Liebe zu ihm das Leben nimmt, stehen die Japaner einem Selbstmord aus Liebe verständnislos gegenüber. Liebe ist für sie eine moderne, eine romantische Idee, für die man gegebenenfalls zusammen sterben könnte, doch nicht allein. Die japanische Tradition kennt die Samurai-Ehefrau, die sich das Leben nehmen sollte, wenn der Ehemann im Kriegsdienst umgekommen war oder sich eine neue Gattin genommen hatte, deren Glück sie nicht im Wege stehen sollte. Doch dies geschah aus Pflichtgefühl und nicht aus Liebe.

Historisch betrachtet sind Madame Butterfly, Chō-chō-san, das »Geisha-Girl« oder Freudenmädchen keinesfalls Synonyme für das, was eine Geisha bedeutet. Im Weiteren soll daher die Geschichte der Geisha geklärt und ihrer historischen Entwicklung nachgegangen werden.

MYTHOS JAPAN

Die Geheimnisse entlegener pazifischer Inseln hat die Fantasie westlicher Menschen schon immer beflügelt. Selbst spärliche Informationen genügten, um ein Bild erstehen zu lassen von jenem ganz anderen Leben, das man dort anzutreffen glaubte. Handelsbeziehungen, der Austausch von Kunstgegenständen, Beschreibungen aus Tagebüchern und Reisenotizen, Niederschriften wissenschaftlicher Fakten und persönliche Erzählungen, das waren seit jeher die Informationsquellen, die es den Menschen ermöglicht haben, Kenntnisse über die Welt zu erwerben. In der Vergangenheit hat es oft Jahrzehnte gedauert, um diese Informationen zu sammeln, und oftmals war es nur durch Zufälle möglich, ein lückenhaftes Bild abrunden zu können.

Unvorstellbar in der heutigen Welt der rasanten Informationstechnologien, in der wir per Mausklick mit fast allen Informationen der Welt in wenigen Minuten, ja Sekunden verbunden sind!

Trotzdem gilt immer noch der eigene Augenschein als am wenigsten trügerische Erfahrung von Wirklichkeit. Eine Erkenntnis, die gern beiseite gewischt wird. Wir haben unsere (vorgefertigte) Vorstellung von vielen Erscheinungen der Wirklichkeit, die wir nicht persönlich erfahren haben, über die wir uns jedoch ein Urteil bilden aufgrund von Mosaiksteinchen an Wissen, zu einem (Vor-)Urteil oder einem Klischee zusammengestellt.

Es ist Marco Polo, der im Jahre 1298 – als Gefangener in Genua – in »Il Milione«, dem Bericht über seine Reisen, den er einem Mitgefangenen diktierte, in Europa zum ersten Mal vom geheimnisvollen »Zipangu« – Japan – erzählt. Auch von verführerischen Frauen ist die Rede, aber eine Geisha kommt in diesem Bericht noch nicht vor.

Wie schrieb Marco Polo? »Zipangu ist eine sehr große Insel... Es leben dort schöne Menschen mit gefälligen Manieren... in völliger Unabhängigkeit regieren sie nur sich selbst... Die Goldvorkommen auf der Insel sind unbeschreiblich reich...«

Dabei hatte er dieses Zipangu niemals gesehen, sondern kannte es lediglich aus den Erzählungen mongolischer und chinesischer Händler und Krieger, die ihm am Hofe des Mongolen-Khans Kubilai begegneten, zu dessen Hofstaat er fast zwanzig Jahre lang zählte, bis der Khan ihm die Rückkehr nach Europa gestattete.

Marco Polos Sätze über Zipangu stehen am Beginn des Mythos, der sich seitdem um Japan rankt. Der große Reisende hatte sich an jenem mittelalterlichen Weltbild in Europa orientiert, das von der biblischen Vorstellung eines von einem Ozean umschlossenen einzigen euroasiatischen Kontinents geprägt war. Das Paradies, so glaubte man, liege irgendwo da, wo die Sonne aufgeht, also im Fernen Osten, in oder jenseits von Asien, und Zipangu vermutete man ganz in der Nähe des Paradieses. Oder vielleicht war es sogar das Paradies? Denn wirklich dort gewesen war Marco Polo ja nicht.

Im Jahre 1492 wird Christoph Kolumbus von dem Ehrgeiz getrieben, nicht nur Indien zu entdecken, sondern auch die sagenhafte Insel Zipangu zu finden. Als Handbuch hierzu dient ihm unter anderem Marco Polos »Il Milione«. Doch Kolumbus, der im Gegensatz zur vorherrschenden wissenschaftlichen Meinung seiner Zeit davon überzeugt war, dass die Erde eine Kugel und keine Scheibe sei, musste sich auf Kartenmaterial stützen, in dem die Entfernung zwischen Westeuropa und Ostasien falsch und viel zu kurz angegeben war. Bis zu seinem Tod ist er nie auch nur in die Nähe Asiens gelangt, obwohl er glaubte, die Inseln, die er betreten hatte, wären der Ostküste Eurasiens vorgelagert. Und manche Quellen behaupten, er habe das von ihm entdeckte Haiti bis zuletzt für das sagenumwobene Zipangu gehalten.

Es sind Portugiesen, die als erste Europäer im Herbst 1543 japanischen Boden betreten: als Schiffbrüchige, gestrandet nach einem Sturm im Chinesischen Meer auf der kleinen Insel Tanegashima. Die Inselbewohner nahmen sie freundlich auf, jeder hoffte auf gute Geschäfte. Der Bericht des Kapitäns über den glücklichen Ausgang seiner unglücklichen Landung, seine positive Darstellung von Land und Leuten fand große Beachtung und bewog nicht nur Kaufleute, sondern auch Missionare wie den spanischen Theologen und Jesuiten Francisco de Xavier dazu, nach Japan zu reisen.

Im Unterschied zu den Händlern, deren Interesse in erster Linie dem raschen, sicheren und profitablen Warenaustausch galt, erwarben die Jesuiten auf ihren ausgedehnten Reisen zu Fuß, per Fluss- oder Küstenschiff genaue Kenntnisse über das Land. Ihre Briefe und Berichte sind es, die zur bedeutendsten zeitgenössischen Nachrichtenquelle über Japan werden.

Es ist eine unruhige Zeit, über die sie berichten. In Japan toben heftige Bürgerkriege. Mitte des 16. Jahrhunderts beginnt dennoch ein intensiver Austausch mit Europa: zunächst mit Portugal, dann mit Spanien, später mit den Niederlanden und England. Im Jahre 1582 reist zum ersten Mal eine japanische Delegation nach Europa. Es sind junge Edelleute, die 1585 in Lissabon eintreffen, das seit 1580 spanisch war, als Herzog Alba Portugal für Spanien erobert hatte. Dann reisten die japanischen Gesandten nach Rom, doch Papst Sixtus V. empfing sie nicht. In Vicenza besuchten sie eine Aufführung von Sophokles' »Epide re« (Ödipus Rex). Die Erinnerung an diesen Besuch wurde in Fresken festgehalten, die man noch heute dort besichtigen kann. Die japanischen Edelleute nehmen also gewissermaßen teil an der Wiederentdeckung des antiken Theaters und treffen im Jahre 1590 wieder in Japan ein. Sie hatten viel zu berichten, vom Krieg zwischen England und Spanien, dem Untergang der spanischen Flotte, der berühmten Armada, im Jahre 1588 und dem Aufstieg der englischen Seemacht unter Sir Francis Drake, von den Glaubenskriegen und der Hinrichtung von Maria Stuart, der katholischen Königin von Schottland.

In Japan wurden die Informationen über Europa mit großem Interesse aufgenommen und dienten als Grundlage für das Bild der »fremden Barbaren«, das sich allmählich entwickelte.

Ieyasu Tokugawa, der mächtigste aller Feudalherren, kann im Jahr 1600 in der Schlacht von Sekigahara nahe Kyōto das Ende der jahrhundertelangen Kämpfe der rivalisierenden Regionalfürsten in Japan erzwingen. Er lässt sich von den Feudalherren zum Shōgun (obersten Heerführer) ernennen, was der zu jener Zeit einflusslose Kaiser im Jahr 1603 formal bestätigt. Das damalige Edo und heutige Tōkyō wird zum Zentrum seiner Macht, die er so geschickt zu festigen weiß, dass seine Familie bis 1868, also über zweihundertfünfzig Jahre, das zentralistisch strukturierte, erstmals als staatliche Einheit befriedete Reich mit eiserner Faust beherrscht.

In dieser Zeit schottet sich das Land völlig ab. Worin liegen die Ursachen für diese Isolierung? Offenkundig in der Angst vor einem Machtverlust an die bedrohlichen Fremden, die zwar als aufgeschlossen, aber dennoch geheimnisvoll und schwer durchschaubar betrachtet wurden, wie vielleicht auch in einem widersprüchlichen Missverständnis.

Gegen die von Portugal und Spanien entsandten Missionare regte sich schon bald Widerspruch. 1587 wurde ein Edikt erlassen, das einerseits die Verbreitung des Christentums untersagte, andererseits den Handel ausdrücklich erlaubte. Die Häfen blieben also offen. Holländer und Engländer kamen ins Land, gegeneinander mithilfe ihrer jeweiligen japanischen Verbündeten um Einfluss ringend.

In Missachtung eines päpstlichen Breve von 1585, das die Japanmission den Jesuiten vorbehielt, kommen 1593 spanische Franziskaner nach Japan, die – ebenso eifrig fromm wie politisch unbedarft – unter den Augen der Behörden predigen. 1596 strandet die spanische Galeone »San Felipe« in Japan, deren Lotse sich mit der Macht des spanischen Königs brüstet. Er bezeichnet die Missionare gleichsam als Vorhut spanischer Truppen, die mithilfe der neubekehrten Christen die neuen Länder erobern. In Nagasaki werden daraufhin sieben Franziskaner und neunzehn japanische Christen hingerichtet.

Dem Shōgun in Edo kommen besorgniserregende Berichte über das Wüten der Europäer in anderen Regionen Asiens zu Ohren. Das Christentum wird als Gefahr für die Unabhängigkeit des Reiches gesehen: Die Spanier könnten Japan ebenso christianisieren, erobern und kolonisieren wie die Philippinen. Im Jahr

1614 wird das Christentum in einem Edikt verboten. Dieses Edikt wird vom dritten Tokugawa-Shōgun Iemitsu (er regiert 1623–1651) erneuert, gleichzeitig werden alle Spanier des Landes verwiesen. 1634 verbietet der Shōgun das Bauen seegängiger Schiffe, 1638 wird den Portugiesen untersagt, japanische Häfen anzulaufen. Sie setzen sich vorwiegend auf der damaligen Insel Ceylon fest, wo sie jedoch 1656 von den Holländern vertrieben werden. Seinen japanischen Untertanen verbietet der Shōgun unter Androhung der Todesstrafe, das Land zu verlassen, und jenen, die sich im Ausland befinden, wird die Rückkehr in die Heimat verwehrt. Dieses Verbot wird erst mehr als zweihundert Jahre später, im Jahr 1866, aufgehoben.

Iemitsu sieht seine Herrschaft durch den Einfluss der Christen so sehr gefährdet, dass er ab 1639 nur noch den Holländern (und Chinesen) erlaubt, Handel mit Japan zu treiben. Dieser Austausch ist jedoch ausschließlich auf die im Hafen von Nagasaki künstlich aufgeschüttete Insel Dejima begrenzt, die streng von der Zentralregierung in Edo kontrolliert wird.

Damit ist die Abschottung des Landes von der übrigen Welt scheinbar besiegelt. Die holländische Händlerkolonie auf Dejima bleibt das einzige kleine Fenster zwischen Japan und dem Rest der Welt.

In dieser mehr als zweihundert Jahre dauernden Epoche scheinbar hermetischer Abgeschlossenheit gelingt aber auch ein vielschichtiger Kontakt mit dem Westen. Zwar dürfen die in Nagasaki lebenden Holländer nicht frei im Lande reisen und ist Japanern der private Umgang mit den Ausländern untersagt, doch muss der Resident der Holländischen Ostindischen Kompagnie einmal im Jahr zur Berichterstattung zum Shōgun nach dem weit entfernten Edo reisen. Und für die zwischenmenschlichen Bedürfnisse der Händler werden Freudenmädchen aus den Amüsierbetrieben in Nagasaki mehrmals pro Monat zum »Außendienst« in die Quartiere der Ausländer entsandt. Es sollen zwischen fünfzig und zweihundert Mädchen pro Besuchstag gewesen sein. Eine Geisha war nicht dabei.

Anfangs reiste der Resident der niederländischen Ostindischen Kompagnie nur in Begleitung eines Sekretärs, dann war gelegentlich ein Barbier mit von der Partie. Nachdem der Leipziger Chirurg Caspar Schamberger 1649/50 im Gefolge einer Sondergesandtschaft großes Aufsehen mit seinen Salben und Pflastern erregt hatte, wurde er regelmäßig mitgenommen. Dies gab der Ausbreitung westlicher Medizin in Japan einen starken Impuls.

Engelbert Kaempfer aus dem westfälischen Lemgo an der Lippe, Arzt in holländischen Diensten, war von 1690 bis 1692 der Faktorei auf der Kunstinsel Dejima zugeteilt und begleitete den Residenten zwei Mal in die Hauptstadt Edo.

Bei derartigen Berichterstattungsreisen des holländischen Residenten war der Aufwand an japanischem Begleitpersonal beträchtlich. Die verantwortlichen »Reiseleiter« waren zwei Samurai des Gouverneurs von Nagasaki, dazu kamen Vertreter der Stadtpolizei, Ober- und Unterdolmetscher sowie zahlreiche Köche, Diener und Träger. Unterwegs wurden Pferde und Träger ausgetauscht, und je nach Beschaffenheit der transportierten Güter und des Weges heuerte man weiteres Hilfspersonal an.

Bei Kaempfers Reise von 1691 soll die Gesandtschaft in Kyūshū (von Nagasaki aus) bereits hundert, auf der letzten Wegstrecke dann hundertfünfzig Personen betragen haben. Die Strecke von Nagasaki nach Hyōgo wurde per Schiff zurückgelegt, von da aus ging es nach Ōsaka und weiter auf dem fast fünfhundert Kilometer langen berühmt-berüchtigten »Tōkaidō« (Ostmeerstraße) nach Edo, wo der Shōgun faktisch das Land regierte. Der eigentliche Kaiser, nur noch religiöses Oberhaupt des Landes und ohne wirkliche Macht, residierte in Miyako, dem heutigen Kyōto.

Während jeder wusste, dass man sich auf See in der Götter Hand befand, abhängig vom Wetter und den Gezeiten, waren die Tagesstrecken und Herbergen genau vorgezeichnet und mussten eingehalten werden. Der »Tōkaidō« war die einzig sichere Verbindung zwischen Edo und Kyōto. Ein Umweg über die Berge war undenkbar, sie waren steil, nicht kartografiert und wimmelten von Banditen. Auf dem »Tōkaidō« herrschte stets viel Verkehr: Lastenkarawanen von Pferden gezogen, deren Glöckchen am Zaumzeug klingelten; Pilgergruppen, die sangen und im Rhythmus klatschten; Samurai zu Pferde mit ihren Gefolgsmännern; Regierungsbeamte oder Handelsreisende in *kago* genannten kastenförmigen, an Tragestangen befestigten Weidenkörben, die von kräftigen Burschen auf den Schultern transportiert wurden; Frauen und Edelleute wurden in lackierten Sänften getragen. Auf den steilen Gebirgsstrecken wurden besonders leichte *kago* benutzt, große, flache Körbe, die vorn und hinten an einer Tragestange befestigt waren. Eine flache Reisstrohmatte diente als Dach. Auf der gesamten Strecke des »Tōkaidō« durfte kein Gefährt mit Rädern fahren oder gezogen werden, denn die erhöhte Oberfläche aus gestampfter Erde sollte nicht zerfurcht werden. Zu beiden Seiten boten streckenweise riesige Kiefern Schatten. In den Ebenen reichte das Mosaik von Reisfeldern und Bewässerungsgräben bis an den Rand der Straße. Am Wegesrand wachten Statuen von Jizō, dem Wegegott, mit einem roten Lätzchen und einer Mütze versehen. An den Poststationen und Regierungsschranken wurden alle Reisenden von Beamten – viele von ihnen ehemalige Samurai – kontrolliert. Es war strengstens verboten, ohne offizielle Reisegenehmigung unterwegs zu sein.

In den Herbergen und Teehäusern wurde Rast gehalten, Kellnerinnen mit dickem weißem Gesichtspuder und blauen Schürzen standen an den offenen Eingängen der Gasthäuser und warben eifrig und lautstark für ihre Etablissements, in denen gegen eine entsprechende Summe mehr als nur Reis, Tee und Sake geboten wurde – trotz aller Unterdrückungsversuche der gestrengen Behörden von Edo.

Hungrige Reisende drängten sich um Straßenhändler, die Reiskuchen, Nudeln, heiße Süßkartoffeln und Tee verkauften.

Obwohl es den ausländischen Reisenden verboten war, kam es natürlich doch zu Kontakten mit der Bevölkerung. In den offiziellen und privaten Reisetagebüchern ist die Rede von »vorwitzigen Buben« und hartnäckig bettelnden »Nonnen«, die stundenlang nicht von der Seite der Fremden wichen und sich auch selbst anboten. Es gibt Hinweise auf Wandermönche, fliegende Händler und auf »die schönsten Frauen des Landes«, jene »Gasthaus-Kurtisanen« und Teemädchen, die in den Reisestationen anzutreffen waren.

Im Jahre 1727 erscheint in London Engelbert Kaempfers englische Fassung der noch heute gerühmten »Geschichte Japans«. Die europäische Gelehrtenwelt – Voltaire, Montesquieu, Rousseau, Lessing, Wieland, Goethe – bewunderte die Arbeit des redlichen Deutschen, der – unbeeinflusst vom Profitdenken der Händler oder dem missionarischen Eifer der Mönche – eine Aufklärung über den japanischen Konfuzianismus, über die Mythologie und Chronologie der japanischen Herrscher lieferte sowie naturwissenschaftliche und landeskundliche Studien und Informationen, die zur Grundlage der wissenschaftlichen Beschäftigung des Westens mit Japan wurden.

Die weibliche Geisha kommt auch in diesen Berichten nicht vor.

Der holländische Resident und seine Gefolgschaft konnten sich am Ziel der Reise, in Edo, auch nicht frei bewegen. Die Holländer mussten ihren Aufenthalt unter strenger Kontrolle der Regierung in einer eigens für sie errichteten Residenz verbringen. Das Gebäude wurde wie ein Gefängnis bewacht, und niemand konnte unbemerkt ein- oder ausgehen. Jeder, der den holländischen Gesandten einen Besuch abstatten wollte, durfte dies nur in Begleitung eines Samurai tun.

Trotz aller Erschwernisse nutzten nicht nur die Kaufleute, sondern auch japanische Gelehrte und Künstler den etwa dreiwöchigen Aufenthalt zum Erfahrungsaustausch mit den gebildeten Europäern. Man begegnete sich mit Interesse und Lernbereitschaft, die Europäer lobten Aufrichtigkeit, Zuverlässigkeit und Wahrheitsliebe der Japaner. Probleme bereiteten nur die Beamten, die – Ergebene der Tokugawa-Regierung – durch systematisches Misstrauen und Bespitzelung eine Begegnung mit Japanern außerhalb der festgelegten Ordnung zu verhindern suchten.

Für viele Europäer fiel das Wort Geisha zum ersten Mal im Zusammenhang mit dem Namen Philipp Franz von Siebold. Der Würzburger Mediziner und Forscher hielt sich von 1823 bis

1830 als Arzt der niederländischen Ostindischen Kompanie in Nagasaki auf. Bei den japanischen Behörden genoss er solches Vertrauen, dass er außerhalb der holländischen Enklave in der Stadt Nagasaki leben durfte. Dort lernte er die sechzehnjährige Sonogi (alias Otaki) bei einem ärztlichen Hausbesuch im Vergnügungsbezirk von Nagasaki kennen. Er verliebte sich in sie. Da Sonogi vertraglich an den Betreiber eines Kurtisanenhauses gebunden war, kaufte Siebold sie frei und lebte mit ihr in japanischer Ehe zusammen. Nach einigen Jahren wurde ihm vorgeworfen, das Vertrauen des japanischen Gastlandes missbraucht zu haben. Er habe unrechtmäßig Staatsgeheimnisse an sich gebracht, hieß es – es handelte sich um kartografische Arbeiten. Er wurde verurteilt und mit lebenslanger Verbannung belegt. Als er das Land verließ, ließ er kurzerhand seine japanische Lebensgefährtin und die inzwischen dreijährige gemeinsame Tochter Oine in Nagasaki zurück und gründete in Deutschland eine neue Familie.

Die Ergebnisse seiner Forschungen und Eindrücke von Land, Kunst und Literatur veröffentlichte er in seinem Werk »Nippon. Beschreibung von Japan«, das einen großen Einfluss auf das Japanbild in Europa haben sollte.

Nachdem im Jahre 1855 die japanische Regierung das Verbannungsurteil gegen ihn formell aufgehoben hatte, reiste Siebold 1859 – der Sturz des Shōgunats und die Öffnung Japans standen unmittelbar bevor – erneut nach Nagasaki.

Was war mit Sonogi geschehen, nachdem er sie verlassen hatte? Siebold traf seine japanische Ehefrau weder vergrämt noch verzweifelt vor: Sie hatte sich nicht nach ihm verzehrt, hatte nicht auf ihn gewartet, sondern sich erneut verheiratet. Die erwachsene Oine war inzwischen als Hebamme in Nagasaki tätig.

Im Jahre 1853 waren die »Schwarzen Schiffe« des amerikanischen Commodore Matthew Calbraith Perry – er hatte Engelbert Kaempfers Japan-Werk im Gepäck – erstmals nach Japan gekommen, um die japanische Regierung zur Aufgabe ihrer Isolationspolitik und zur Öffnung des Landes für den internationalen Handel zu zwingen.

Die ersten Verträge mit dem Westen, abgeschlossen 1854, sahen noch keine Handelsbeziehungen vor, aber die Tür war aufgesperrt. Der amerikanische Konsul Townsend Harris schloss 1858 den ersten Handels- und Niederlassungsvertrag mit Japan. Verträge mit Russland, England, Frankreich und Holland folgten. Darin vereinbarte man die Öffnung einer begrenzten Anzahl von Häfen für den Handel, und den fünf westlichen Mächten wurden exterritoriale Rechte hinsichtlich ihrer Staatsangehörigen in Japan eingeräumt. Um außerhalb der Vertragshäfen reisen zu können, brauchten Ausländer einen besonderen Pass. In den ersten Jahren war es nicht leicht, diese Pässe zu bekommen, und das Leben in Japan war für fremde Händler und Diplomaten hart und gefährlich. Übergriffe und Behinderungen westlicher Schiffe führten bald zum Konflikt mit dem Daimyō (Fürsten) von Satsuma (heute Präfektur Kagoshima im südlichen Kyūshū) und dem von Chōshū (heute Teil der Präfektur Yamaguchi im westlichen Honshū). Britische Streitkräfte beschossen 1863 Kagoshima und 1864 Shimonoseki. Ein Bürgerkrieg brach aus, der erst mit der Niederlage und Abdankung des letzten Shōgun (der von den Franzosen unterstützt wurde) im Jahre 1867 beendet war. Der nun inthronisierte fünfzehnjährige Kaiser Mutsuhito (der von den Engländern unterstützt wurde) wählte 1868 als Devise seiner Regierung »Meiji« (aufgeklärte Regierung), weshalb jene Phase der Modernisierung in Japan »Meiji-Restauration« genannt wird.

Die nominelle Hauptstadt wird von Kyōto nach Edo verlegt. Ihr Name wird in Tōkyō (östliche Hauptstadt) umbenannt. Der junge Kaiser sollte nicht länger nur ein Priesterfürst in seinem Palast in Kyōto sein, sondern tatsächlich der Souverän des Landes. Er zog aus seinem Palast in Kyōto in das Schloss der Tokugawa im Zentrum Tōkyōs. Im Einklang mit der japanischen Tradition blieb die wahre Macht jedoch in den Händen seiner Berater.

Das Land war geöffnet, seine Küsten waren vermessen, und die Erforschung der umliegenden Gewässer hatte die hier vermuteten paradiesischen Gold- und Silberinseln endgültig ins Reich der Legende verwiesen. An die Stelle des halb märchenhaften

Inselreichs »Zipangu« war auch im Bewusstsein des Westens nun unwiderruflich »Nippon«, Japan, getreten.

Die neuen Führer des Landes handelten sehr schnell. Die starre feudalistische Klassenstruktur wurde beseitigt. Den Samurai wurde verboten, ihre beiden traditionellen Schwerter zu tragen. Lehen wurden abgeschafft. Ein neues, modernes System zentraler und örtlicher Verwaltung wurde per Dekret eingeführt, und man gab sich alle Mühe, Westliches in allem nachzuahmen, von der Kleidung bis zum Gesetzeswesen.

Am 11. Februar 1889 wurde die so genannte Meiji-Verfassung verkündet, die die japanischen Führer mithilfe von zwei deutschen Juristen entworfen hatten und die sich an deutsche Vorbilder hielt und streng autoritär war. Es gab noch kein allgemeines Wahlrecht. Viele Rechte blieben dem Kaiser vorbehalten, der für »heilig und unverletzlich« erklärt wurde. Er allein konnte den Krieg erklären und Verträge schließen. Er war der Oberbefehlshaber der Streitkräfte. 1872 war bereits die allgemeine Wehrpflicht eingeführt worden, mit dem zwanzigsten Lebensjahr wurden alle Männer unabhängig von Klasse oder Herkunft dienstpflichtig in den Streitkräften. Französische, später deutsche Ausbildungsmethoden wurden für die Armee eingeführt, während die Royal Navy als Modell für die japanische Flotte diente.

Japan bindet sich in den Welthandel ein, nimmt an den Weltausstellungen teil. Zur Weltausstellung in Paris im Jahre 1867 zum Beispiel schickt die Regierung ihre bis dahin nie einer westlichen Öffentlichkeit präsentierten Kunstschätze. Gesellschaftliche und künstlerische Einflüsse können ihre eigenen, nunmehr unkontrollierten Wege ins Land finden.

Und die Kunde von der japanischen Geisha mit ihren prächtigen Gewändern und dem Ruf, sowohl die professionelle Unterhaltung wie auch die Liebeskunst zu beherrschen, verbreitete sich schnell in aller Welt – und zwar so nachhaltig, dass die Erscheinung einer Geisha gleichsam identisch wurde mit dem Bild der Japanerin schlechthin. Ein Image, das sich auch deshalb bilden konnte, weil die Fremden in Japan nur geringe Möglichkeiten hatten, eine

»normale« Japanerin kennen zu lernen. (Auch die Alltagsfrau trug einen Kimono, und sie verhielt sich den Männern gegenüber höflich, zurückhaltend und aufmerksam, ehrerbietig und unterwürfig.) Zu den Vergnügungsvierteln – wie zum Beispiel dem bekannten Yoshiwara in Tōkyō (siehe den Abschnitt »Die staatlichen Vergnügungsviertel«) – hingegen bekamen die Ausländer freien Zugang, und Prostitution war legal. Viele der auf Handelsmission und zu Forschungszwecken ins neue Japan gekommenen Männer machten Gebrauch von der Möglichkeit, eine »einheimische Ehefrau« oder Geliebte zu nehmen, eine »Madame Butterfly«.

Erst im Zuge der Beschäftigung mit Japans Sozialgeschichte wurde die Kunde von der historischen Karriere der Frauen, die sich Geisha nannten, auch im Westen dokumentiert.

DER AUFSTIEG DER GEISHA – VOM TANZMÄDCHEN ZUR KÜNSTLERIN

DIE WIEGE DER GEISHA STAND IM 18. JAHRHUNDERT

Von dem Bild der Geisha als einer seit Menschengedenken tradierten Frauenrolle der Japanerin werden wir uns trennen müssen: Die bekannte und vielfach besungene Geisha ist vielleicht nicht einmal »klassisch« zu nennen. Sie ist nämlich, wie wir sehen werden, eine der jüngsten Kulturgestalten Japans. Darüber hinaus ist sie weder mit der Alltagsjapanerin, also der »ganz normalen« japanischen Frau, noch mit der Prostituierten zu vergleichen.

Die Zeit der Geisha begann im 18. Jahrhundert.

In Europa war es das Zeitalter der Aufklärung und des Absolutismus, der mit der Französischen Revolution 1789 bis 1799 endete. Das große Vorbild für ganz Europa war die absolutistische Monarchie Frankreichs, dessen Sprache und Kultur überall nachgeahmt wurden. Ludwig XIV., der »Sonnenkönig«, gilt bis in die Gegenwart hinein als das Musterbeispiel eines absolutistischen Herrschers par excellence. Er betrachtete sich als über den Gesetzen stehend. »L'état c'est moi« – der Staat bin ich –, lautete seine Devise. Mit Geheimpolizei und politischer Sicherheitsverwahrung in der »Bastille«, dem berühmt-berüchtigten Pariser Gefängnis, wurde jeder, der es wagte, sich dem König zu widersetzen, ausgeschaltet. Seine glänzende Hofhaltung im Schloss von Versailles, das er sechzehn Kilometer südwestlich von Paris hatte erbauen lassen, wurde an allen europäischen Fürstenhöfen eifrig nachgeahmt, französische Sitten und französische Mode galten als besonders vornehm. So war es nicht verwunderlich, dass die französische Sprache rasch zur Ausdrucksweise der feineren Kreise und der Diplomatie avancierte.

Der König war davon überzeugt, sein Amt von Gott persönlich erhalten zu haben. Keiner seiner Untertanen durfte eine andere

Religion haben als er. Um seine Vormachtstellung in Europa zu sichern, ließ er die Armee vergrößern, besser bewaffnen und mit einer einheitlichen Kleidung – der Uniform – versehen. Zu den engsten Beratern des Königs zählten neben seinen Ministern vor allem auch seine jeweiligen Mätressen, wie etwa Olympia Mancini, die Marquise Françoise-Athénaïs de Montespan und die Marquise Françoise de Maintenon.

Als der »Sonnenkönig« 1715 im Alter von siebenundsiebzig Jahren starb, folgte ihm sein Urenkel Ludwig XV. auf den Thron und mit ihm eine der berühmtesten Mätressen der Weltgeschichte: Madame de Pompadour, vormals Jeanne Antoinette Poisson. Sie war die Tochter eines Stallmeisters, ehrgeizig und intelligent, und betörte den König nicht nur mit ihren Reizen, sondern verstand es auch, ihn zu unterhalten und in politischen Fragen klug zu beraten. Sie förderte Künste und Literatur, beherrschte die Mode und war das weibliche Idealbild ihrer Zeit. Sie galt als einflussreiche »Kulturministerin« und hat das Mätressenwesen aus dem Boudoir befreit: Sie blieb Mätresse am Hof, auch als ihre sexuelle Beziehung zum König längst beendet war. Nach ihrem Tod wusste auch Madame Du Barry, ab 1769 die Mätresse Ludwigs XV., die politisch einflussreiche Position der Mätresse zu halten. Ludwig XV. starb 1774. Madame Du Barry wurde im Jahr 1793 – in den Wirren der Revolution – hingerichtet, wie auch Ludwig XVI. und dessen österreichische Gemahlin Marie Antoinette.

Deutschland war im 17. Jahrhundert nach den grauenhaften Verwüstungen und ungeheuren Menschenverlusten des Dreißigjährigen Krieges in über dreihundert Einzelstaaten zerfallen, die untereinander völlig uneins waren und sich mit ausländischen Mächten, in erster Linie Frankreich und England, verbanden, um einander zu bekriegen. Zu den größten Fürstentümern Deutschlands zählten Bayern, Sachsen, Hannover und Brandenburg-Preußen. Preußen, damals ein von Sümpfen und Seenplatten durchsetztes Gebiet, bestand aus acht inselhaft verstreuten Einzelprovinzen. Unter dem »Soldatenkönig« Friedrich Wilhelm I. – er trug als erster europäischer Herrscher ständig Uniform – entwickelte sich

Preußen mit eiserner Disziplin zu einem Musterstaat mit zentralisierter Verwaltung und äußerst sparsamer Haushaltspolitik. Die nach ihm sprichwörtlichen preußischen Tugenden wie Pflichterfüllung, Fleiß, Sparsamkeit und Gottesfürchtigkeit bestimmten auf Generationen hinweg das Bild des »Deutschen«. Er hinterließ seinem 1712 geborenen Sohn Friedrich II., der von 1740 bis 1786 regierte und später als der »Alte Fritz« und »der Große« in die Geschichte einging, eine prall gefüllte Kriegskasse, mit der dieser sein hervorragend gedrilltes Heer rasch zur stärksten deutschen Macht neben Österreich und schließlich als dessen Konkurrent auf den Plan treten ließ.

In Österreich trat 1740 die dreiundzwanzigjährige Maria Theresia an die Spitze des Reiches. Die junge Kaiserin musste sich nicht nur mit den Missständen im Inneren ihres Reiches auseinander setzen, sondern sich auch der äußeren Feinde erwehren. Ihr Reich, dessen letzte große Repräsentantin sie war, umspannte schließlich deutsches, ungarisches, böhmisches, niederländisches, italienisches, polnisches und kroatisches Land und Volk. Als die Kaiserin im Jahr 1780 starb, schrieb Friedrich der Große: »Ich habe den Tod der Kaiserin-Königin bedauert: Sie hat ihrem Thron und ihrem Geschlecht Ehre gemacht. Ich habe mit ihr Kriege geführt, aber ich war nie ihr Feind« (Marie Theres Bauer).

Nachdem in London Queen Anne siebenunddreißigjährig im Jahre 1702 als die letzte Stuart den englischen Königsthron bestieg, gelang es ihr in den wenigen Jahren ihrer Regierungszeit nicht nur, ihrer Epoche den barocken »Queen-Anne-Stil« zu geben, sondern vor allem England und Schottland zum »Königreich Großbritannien« zu vereinigen. Um ihrem Haus das Thronerbe zu sichern, rief sie ihren in der Fremde lebenden Bruder als Nachfolger nach England zurück, aber die Verwandten in Hannover waren schneller; in einem Staatsstreich bemächtigten sie sich im August 1714 der Macht. Als Anne drei Tage später starb, wurde Georg von Hannover zum Herrscher von Großbritannien. Die Personalunion mit Hannover bestand bis 1837. Im Jahre 1745 scheiterte ein zweiter Jakobitenaufstand unter der Führung von Charles Edward Stuart, den die Schotten liebevoll auch Bonnie Prince Charlie nannten, zur Wiederherstellung der Stuart-Dynastie in England.

In Russland herrschte Elisabeth, seit 1741 Zarin, auf »deren Seele sich alle Farbtöne des Rokoko mischten« (Marie Theres Bauer), denn sie galt gleichzeitig als sittenlos und fromm, gutmütig und jähzornig, vergnügungssüchtig und ernsthaft. Sie führte einen selbst für die damalige Zeit ungewöhnlich lockeren Lebenswandel und ließ sich auch in ihrem Privatleben keinerlei Zwänge auferlegen. Sie machte das Angebot, die in Stettin geborene fünfzehnjährige Prinzessin Sophie von Anhalt-Zerbst mit dem russischen Thronfolger zu vermählen. So wurde aus Sophie die Großfürstin Katharina Aleksejewna. Mit dreiunddreißig Jahren wurde die ehemalige deutsche Prinzessin Sophie als Zarin Katharina II., die Große, und nach der Ermordung ihres Mannes Peter III. im Jahre 1762 alleinige Herrscherin Russlands.

In Amerika waren die neuen Siedler noch englische Kolonie, als im Februar 1770 etwa dreihundert Hausfrauen in Boston eine öffentliche Boykottbewegung gegen die erzwungene Einfuhr von überteuertem britischem Tee, die so genannte Anti-Tee-Liga organisierten. Die Auseinandersetzungen mit dem britischen Mutterland über Steuergesetze und Autonomierechte führten am 4. Juli 1776 zur Billigung der Unabhängigkeitserklärung durch den Zweiten Kontinentalkongress. Der Hauptverfasser der Erklärung hieß Thomas Jefferson. Nach zähen Kämpfen siegten schließlich die Kolonialstaaten und wurden vom ehemaligen Mutterland als unabhängig anerkannt. 1789 wurde George Washington erster Präsident der Vereinigten Staaten von Amerika. Die USA waren geboren, ein Zusammenschluss von zunächst dreizehn Kolonien.

Das 18. Jahrhundert endete in Europa mit dem Aufbegehren der Bürger in der Französischen Revolution, die am 14. Juli 1789 mit der Erstürmung der Bastille in Paris begann. Ihr Vermächtnis ist die Grundidee der Menschenrechte.

Bürgerliche Freiheiten, Welthandelsbeziehungen, Textilmaschinen und Dampfkraft führten schließlich in England zur Industriellen Revolution, die sich nach und nach in Europa ausbreitete.

Während Europa in Feindseligkeiten und Erbfolgekriegen blutete, Amerika in Unabhängigkeitskämpfen und Meucheleien wütete, lebte Japan damals noch in der seit 1639 selbst gewählten Isolation, fast wie »auf einem anderen Stern«, vollkommen abgeschottet vom Rest der Welt, was ihm über mehr als zwei Jahrhunderte hinweg aufgrund seines Inselcharakters und seines strengen Feudalsystems gelingen konnte.

Die fast zweihundertfünfzig Jahre Einsamkeit, so bemerken kritische Stimmen, hätten für das Inselvolk negative Folgen gehabt. So sei die Abschottung des Landes die Hauptursache dafür, dass sich die Japaner anders als andere Inselvölker »unendlich viel sippenhafter, insulärer, engstirniger« (Edward Seidensticker) mit einer Scheu vor allem Fremden entwickelten. Der Schaden, meint auch der Historiker Kiyoshi Inoue, läge weniger darin, dass die Feudalregierung während der jahrhundertelangen Sperrung der Häfen kaum Ausländer ins Land ließ und deren Verkehr mit der japanischen Bevölkerung strikt unterband, sondern vielmehr darin, dass die Japaner nicht mehr ins Ausland fahren und dort Handel treiben und kulturellen Austausch pflegen und Anregungen empfangen konnten.

Auch die bekannte Erklärung, die Abschließung des Landes habe eine lange Zeit des Friedens garantiert, bedeutet nach Ansicht kritischer Historiker in Wirklichkeit nur, dass sich die absolute Herrschaft des Feudalsystems ungehindert entfalten konnte. Frieden hatte das japanische Volk nur bezogen auf den Rest der Welt. Zur Sicherung des Feudalsystems war ein die ganze Gesellschaft erfassendes präzises Ständesystem errichtet worden, das strenge, bis in die intimste Privatsphäre hinein gültige Standesunterschiede zwischen Samurai, Bauern, Handwerkern und Händlern sowie die Ungleichheit von Mann und Frau festlegte. Der Shōgun, die Daimyō und die Samurai (als Waffenträger und Bildungselite, daher gehörten diesem Stand auch fast alle Gelehrten und Wissenschaftler sowie die Fachleute für Administration und Erziehung an) bildeten den *shi* genannten Adelsstand. (Der Kaiser und der Hofadel schwebten über dem System.) Die absteigenden Ränge der Bauern, Handwerker und Kaufleute gehörten dem Bürgerstand an. Im Adel gab es vom Shōgun bis zu den Fußsoldaten mehr als zwanzig Ränge, auch unter den Daimyō (Fürsten) herrschte je nach Abkunft eine Ordnung von oben und unten. Die Fußsoldaten hatten das Recht, einen Bauern oder einen Städter (Handwerker, Händler) zu töten, wenn dieser ihnen den Respekt versagte. Selbst unter den Bauern und Städtern gab es Standesunterschiede und sogar unter Personen gleichen Standes je nach Alter eine Ordnung von oben nach unten. Für jeden Stand waren Wohnort, Beruf und Kleidung vorgeschrieben. Ehen zwischen Personen unterschiedlichen Standes waren verboten. Lediglich bestimmte Gruppen der Bevölkerung standen außerhalb dieses Systems. Sie wurden *eta* und *hinin* genannt und als Nicht-Menschen angesehen. Sie wohnten isoliert von allen anderen in Ghettos. Ihnen überließ man all jene Tätigkeiten, die als menschenunwürdig galten, wie etwa das Gerbereigewerbe, die Abdeckerei oder die Bestattung von Exekutierten.

Das patriarchalische Familiensystem war neben dem strengen Ständesystem eine weitere Stütze der Feudalherrschaft. In jedem Stand, ob bei den Samurai, den Bauern, den Handwerkern oder den Kaufleuten, herrschte der Familienvater als rechtliche und moralische Instanz über die gesamte Familie. Frauen waren Männern absolut untergeordnet. In der Samurai-Klasse festigte sich der Rang der Familie durch Tradition, die Erbschaft des Vaters ging an den ältesten Sohn über, das Leben der Familie wurde abhängig von den von den Vorfahren ererbten und ihrem Herrn garantierten Rechten (erbliche Rechte an der Reiszuteilung). Diese Tatsache fundierte die Macht des Paterfamilias, und durch ihn gewannen die Vorfahren Macht über ihre Nachkommen. In der Samurai-Klasse war die Frau von der Erbfolge ausgeschlossen. Sie war dreifach abhängig, erst vom Vater, dann von ihrem Mann und, wenn dieser vor ihr starb, vom ältesten Sohn und Erben. Dieses Familiensystem sollte auch bei den Bauern und den Bürgern der Städte durchgesetzt werden, doch entwickelte sich bei diesen keine derart dominierende Stellung des Vaters, da hier Mann, Frau und Kinder gemeinsam für den Lebensunterhalt sorgen mussten.

Den Bauern nützte ihr hoher Status, den sie als »Grundlage des Reichs« besaßen (Kiyoshi Inoue), wenig, denn alle Steuern wurden in Reis berechnet und nur auf Ländereien erhoben. Aus diesen erwirtschafteten allein die Bauern praktisch das gesamte Steueraufkommen, während die rangniedrigsten und von den Samurai verachteten Kaufleute Wucherzinsen und Gewinne steuerfrei einstreichen konnten. Während die einen ausbluteten, schwelgten die anderen im Wohlstand. Durch vermehrten Reisanbau und Bargeldumlauf drückten fallende Reis- und steigende Goldpreise inflationär auf die Einkünfte der Landesherren, die ihre in Friedenszeiten unproduktiven Kriegsknechte weiterhin entlohnen mussten. Sie suchten ihr geschmälertes Einkommen durch höhere Besteuerung der Bauern auszugleichen. »Jede Tür und jedes Fenster der Bauernhäuser waren bald steuerpflichtig« (Michael Stein). Den Bauern wurde verboten, Reis zu essen, Tee zu trinken oder gar Seide zu besitzen. Sie sollten sich von Reisschrot, Bohnenschalen und Blättern ernähren. Das Prinzip war, die Bauern so zu belasten, dass sie »weder leben noch sterben« konnten. Ein derartiges System der Ausbeutung bildet keine Grundlage für ein friedliches Zusammenleben.

Innerhalb des Landes tobten daher im 18. Jahrhundert Revolten und Aufstände derjenigen, die sich gegen die Ausbeutung des Feudalsystems wehren mussten. Vor allem die Bauern – bereits mit überaus hohen Abgaben belastet – gerieten immer mehr in Elend, als Naturkatastrophen wie lang anhaltender Regen, der Einfall von Heuschreckenschwärmen, der Ausbruch von Vulkanen das Land heimsuchten, große Missernten verursachten und Hungersnöte zur Folge hatten. Ab Mitte des 18. Jahrhunderts bis etwa 1790 wiederholten sich fast jedes Jahr rund zehn Bauernaufstände oder bewaffnete Widerstandsaktionen, die oft ein ganzes Lehensgebiet umfassten. Im Jahre 1754 liehen sich beispielsweise die Bauern (denen es nicht gestattet war, Waffen zu tragen) von Kurume in der Provinz Echigo vom Daimyō Gewehre aus und organisierten unter dem Vorwand, Wildschweine jagen zu wollen, einen Aufstand, an dem schließlich zweihunderttausend Bauern teilnahmen. Und im Jahre 1756 brachen in sechzehn Lehensgebieten groß angelegte Bauernrevolten aus.

Nicht nur die Bauern, auch die Städter wehrten sich gegen die Ausbeutung. Als während der großen Hungersnot 1732 die Reispreise sprunghaft anstiegen, forderten die Bürger von Edo, dass die Regierung das Monopol der privilegierten Großhändler aufhebe und mehr Reis in die Stadt bringen lasse. Da die Regierung diese Forderung nicht erfüllte, erhoben sich im Februar 1733 etwa zwanzigtausend Bürger und Städter der niederen Schichten und zerstörten die Häuser der Reisgroßhändler. Diesem Aufstand folgten Revolten von Städtern im ganzen Land. Schließlich kam es auch zu Zusammenschlüssen zwischen den Bauern und Städtern. Die Aufstände erreichten im Jahre 1787 nach der erneuten Verteuerung des Reises in Ōsaka und Edo ihren Höhepunkt. In Edo dauerte die Zerstörung der Häuser der privilegierten Händler und der Wucherer fünf Tage – »als sei die Welt aus den Fugen geraten«, wie es hieß.

Auch wenn die Epoche keineswegs als wirklich friedlich bezeichnet werden kann, haben sich doch in dieser Periode all die Formen gesellschaftlich-sozialen Zusammenlebens herausgebildet, die in der Mitte des 19. Jahrhunderts nach der Wieder-Öffnung des Landes der übrigen Welt als japanische Besonderheit, als eigenständige japanische Kultur, zu Bewusstsein kamen. Die Besonderheit dieser Kultur sei jedoch, so geben Kritiker zu bedenken, dass es die Kultur einer von der Welt isolierten Gesellschaft war. Alternative Lebens- und Kunstformen konnten sich innerhalb des japanischen Feudalsystems nur mühsam entwickeln, und revolutionäre Aktionen wurden umgehend im Keim erstickt.

Zumindest ein Beispiel widerspricht dieser Kritik: Das 18. Jahrhundert hat in Japan eine Gruppe von japanischen Frauen hervorgebracht, die sich ohne offene Revolte, doch listig und entschlossen eigenständige Lebensbedingungen erobert und sich die Möglichkeit verschafft hat, japanische Kunstformen zu vervollkommnen und weiterzutradieren: Es sind die Geishas.

Den Samurai gibt es heute nur noch als historische Erinnerung in Geschichtsbüchern und Museen. Die Geisha hingegen gibt es nach wie vor.

GEISHA? DAS IST EIN MANN!

Der Begriff Geisha wurde bis zur Mitte des 18. Jahrhunderts nie für eine Frau verwendet. Denn Geisha war ursprünglich ein reiner Männerberuf.

Der Geisha war ein Unterhaltungskünstler, der überall in den Vergnügungsvierteln der Städte anzutreffen war, wo sich Männer trafen, um ihre favorisierte Kurtisane, ihr Freudenmädchen, ihre erotische Gespielin anzufordern, und – weil die Dame erst benachrichtigt werden musste und huldvoll ihre Termine vergab oder sie auf Anordnung ihres Patrons vergeben musste, denn freischaffende Frauen gab es nicht in dieser Welt des Amüsements – darauf warten mussten, bis sie an der Reihe waren. Je begehrter die Dame, je höher ihr Rang in der geordneten Welt der sinnlichen Vergnügen war, desto länger währte die Wartezeit für den Freier. Die Anmeldung für ein Treffen wurde in einem *ageya*, einem speziellen »Vermittlungshaus«, oder einem Teehaus vorgenommen. Und dort wartete der Freier auf Antwort und auf die Zusammenkunft mit seiner Auserwählten für die erhofften Stunden der Lust, für die Gunst einer Nacht. Um ihm die endlos scheinende Wartezeit zu verkürzen, wurde er mit Sake und Zuspeisen verköstigt und mit einem Unterhaltungsprogramm bei guter Laune gehalten. Künstler, und das konnten damals nur Männer sein, die von den Teehausbesitzern engagiert worden waren, boten ein abwechslungsreiches Repertoire: Sie musizierten, sangen, führten volkstümliche Tänze vor, rissen Possen und sorgten mit dem Erzählen von anzüglichen Geschichten für heitere Stimmung.

Der Gast wurde zum Trinken angeregt, wobei es allerdings keineswegs Tee gab, wie irreführenderweise die Bezeichnung Teehaus nahe legt (die Geschichte des Teehauses ist in dem entsprechenden

Abschnitt beschrieben), sondern man sprach dem Sake, dem Reiswein, kräftig zu, und von diesem köstlichen Getränk gab es eine Vielzahl unterschiedlicher Sorten. Für jedes winzige Gläschen, jede freundliche Geste der Serviermädchen notierte die Geschäftsführerin des Hauses, meist eine ehemalige, mit dem Teehausbesitzer liierte Prostituierte, auf der Rechnung willkürliche Preise, abhängig vom Eindruck, den der Gast machte, oder von der Häufigkeit seines Besuches. War er zum ersten Mal im Haus, musste seine finanzielle Situation eingeschätzt und getestet werden. War er großzügig, wurde er skrupellos ausgenommen, war er kleinlich, wurde er auch tüchtig »gerupft«, was ihm jedoch im Allgemeinen erst später zu Bewusstsein kommen konnte. Dann, wenn er die Rechnung präsentiert bekam, in die auch das als »Blumengeld« bezeichnete Honorar für seine Kurtisane eingeschlossen war.

Danach dürfte es vermutlich auch dem spaßigsten Geisha kaum noch gelungen sein, den geschröpften Gast wieder aufzuheitern. Der Unterhaltungskünstler war jedoch nach Mitternacht nicht mehr im Dienst. Nach seinen Auftritten war er ein freier Mann und konnte ungehindert das Vergnügungsviertel durch die bewachten Tore verlassen. Die Frauen jedoch, die die Freudenbezirke bevölkerten, die Kurtisanen aller Rangstufen sowie die niedrigsten Dirnen, waren dort gefangen. Sie waren vertraglich an einen Patron, ihren »Chef«, gebunden und daher nicht frei. Sie wurden zumeist kaum besser als Leibeigene behandelt.

Wie sich das Leben in den staatlich kontrollierten Vergnügungsbezirken der Städte zu jener Zeit gestaltet hat, soll im folgenden Kapitel dargestellt werden.

DIE STAATLICHEN VERGNÜGUNGSVIERTEL

Wenn ein Samurai im 17. Jahrhundert in Kyōto, Ōsaka oder Edo Lust auf sinnliche Freuden hatte, gab es für ihn nur ein sinnvolles Ziel: den jeweiligen staatlich kontrollierten Vergnügungsdistrikt der Stadt. Dieser war dann auch sein einzig mögliches Ziel, denn einem Samurai war nur der Besuch offiziell lizensierter Vergnügungsstätten erlaubt. Die private Prostitution war schon seit einem Jahrhundert illegal: Die Verstaatlichung der Freudenmädchen erfolgte bereits Mitte des 16. Jahrhunderts, als eine Art »Prostituierten-Zulassungsamt« geschaffen worden war. Den Verordnungen dieses Amtes unterlagen auch die Kurtisanen, die es in Japans Vergangenheit schon gegeben hat, seit es mächtige Männer gab, und die erotisches Raffinement mit geistvoller Unterhaltung verbanden.

Zu Beginn des 17. Jahrhunderts wurden alle Frauen, die der Prostitution nachgingen, die gebildeten Kurtisanen ebenso wie die einfachen Dirnen, in besonderen Bezirken zusammengefasst. Es wurden Vergnügungsviertel geschaffen, regelrechte »Bordellstädte«, um diejenigen Frauen unter Kontrolle zu halten, die angeblich die Tugend im Land mit ihrem Gewerbe unterminierten: Auch die Frauen des Unterhaltungsgewerbes wurden nun am Idealbild der sitthaften Frau konfuzianischer Prägung gemessen. Vom Standpunkt der neokonfuzianischen Moral aus betrachtet, die der geistige Mittelpunkt der Tokugawa-Regierung war, galten alle Formen käuflicher Liebe als verwerflich und waren offiziell strengstens verboten. Die Frauen, die für das Vergnügen der Männer arbeiteten, wurden daher in den Amüsiervierteln kaserniert, und nur dort war ihnen die Ausübung ihres Gewerbes gestattet.

Eines dieser typischen Amüsierviertel war das Yoshiwara in Edo, dem Sitz des Shōgun. Der Begriff »Yoshiwara« stand später auch generell für diese Art von Vergnügungsbezirken.

Als Ieyasu, der erste Shōgun aus dem Familienclan der Tokugawa, im Jahre 1603 sein Hauptquartier dort aufschlug, war Edo nur eine kleine Stadt am Fluss Sumida mit einer bescheidenen Burg aus Quadersteinen, viele hundert Kilometer von Kyōto und dem dort residierenden Kaiser entfernt. Das Meer reichte noch bis in die Gegend von Hibiya (heute ein Stadtteil von Tōkyō), und es gab kein einziges Handelsviertel. Der Shōgun ließ die Unterstadt entwässern und aufschütten, oberirdische Wasserleitungen bauen und Kaufleute, die ihm schon gedient hatten, als er noch Daimyō im Tōkai-Gebiet war, nach Edo umsiedeln. Er betraute sie mit dem Aufbau und der Aufsicht über Handel und Gewerbe der Stadt. Er ließ die Straßen von Edo erweitern, neue Viertel bauen und die Burg mit einem fünfstöckigen Turm errichten (so, wie sie heute noch steht). In kurzer Zeit entstanden ein Handelsdistrikt (Nihonbashi), eine große Parkanlage (Ueno-Park), Geschäfte, Theater und der Yosukuni-Schrein im Stadtviertel Asakusa. Als die Geisha eineinhalb Jahrhunderte später die Bühne der Zeitgeschichte betrat, zählte Edo eine Bevölkerung von etwa fünfhundertzwanzigtausend Menschen (Ōsaka etwa vierhunderttausend).

Das historische Yoshiwara war zunächst in einem sumpfigen, binsenbewachsenen Gebiet am Rande von Edo als »Bordellstadt« errichtet worden. Dorthin hatte ein Dekret des Shōgun 1617 sämtliche Bordelle im Stadtbereich von Edo verbannt.

Als 1656 die große Feuersbrunst in Edo wütete, wurde auch das Yoshiwara von den Flammen erfasst und vollkommen zerstört. Die Bordellwirte bauten es auf einem neuen Gelände hinter dem berühmten Asakusa-Schrein wieder auf. Außerdem wurden ein Wall und ein Wassergraben um das gesamte Viertel gezogen, um die Kurtisanen und Dirnen an der Flucht zu hindern.

Schon im Jahre 1657 war das neue Yoshiwara wieder geschäftsfähig. Der Weg dorthin führte durch enge, stille Häuserzeilen, die nur dürftig beleuchtet waren, über eine gebogene Brücke, an deren Ende sich eine breite, lebhaft helle Straße öffnete wie die Kulisse eines Theaters. Die Herren kamen erneut in *palankins* genannten Sänften oder auf Pferden, und ab dem 19. Jahrhundert wurde es Mode, sich in Rikschas, den *jinrikishas*, bis zum Eingang des Vergnügungsviertels befördern zu lassen. Die Rikscha-Läufer arbeiteten gleichzeitig als Zubringer und »Kundenfänger« für die Bordelle.

Am Eingangstor zum Yoshiwara – die Anlage wurde das Vorbild für die Vergnügungsviertel in anderen Städten – standen nicht nur Weiden, ein von China übernommenes Symbol für Prostitution, sondern auch Wachposten, im Allgemeinen herrenlose oder verarmte Samurai. Sie hatten darauf zu achten, dass kein Besucher das Yoshiwara mit Waffen betrat – um zu verhindern, dass betrunkene Herren des Schwertadels (nur der Samurai-Stand war berechtigt, Schwerter zu tragen) davon Gebrauch machten oder unglückliche Freudenmädchen sich damit entleibten. Die Schwerter, von den einfachsten bis zu den edlen, etwa jenen, deren Griff mit Haifischhaut bezogen war, wie die Bogen und Speere blieben ebenso wie die Gefährte und Pferde – vor dem Eingangstor. Strenger als beim Eintritt ins Yoshiwara fiel die Kontrolle der Wächter bei allen Personen aus, die nach draußen strebten. Immer wieder gelang es Frauen und Mädchen, die in den über hundertfünfzig Bordellen und vierhundert Teehäusern arbeiteten, dem Yoshiwara unerkannt zu entkommen, oft vermummt, die Hutkrempe tief ins Gesicht gezogen, unkenntlich in Männerkleidung.

Durch die Mitte der breiten Hauptstraße, die Prachtstraße des Yoshiwara, die man betrat, wenn man durch das große Eingangstor kam, zog sich ein Streifen mit Kirschbäumen, die im Frühjahr ihre schneeweiße oder zartrosafarbene üppige Blütenpracht entfalteten, aber – typisch für diese Art der japanischen Kirschbäume – niemals Früchte tragen konnten.

Das innere Gebiet war in vier Hauptstraßen und einige Seitenstraßen unterteilt, an denen zwischen Tee- und Vermittlungshäusern für Kurtisanen die in verschiedene Klassen eingeteilten Freudenhäuser lagen, *seiro* (grüne Häuser) genannt, in denen die Prostituierten lebten. Alle Häuser sahen mit ihren künstlerischen Fassaden äußerlich prächtig aus. Die Vorderseite der zweistöckigen Etablissements hatte einen offenen Raum, der zur Straße hin mit einem Bambus- oder Holzzaun abgegrenzt war. Diese Räume waren »Schaufenster«, aneinander gereiht muteten sie wie Käfige an. Dort saßen die Kurtisanen und Dirnen und boten sich zur Ansicht für die unentschlossenen Kunden dar, wie Schaustücke in einem Museum, »stumm wie Wachsfiguren, eingehüllt in prunkvolle Gewänder, ihre Schmetterlingsfrisuren voller dicker gelber Nadeln« (Tamio Satow). Sie rauchten vielleicht die kleinen silbernen Pfeifen mit dem winzigen Pfeifenköpfchen, das nach den drei üblichen Zügen in den Aschenbecher aus Messing entleert wurde.

Vor jedem dieser exotischen Wesen stand ein fußhohes Tischchen aus Lackwerk und im Winter ein Kohlebecken, und zwischen je zwei Tischchen strahlten große Papierlaternen. Über den Eingangstüren hingen rote und weiße Lampions, auf denen der Name des Hauses stand. Die Lampions waren der sichtbare Nachweis eines lizensierten Betriebes und wurden bald zum Symbol der gesamten Amüsierbranche.

Auf die Europäer, die ab Mitte des 19. Jahrhunderts das Yoshiwara betraten, machten die zur Schau gestellten Geschöpfe einen traurigen Eindruck, wie dies zum Beispiel auch Franz von Siebold empfand. Die Räume, in denen sie saßen, erschienen ihm »wie ein vom Sturm verwehtes Blumenbeet«. Der Anblick sei so seltsam, fesselnd, zugleich märchenhaft und unnatürlich, berichtet er, »dass man fast erschrickt, wenn sich eine der ›Schaufensterpuppen‹ leise bewegt«.

Das Yoshiwara war im Verständnis der japanischen Bevölkerung keineswegs ein schummriger Rotlichtbezirk, sondern sogar ein beliebtes Ausflugsziel für die ganze Familie: An bestimmten Festtagen führten die Familienväter ihre Frauen, Mütter, Schwestern, Töchter und Söhne ins Yoshiwara, um dort das Gratisschauspiel dekorativer zeitgenössischer Kunst und die ständige Ausstellung modischer Kleidung und angewandter Künste zu genießen.

Man konnte die hochrangigsten und hochmütigen Kurtisanen, wie die *tayū* (wie sie bis etwa zum Jahre 1760 genannt wurden) oder *oiran* (was »Schönste aller Blüten« bedeutet), in ihren kostbaren Kimonos aus feinster Seide mit den herrlichsten Blumen-, Tier- oder Landschaftsmustern und Gold- und Silberstickereien bestaunen, wie sie in ihren Holzsandalen mit extrem hohen Stegen und nach innen gerichteter Fußstellung (eine Fußstellung nach außen galt als ordinär) auf der Prachtstraße promenierten, begleitet von ihren kleinen Pagen- und Lehrmädchen, die, in perfekt abgestimmten Farben, wie eine ihrer Miniaturausgaben anmuteten. Die Eleganz der Kostüme, die Vollendung der Frisuren, die Feinheiten der Schminkkunst boten unerschöpflichen Gesprächsstoff für die Damen aus der bürgerlichen Welt.

Nur die *tayū* und *oiran* waren berechtigt, mit ihrem Gefolge auf der Hauptstraße des Vergnügungsviertels zu flanieren. Alle anderen Freudenmädchen, auch *yujo* genannt, durften nur in ihren Ausstellungskäfigen bewundert werden und von dort aus Kontakte zu den Kunden knüpfen.

Man konnte einen Blick in die zahlreichen Teehäuser werfen, die die breite Mittelstraße säumten und in denen sich nur hohe Unterhaltungskunst und angeblich nichts die Grenzen des Anstands Überschreitendes ereignete. Oder einen berühmten *kabuki*-Schauspieler – ab 1732 gab es auch ein Theater dort – hautnah vorbeiflanieren sehen. Innerhalb des Yoshiwara durften die Männer weder Pferd, Wagen noch Sänfte benutzen (nur dem Dienst habenden Arzt war ein Gefährt erlaubt). Akrobaten liefen auf Händen neben den Besuchern her, Blinde sagten die Zukunft voraus, Kunsthandwerker boten ihre Ware an, rote Schirme aus Ölpapier oder kunstvoll bemalte Fächer, junge Diener trugen eilends Speisen in Lackschachteln, oder Dienstmädchen schleppten Sakeflaschen in die Restaurants. Die Abende waren voller Trubel und Geschäftigkeit.

Nur am Morgen herrschte nach den lauten Nächten Stille im Yoshiwara. Streunende Katzen, Briefboten, Fischhändler liefen über die staubigen Wege, auch Bauern mit Holztragegestellen auf dem Rücken, auf denen sich Lotoswurzeln, Süßkartoffeln, Kohlköpfe und riesige weiße Rettiche türmten. Junge Mädchen fegten den Eingangsbereich der Häuser, Diener entfernten die Überreste der Nacht. Gegen Mittag und am frühen Nachmittag versammelten sich die Kurtisanen hinter geschlossenen Läden in den leeren Räumen zu Tanz-, Gesangs- und Musikunterricht. Sie wurden in den Finessen der Schminkkunst und des Duftmischens unterrichtet, in gutem Benehmen und korrekten Manieren, es gab auch *tayū*, die in Astrologie, Malerei und im kunstvollen Arrangieren von Blumen ausgebildet wurden. Dann badeten sie vielleicht gemeinsam in Wannen aus Zedernholz, diskutierten die neueste Frisurenmode oder die Wirkung ihrer Salben aus Nachtigallenkot, die ihre Haut aufhellen sollte, scherzten über die Gäste und sprachen über die Möglichkeit, dass ein reicher Kunde sie aus dem Yoshiwara befreien könnte. Sie seufzten und hingen ihren Träumen nach, bis der blinde Haarwäscher mit seiner Aufgabe fertig war. Bis zum Abend war noch ausreichend Zeit, sich von einem professionellen Ankleider oder den Dienerinnen zurechtmachen zu lassen. Und ganz Yoshiwara rüstete sich wieder für das Abendgeschäft.

Zum Personal eines Amüsierbetriebes gehörte der Besitzer, den die Mädchen Patron nennen mussten. Er galt in seinem Hause als uneingeschränkter Herrscher. Es gab viele herrenlose oder verarmte Samurai, die ins Nachtleben eingestiegen waren, auch wenn dieses Betätigungsfeld nicht mit ihren ethischen Grundsätzen übereinstimmen mochte. Sie gehörten oft zu den Gründern der lizensierten Amüsierviertel, wurden die Herren fast aller Betriebe dort und auf diese Weise auch zu den Herren der in ihren Etablissements arbeitenden Kurtisanen und Dirnen. Jeder Betrieb hatte eine Geschäftsführerin, *yarite* genannt, meist eine ältere ehemalige Kurtisane und oftmals die Geliebte oder Gattin des Patrons, die als »giftig« galt und die Kurtisanen zu schikanieren wusste. Da sie am Gewinn beteiligt war, wachte sie mit Argusaugen über den Betrieb. Sie hatte einen Blick auf die Mädchen, achtete auf deren Benehmen und Verhalten dem Gast gegenüber, kontrollierte, ob sie die Gäste stets respektvoll behandelten, auch über deren schmutzigste Witze lachten, sie aufheiterten, wenn sie deprimiert waren, und auf alle vom Gast geforderten Bedürfnisse eingingen. Unentbehrlich waren auch die so genannten *gyu,* starke und raue Burschen, die zweifelhafte Kunden abwimmelten und Zechpreller verfolgten. Darüber hinaus trugen sie bei Regen die Kurtisanen und deren Schirme auf dem Weg zu ihren Engagements, damit die kostbaren Gewänder nicht nass und schmutzig wurden. In Küche, Bad und der Wäscherei arbeiteten Mädchen, die sich als nicht talentiert genug erwiesen hatten, um Kurtisane zu werden.

Innerhalb des Yoshiwara-Bezirks konnten auch Boten in Anspruch genommen werden, die vor allem Briefe zwischen Gästen und Kurtisanen beförderten. Männliche Geishas, *taikomochi* genannte Spaßmacher, und ab Mitte des 18. Jahrhunderts die musisch versierten *onna*-Geishas, die weiblichen Geishas, standen schließlich zur Unterhaltung der Gäste in den Teehäusern bereit.

Wenn die bürgerliche Familie am Abend ihren Ausflug ins Yoshiwara beendete, blieb gewöhnlich der Familienvater zurück, um sich in einem der zahllosen Freuden- oder Speise-Teehäuser von dem Mädchen seiner Wahl weiter unterhalten, zerstreuen und bedienen zu lassen. Hatte er kein bestimmtes Mädchen im Sinn, flanierte er an den Häuserreihen mit den »Schaufenstern« entlang. Fand er Gefallen an einem Mädchen, konnte er dies im *ageya* oder Teehaus melden und ein Treffen vereinbaren lassen.

Im Yoshiwara durfte kein Gast länger als vierundzwanzig Stunden verweilen. Das große Tor schloss um zweiundzwanzig Uhr. Danach blieben nur noch einige kleine Seitentore geöffnet. Um Mitternacht war absolute Polizeistunde.

DIE VERMITTLUNGSHÄUSER

Selbst ein hochrangiger Samurai ging niemals direkt zur Kurtisane. Sie hätte ihn auch nicht empfangen. Kein Gast durfte ein Kurtisanenhaus direkt aufsuchen (was weniger zum Schutz der Freudenmädchen gedacht war als vielmehr zur Sicherung der Geschäfte von Vermittlungshäusern). Die typischen Vermittlungshäuser bis 1760 waren die bereits erwähnten *ageya,* deren Aufgaben später ganz von den Teehäusern übernommen wurden.

Der erste Schritt des Gastes bestand darin, in ein *ageya* oder in ein Teehaus zu gehen. Dort wurde er in zeremonieller Weise von einem Vermittler oder dessen Geschäftsführerin empfangen, die sich würdevoll zurückzogen, wenn der Handel abgeschlossen war. Dann wurde er von Dienerinnen betreut und in einen Raum im ersten Stock des Hauses geführt, wo professionelle Unterhaltungskünstler ihm bis zum Eintreffen der Kurtisane die Zeit vertrieben.

Die *ageya* genannten Etablissements galten als Top-Adresse, weil sie die Vermittlung auch der ranghöchsten Kurtisanen übernehmen konnten. Das Teehaus war zwar ebenfalls lizensiert, eine

Begegnung zwischen Gast und Kurtisane herzustellen, doch handelte es sich bei den vermittelten Freudenmädchen lediglich um Kurtisanen niederen Ranges oder um einfache Dirnen. Entsprechend gering war das Ansehen der Teehaus-Kundschaft – je niedriger die Kurtisane, desto niedriger stehend war auch ihr Gast.

Hatte der Gast seinen Wunsch angemeldet und eine bestimmte Kurtisane gewählt, eilte ein Laufbursche mit einer Schriftrolle, die den Namen der Auserwählten und das Siegel des *ageya* trug, zum entsprechenden Kurtisanenhaus. Dort wurde die Kurtisane benachrichtigt und dann zur gegebenen Zeit zu dem wartenden Kunden in das *ageya* entsandt.

Eine *tayū* oder *oiran*, die in der Hierarchie der Kurtisanenwelt ganz oben stand, machte aus ihrem Auftritt ein beeindruckendes Schauspiel: In atemberaubender Aufmachung und in Begleitung ihres ebenfalls traumhaft ausgestatteten Gefolges – den Lehrmädchen, *kamuro* genannt, die farblich perfekt abgestimmt gewandet und geschminkt waren, und einem Diener, der die Instrumente trug – klapperte die Kurtisane in ihren schwarz lackierten Holzsandalen mit den extrem hohen Stegen in Zeitlupentempo (weil sie mit ihren hohen Sandalen nur langsam und schleppend vorwärts kam) von ihrem Kurtisanenhaus die Prachtstraße des Vergnügungsviertels entlang zum *ageya*; die Glöckchen an den Fußriemen aus Brokat beläuteten immerzu ihren Weg. Ein Spektakel, das viele Zuschauer und Bewunderer anlockte.

Im *ageya* angekommen, verbrachte die Kurtisane mit ihrem Kunden den Abend mit Musik und Tanz, es wurde Sake getrunken, man tauschte Gedichte aus, genoss die Teezeremonie und ergötzte sich an Brettspielen wie zum Beispiel dem *go*. Das Gastzimmer, in dem Speisen und Sake serviert wurden, befand sich im Obergeschoss. Dort fand auch die künstlerische und erotische Unterhaltung durch die Kurtisane statt. War er zum ersten Mal ihr Gast, so machte er ihr Komplimente, führte eine geistreiche Unterhaltung oder auch nicht, abhängig vom Grad seiner Trunkenheit, und zog sich nach einer gewissen Zeit zurück, ohne sich die kleinste Intimität erlaubt zu haben. Er konnte nicht darauf hoffen, mit ihr die Nacht zu verbringen.

Am nächsten Tag (oder an einem der nächsten Tage) kam er wieder und – wenn er die Gunst der Kurtisane bei seinem ersten Besuch hatte erwerben können – wurde erneut als Gast empfangen. Wenn er Glück hatte, und sich extrem spendabel zeigte, durfte er sich schon an diesem Abend am Ziel seiner Wünsche wähnen. War ihm die Dame weniger hold, wiederholte er seinen Besuch bei der Begehrten an einem dritten Tag. Es war der Patron, der Besitzer der Kurtisane, der die Regeln hinter den Kulissen, die der Gast nicht durchschauen konnte, vorgab, denn er hatte vor allem daran Interesse, das Mädchen so teuer wie möglich zu vermarkten. Es setzte den Wert einer Kurtisane herab, wenn sie zu leicht zu haben war. So war es üblich, dass eine *tayū* ihren Verehrer erst beim dritten Besuch erhörte. Bis dahin stand so mancher Verehrer bereits am Rande des finanziellen Ruins.

Es kam nicht selten vor, dass ein hochrangiger Gast, der inkognito bleiben wollte oder musste – die Regierung hatte zum Beispiel ihren Beamten das Aufsuchen der Vergnügungsstadt verboten, und auch den Mönchen und Priestern war ein unsittlich-vergnüglicher Abend im Yoshiwara offiziell verwehrt –, von seiner Vorzugskurtisane in ihren privaten Gemächern empfangen wurde. Zur vereinbarten Stunde kamen die privaten Dienerinnen der Kurtisane und begleiteten den Besucher zu jenem Kurtisanenhaus, in dem ihre Herrin wohnte.

Nachdem er einen bestimmten Kimono angezogen hatte, der für ihn bereitgelegt worden war, wurde der Gast in die Privatgemächer der Kurtisane geführt. Zum Wohnbereich einer hochrangigen Kurtisane gehörten im Allgemeinen drei Gemächer im ersten Stock des Kurtisanenhauses. Ein Empfangsraum, ein Wohnraum und ein Schlafgemach, das vom Wohnraum durch einen Wandschirm abgetrennt war. Zur Ausstattung des Empfangsraumes gehörten nur Sitzkissen und niedrige Serviertische. Hinzu kamen die Instrumente der Kurtisanen, wie *shamisen* oder *koto*, und die beliebten Brettspiele wie *go* und *shōgi* oder *sugoroku.*

In den Wandregalen befanden sich kostbare Keramikvasen, Tierfiguren, Amulette, ein Spiegel vielleicht und, weil alle Freudenmädchen abergläubisch waren, ein kleiner Hausaltar, auf dem unterschiedliche Gottheiten und Buddha-Figuren standen, oft auch ein »göttlicher Phallus« als Hausgott, zu dem die Mädchen um die Gnade eines gönnerhaften Kunden beteten, dessen Taschen mit Goldmünzen gefüllt wären. Als sich das Rauchen als neue Mode gehobener Kreise eingebürgert hatte, lagen Tabak-Sets und schmale, lange Tabakpfeifen in allen Räumen bereit.

Im Empfangsraum servierten die Dienerinnen Tee, süße, kleine Kuchen und Sake. Wenn die Kurtisane erschien, wurde der Gast mit ihrer Kunst verwöhnt und schließlich – um ein festliches Mahl einzunehmen – in den Wohnraum geführt, in dem sich das Schlafgemach hinter dem Wandschirm befand. Das Bett einer hochrangigen Kurtisane bestand aus vier übereinander liegenden Futons. Hatten die Gemächer hellbraune Vorhänge, war dies ein Zeichen, dass es sich um Gemächer hochklassiger *tayū* oder *oiran* handelte. Die niedrigklassigen Kurtisanen hatten blaue Vorhänge.

Die Begegnung mit der Kurtisane glich einer Zeremonie in drei Etappen: Zuerst zeigte die Kurtisane ihre Fähigkeiten als Tänzerin, Musikantin oder Sängerin. Dann gab sie dem Gast ein Festmahl. Und schließlich blieb sie mit ihm allein.

Die Anwesenheit bei der Kurtisane wurde in der für derlei Dienste üblichen Zeiteinheit von Weihrauchstäbchen gemessen. Jedes Stäbchen brannte eine bestimmte Zeit lang, etwa achtzehn Minuten. Am Ende der Zusammenkunft wurde die Zahl der verbrannten Stäbchen gezählt, und danach wurde das Honorar berechnet. Der Handelswert einer Kurtisane wurde also nach der Anzahl der während des Zusammenseins verbrauchten Weihrauchstäbchen berechnet. Auf den Festen, an denen verschiedene Kurtisanen des gleichen Hauses teilnahmen, war der Ehrenplatz derjenigen Kurtisane vorbehalten, die während des letzten Monats die meisten Stäbchen verbrannt hatte. Und für den Samurai bedeutete es Herausforderung und Ruhm, wenn er die Königin des Weihrauchs erobern konnte.

Die finanzielle Regelung wurde vom *ageya* oder dem Teehaus abgewickelt. Der Gast bezahlte die Kurtisane nie direkt. Die Abrechnung mit dem Besitzer des Bordellbetriebs, dem Patron der Kurtisane oder des Freudenmädchens, der ebenfalls seine Forderungen stellte, regelte die Geschäftsführerin oder der Besitzer der Vermittlungshäuser.

DIE FRAUEN IM YOSHIWARA

Die Freudenmädchen im Yoshiwara haben sich selten aus freien Stücken dort eingefunden. Um die ehrbaren Bürgerinnen und Bürger vom möglichen nachbarschaftlichen Miteinander mit den »tugendlosen« Frauen zu befreien, sind alle beim Zulassungsamt registrierten Prostituierten in die staatlich kontrollierten Vergnügungsviertel eingewiesen worden. Auch die illegalen Dirnen, die bei Razzien aufgegriffen wurden, brachte man dorthin. Zu den Frauen im Yoshiwara gehörten aber auch junge unbescholtene Samurai-Witwen, die nach dem Tod ihres Ehegatten den von ihnen erwarteten Selbstmord verweigerten und ihr Leben auch nicht hinter den Mauern eines Klosters beenden wollten. Ihnen blieb üblicherweise nur der Schritt in die Vergnügungswelt.

Die Anzahl der Samurai-Töchter, die dort zum Kauf angeboten wurden, hatte sich in jenen Friedenszeiten der Tokugawa-Regierung schlagartig erhöht, als so manch wackerer Samurai mangels kriegerischer Betätigung arbeits- und daher zunehmend mittellos wurde, aber dennoch auf seinem Standesdünkel beharrte und seine finanzielle Misere lieber durch den Verkauf der eigenen Tochter als durch die Aufnahme eines Darlehens bei den gesellschaftlich verachteten Geldhändlern aufbesserte.

Frauen, die ihrem Gatten untreu gewesen waren, Ehebruch begangen oder sich Verfehlungen wider die weibliche Tugend geleistet hatten, durften vom Ehemann zur Strafe ins Bordell eingeliefert werden. Des Weiteren landeten dort Mädchen und Frauen, die von Verbrechern entführt oder geraubt worden waren, ebenso wie jene illegalen Dirnen, die bei Razzien in den verschiedenen Stadtteilen gefasst wurden. Dazu kamen die von ihren Angehörigen zum Verkauf angebotenen Mädchen und Frauen; Töchter wurden von ihren Eltern angeboten, Frauen von ihren Ehemännern, Schwestern von ihren Brüdern.

Der Menschenhandel war zwar streng verboten, aber spezielle Kinderankäufer, *zegen* genannt, umgingen dieses Verbot durch einen fiktiven Adoptionsvertrag, mit dem sie – für eine geringe Summe, die sie den Eltern zahlten – die Kinder und Jugendlichen ins Yoshiwara holten. Später wurde dieser Vertrag in einen Dienstvertrag umgewandelt, bei dem die Angehörigen eine weitere Summe Geldes als eine Art »Darlehen« erhielten, das die erwachsene Dirne dann abarbeiten musste.

Der Vertrag lautete im Allgemeinen auf zehn Jahre und endete spätestens, wenn die junge Frau siebenundzwanzig Jahre alt wurde, denn mit dem Erreichen dieses Alters musste laut behördlicher Vorschrift jede Frau aus dem Gewerbe entlassen werden.

Das *zegen*-Unwesen, der kriminelle Mädchenhandel, wurde 1792 von der Regierung verboten. Dagegen protestierten jedoch die Bordellbetreiber, die um ihren Nachwuchs fürchteten. Deshalb wurde das generelle Verbot abgeändert. Um Nachwuchs für die Betriebe beschaffen zu dürfen, musste man nun im Vergnügungsviertel angestellt sein. Diese Bestimmung wussten die *zegen* leicht einzuhalten: Sie zogen einfach ins Yoshiwara um.

Hatte eine Kurtisane oder Dirne das (theoretisch vorgeschriebene) Entlassungsalter erreicht, kam es jedoch selten vor, dass diese ihr Darlehen tatsächlich zurückzahlen konnte. Vielmehr war die Abschlussrechnung, die sie von ihrem Patron präsentiert bekam, meist enorm hoch. Üblicherweise wurden darin neben den Kosten für Kleidung, Ausstattung und – im Falle von höherrangigen Kurtisanen – Ausgaben für ihre Pagenmädchen alle erdenklichen Extrakosten, Spesen, Zinsen und Gebühren aufgelistet, die kaum nachkontrollierbar waren. Deshalb blieb die junge Frau weiter an den Patron gebunden und verlängerte sich zwangsläufig ihr Vertrag. Wurde sie endlich entlassen, konnte sie versuchen, in ihrer

Heimat einen Mann zu finden, um so schließlich als Ehefrau versorgt zu sein. Die meisten verdingten sich jedoch weiterhin in den Vergnügungsvierteln, denn die Welt draußen war ihnen längst fremd geworden und der Alltag dort erschien ihnen rätselhaft und voller Tücken. Seit sie – oft schon als Kind – ins Yoshiwara gekommen waren, hatten sie wie ein Vogel im Käfig gelebt, der nichts vom Leben außerhalb der Vergnügungsviertel kennen gelernt hat.

Den Freudenmädchen war es streng verboten, das Gebiet des Yoshiwara ohne Passierschein zu verlassen, nur in Ausnahmefällen – bei Vorladungen von Behörden etwa – wurde ihnen ein Ausgang gestattet. Sie waren gleich Sklaven in ihrer Welt der sinnlichen Vergnügen eingesperrt und wurden im Allgemeinen auch als solche von ihren Bordellwirten behandelt, waren sie doch mehr oder weniger deren Besitz. Wer zu fliehen versuchte, musste bei Misslingen damit rechnen, grausam gefoltert zu werden. Wurde eine Flüchtige aufgegriffen, wurde sie öffentlich angeklagt, von Gesetzes wegen für schuldig erklärt und ihrem rechtmäßigen Patron ausgeliefert: »Entweder schlägt er sie mit einem Bambusknüppel bis zur Bewusstlosigkeit, oder er zieht sie splitternackt aus, stopft ihr ein Handtuch in den Mund wie (einem Pferd die) Zügel, fesselt ihre Hände und Füße zusammen, hängt sie an einen Balken und verprügelt sie.« (Stephen und Ethel Longstreet) Bei geringeren Vergehen gab es Nahrungsentzug, Schmutz- und Putzarbeiten oder andere Quälereien.

Die größte Bedrohung für die Frauen stellten jedoch die ansteckenden Krankheiten dar. Die meisten Todesfälle waren auf Syphilis zurückzuführen. Erst zur Meiji-Zeit in der zweiten Hälfte des 19. Jahrhunderts, nach der Öffnung Japans, begannen europäische Mediziner mit der systematischen Untersuchung und Behandlung syphiliskranker Kurtisanen und Prostituierter.

Wenn ein Mädchen erkrankt war und keine Aussicht auf Genesung bestand, stellte man allerdings die weitere Pflege ein. Manch eines dieser verzweifelten Mädchen endete durch Selbstmord, indem es sich erdrosselte, in einen Brunnen stürzte, die Kehle durchschnitt oder die Zunge abbiss. Gelegentlich kam es vor, dass ein solcher Todesfall, wie das Gesetz es verlangte, untersucht wurde. In aller Regel aber vertuschte man die Sache und verscharrte den Leichnam in einem Massengrab.

Dem Besucher des Yoshiwara waren Einblicke in die düstere Seite des Alltags der Freudenmädchen verschlossen. Sie interessierte ihn auch gar nicht.

Dass die japanischen Vergnügungsviertel für die meisten dort beschäftigten Frauen und Mädchen ein geknechtetes, unfreies Leben bedeuteten, wurde der westlichen Öffentlichkeit erst vollends bekannt, als im Februar 1958 aufgrund von Anordnungen der amerikanischen Besatzungsmacht in ganz Japan die allerletzte Stunde für die staatlich organisierten Rotlichtviertel geschlagen hatte.

Über dreihundert Jahre lang hatte es die Kasernenstädte gegeben: Stätten der Lust und des sinnlichen Festschmauses für die einen, die freien Besucher, und Orte der Gefangenschaft und qualvollen Bedingungen für die anderen, die unfreien Bewohnerinnen, zu denen ab Mitte des 18. Jahrhunderts, während der Blütezeit des japanischen Feudalismus, auch die Geishas zählten.

Jedem ausländischen Besucher, der nach der Öffnung des Landes ab der Meiji-Zeit nach Japan kam, mussten jedoch die Vergnügungsstätten und im Besonderen das Yoshiwara, die Stadt der Frauen – im Jahre 1869 sollen ungefähr achttausend Freudenmädchen dort gewohnt haben –, wie ein schillerndes Paradies erschienen sein, in dem sich alles mit ritueller Ernsthaftigkeit um den Mann drehte: eine ganze Stadt der Sinnesfreuden ohne die plumpe Geilheit, die er vom westlichen Rotlichtbetrieb kannte. In den Yoshiwara-Vergnügungsbezirken beleidigte nichts Obszönes den Blick, keine halb nackten, unverhüllten Frauen, statt wüstem Geschrei und nervtötendem Grölen klangen aus den Häusern Lautenspiel und heller Gesang. Innerhalb des Amüsierviertels herrschte Ordnung und Sicherheit und Ruhe. Öffentlicher Anstand und Sitte seien durch die Prostitution nicht wie in europäischen Städten verletzt, berichteten später die ausländischen Besucher. In welcher Stadt der Welt wäre es Männern, Frauen und

Kindern jeden Alters möglich gewesen, in einem Viertel, in dem alle Formen käuflicher Liebe angeboten wurden, zu lustwandeln, ohne auch nur im Geringsten belästigt zu werden?

Am Anfang des 20. Jahrhunderts war das Yoshiwara längst nicht mehr exklusiv und privilegiert. Tōkyō war zur Weltmetropole erblüht, und das Yoshiwara war nur noch eines von sechs lizensierten Vergnügungsvierteln, wenn auch das älteste und immer noch das größte. Es gehörte somit fast zum Pflichtprogramm eines ausländischen Besuchers in Tōkyō, zumindest einmal das sagenhafte Yoshiwara aufzusuchen.

Es gab allerdings eine Reihe von japanischen Beamten, die dachten, das Yoshiwara wäre nicht der richtige Ort, um die Ausländer in die japanische Kultur einzuführen. Daher ließen sie im späten 19. Jahrhundert eine Art Gegen-Kulturstätte für das Yoshiwara errichten, wo sich Ausländer und Japaner in dezenter, gesitteter Atmosphäre treffen sollten. Ein britischer Architekt wurde mit dem Bau eines großen, repräsentativen Kulturgebäudes in Tōkyō beauftragt.

Das Gebäude wurde »Rokumeikan« genannt und im Jahre 1883 eröffnet. Es sollte ein extravaganter gesellschaftlicher Treffpunkt sein. Der Rausch der Verwestlichung hatte das ganze Land ergriffen. Hochrangige japanische Regierungsbeamte, bedeutende Geschäftsleute in korrekter westlicher Kleidung und ausländische Diplomaten kamen hier zu zwanglosen und auch formellen Anlässen zusammen. Die Ausländer brachten ihre Ehefrauen und jugendlichen Töchter mit, woraufhin die japanischen Besucher ebenfalls mit Gattin erschienen. Geishas wurden selbstverständlich auch geladen. Sie erschienen jedoch in westlichen Ballkleidern, denn im »Rokumeikan« trug niemand einen Kimono.

Die »Operation Rokumeikan« als ein Teil der Bemühung der japanischen Regierung, Europäern und Amerikanern zu beweisen, dass Japan ein moderner zivilisierter Staat sei, schlug fehl. Der künstliche Glanz begann bald zu schwinden: Viele Japaner empfanden die Atmosphäre dort als zu gezwungen westlich, und in den Augen der Fremden aus dem Westen war es zu wenig japanisch.

DER MÜHEVOLLE WEG ZUR SCHÖNSTEN ALLER KURTISANEN

Die gebildeten Freudenmädchen, für die in der deutschsprachigen Literatur gemeinhin der Begriff »Kurtisane« gebraucht wird, waren in den japanischen Vergnügungsbezirken in sechs Klassen unterteilt. Die beiden höchsten Klassen, die *yobedashi* und *hirusan*, wurden als *oiran* bezeichnet, als »Schönste aller Blumen« (bis etwa 1750 wurden sie *tayū* genannt). Die niedrigste Klasse waren die gewöhnlichen Dirnen.

Die Ausbildung eines fünf- bis siebenjährigen Mädchens zur Kurtisane hatte im Allgemeinen mit dem Dienen begonnen. Es wurde zuerst einer Kurtisane als Pagenmädchen überlassen. Wenn das Mädchen Talent zeigte, wurde es von ihrer Lehrmeisterin in Dichtung, Tanz, Musik, Teezeremonie, Blumensteckkunst *(ikebana)*, in gutem Benehmen und in der Liebeskunst unterrichtet. Sie wurde als *kamuro* bezeichnet und musste ihren richtigen Namen aufgeben. Der Patron gab ihr einen fröhlichen, einfachen Namen wie zum Beispiel *nekko* (Katze), *chidori* (Kiebitz) oder *mikan* (Mandarine). Die *kamuro* schlief gewöhnlich vor dem Schlafgemach ihrer Herrin. Diese schloss ihre Schlafzimmertür nie ganz (oft war das Schlafgemach nur durch eine Stellwand vom anderen Raum getrennt), sodass das Mädchen auf diese Weise Einblick in die Liebeskunst ihrer Lehrmeisterin und die Wünsche der Gäste bekommen konnte.

Zumeist hatte die *kamuro* ihre Ausbildung im Alter von zwölf oder dreizehn Jahren abgeschlossen. Dann wurde der Mietvertrag durch einen Kaufvertrag ersetzt, in dem sich das Mädchen verpflichten musste, bis zum siebenundzwanzigsten Lebensjahr als Prostituierte für das Haus (Bordell) ihres Patrons (der sie gekauft hatte) zu arbeiten. Die *kamuro* wurde jetzt zur *shinzo* erkoren. Sie bekam eine neue Frisur, durfte sich zum ersten Mal die Zähne schwärzen, was als Ausdruck sinnlicher Erotik galt, wurde in die Kunst des Schminkens eingeweiht, lernte die Haare zu türmen und wurde in jenen gezierten Manieren gedrillt, die beim Empfang und der Bewirtung des Besuchers üblich waren. Außerdem erhielt sie neue Kimonos, die ihren »Erwachsenen«-Status dokumentieren sollten.

Ihr Eintritt in den neuen Berufsstand wurde dann mit einem Fest gefeiert, das eine Woche lang andauerte. Dazu wurde das Freudenhaus festlich geschmückt. Man verteilte Geschenke, wie etwa Sake-Gläschen mit ihrem Namen, an Kunden und an die Teehäuser, zu denen das Bordell Geschäftsverbindungen unterhielt. Um für sich und das Bordell Reklame zu machen, zeigte sich die *shinzo* nun auch zusammen mit ihrer Lehrmeisterin eine Woche lang jeden Tag in einem anderen Kimono auf der Hauptstraße des Vergnügungsviertels. Die Kosten für das aufwändige Einweihungsfest wurden nicht selten von einem an der jungen *shinzo* oder an deren Herrin besonders interessierten Kunden des Hauses übernommen. Dafür erwarb er sich das »ius primae noctis«, das »Recht der ersten Nacht«. Es wird berichtet, dass manche Männer bereit waren, für die Defloration einer kaum der Kindheit entwachsenen *shinzo* unvorstellbar hohe Summen zu zahlen.

Nach Ablauf der Festwoche erhielt die *shinzo* ihren Platz im so genannten Käfig des Freudenhauses, in dem sie gemeinsam mit ihren Gefährtinnen präsentiert wurde. Stumm und geisterhaft weiß geschminkt wie Wachsfiguren, eingehüllt in prunkvolle Kimonos, waren sie so gereiht, dass die jüngeren und hübscheren im Vordergrund im hellsten Licht saßen.

Anfangs wurde die junge *shinzo* von ihrer Lehrmeisterin oder einer anderen Kurtisane als Gehilfin beschäftigt und dabei weiter in die Geheimnisse der Liebeskunst eingeführt. Je nach Schönheit, Bildung und Kunstfertigkeit konnte sie mit zunehmender Berufserfahrung in die hohe Klasse der Kurtisanen, der *oiran*, zur »Schönsten aller Blumen«, aufsteigen und ihrerseits wieder *kamuro* ausbilden.

Die Kurtisanen, vor allem die *oiran*, waren nach festen Regeln ausgebildete Meisterinnen der Liebe. Sie regten ihre Besucher durch Gesang und Tanz zu leidenschaftlicher Sinnlichkeit an, der sie sich schließlich zum gemeinsamen Genuss hingaben. Es wäre allerdings selbst für eine *oiran* unschicklich gewesen, sich dem Mann nackt zu präsentieren. Eine Kurtisane legte den Kimono nicht ab, sie entblößte lediglich ihre Scham, um den Geschlechtsverkehr ausüben zu können. Ebenso wenig ließ sie es zu, geküsst zu werden, eine solche Intimität wäre für sie unschicklich gewesen und hätte überdies die köstliche Bemalung ihres Gesichts beschädigt. Zudringliche, handgreifliche Zärtlichkeiten wurden auf das Strikteste abgelehnt, denn sie hätten den sorgfältigen Aufbau der Frisur zerstören können. Ein eigens dazu bestimmtes Nackenkissen verhinderte auch beim Vollzug des Geschlechtsakts die Auflockerung der Frisur.

Auch für den Besucher war es unpassend, sich seiner Kleider oder des leichten Kimonos, der ihm vom Kurtisanenhaus gestellt wurde, zu entledigen. Die Kurtisane und ihr Kunde sollten sich nur insoweit hautnah sein, als es nach den Anstandsregeln für das Verhalten im Freudenhaus unerlässlich war.

Die wahre Liebeskunst bestand darin, den Akt durch leichte Wendungen und rhythmische Bewegungen des Körpers lustvoll zu gestalten und zu verlängern. Für »gemeine« Berührungen oder Zärtlichkeiten standen den Männern die *kamuro* zur Verfügung, jene Gehilfinnen, die zur Liebe noch erzogen werden sollten. Es war ihre Aufgabe, den Besuchern ihre Lippen darzubieten oder sie sogar so zu berühren, wie es die Lehrerin aus beruflicher Zurückhaltung ablehnte.

Die langjährige Erziehung eines Mädchens zur *oiran* war durch ihre feierliche Entjungferung jedoch noch nicht abgeschlossen. Erst wenn sie sich einer endgültigen Prüfung unterzogen hatte, die erwies, dass sie ihre Scham schamhaft entblößen könne, dass sie genau wisse, welche Handreichung sie vornehmen müsse, um das erregte Glied eines Besuchers »in sich zu bergen«, und wie sie sich zu wenden und zu bewegen habe, um ihm den höchsten Genuss zu gewähren, wurde die Kurtisane »freigesprochen«. Sie konnte sich dann bei den zuständigen Behörden um das Recht bewerben, sich von einem Freudenhausbetreiber als *oiran* anwerben zu lassen.

Als es mit dem glanzvollen Image der Kurtisanen abwärts ging (weil sie ihre Kunstfertigkeiten zugunsten sexueller Dienstfertigkeiten verkommen ließen, wie an anderer Stelle beschrieben), überflügelte die ehrgeizige Geisha das Ansehen der Kurtisane und übernahm die hohe Kunst der Unterhaltungsformen, auch wenn sie aufgrund des für Geishas geltenden staatlichen Verbots keinen Intimverkehr mit den Kunden pflegte.

DIE ERSTE GEISHA: EINE REVOLUTIONÄRIN DER LISTIGEN ART

Als in Japan im Jahre 1750 – vier Jahrhunderte nach Marco Polos aufsehenerregendem Reisebericht – die nachweislich erste berufsmäßig registrierte weibliche Geisha, ihr Name war Kikuya, in Kyōto erwähnt wird, hatten die Damen des Unterhaltungsgewerbes schon eine bewegte berufliche Laufbahn als so genannte *odoriko* hinter sich.

Odoriko wurden die Tänzerinnen genannt, die seit dem Sommer 1677 zuerst in Edo auftraten. Sie waren Töchter des aufstrebenden Bürgertums, von ihren Geld mehr als Moral wertschätzenden Eltern schon im Kindesalter zu Tanzmeistern in die Lehre geschickt und in Instrumentenspiel und Gesang gründlich ausgebildet. Das, was die *odoriko*-Tänzerinnen schließlich zu bieten hatten, konnte sich durchaus sehen lassen: Es war hohe Unterhaltungskunst. Sie war vergleichbar mit der Kunst, wie sie die begehrten Kurtisanen, die glamourösen Meisterinnen der Erotik in den seit Beginn des 17. Jahrhunderts errichteten und staatlich kontrollierten Vergnügungsvierteln von Edo, Ōsaka und Kyōto dargeboten haben. Während die Kurtisanen jedoch in den Vergnügungsghettos gefangen waren, lebten die *odoriko*-Tanzmädchen frei und ungebunden. Von einem reinen Künstlerdasein konnte aber auch keine Rede sein.

»Für andere Künste als die erlernten sind die *odoriko* beliebt«, heißt es in einem Epigramm (Michael Stein), oder in einem Spottvers: »Wenn sie das Niederlegen in ihr Repertoire aufnehmen, sind sie noch viel beliebter.«

Die künstlerisch ausgebildeten *odoriko* mussten sich als Teemädchen oder Tänzerinnen in den Teehäusern und Speise-Teehäusern der Vergnügungsviertel, an den Raststätten oder in der Nähe von Pilgerstätten verdingen, wo bekannterweise neben dem Getränk auch die Mädchen zu haben waren. Sie galten auch als Geheimtipp für »*kabuki*-Feste«, die in Samurai-Häusern oder in den Stammlokalen der Statthalter der Landesfürsten gefeiert wurden.

Die Bezeichnung *kabuki*-Fest geht auf die Urform des heute noch so genannten Theaters zurück. Neben einfachen, pantomimischen Darstellungen wurden vor allem erotische Tänze aufgeführt. In dieser Form ist *kabuki* durch O-kuni, ein Freudenmädchen aus Izumo, zu Anfang des 17. Jahrhunderts populär geworden. In einigen historischen Werken gilt sie als eigentliche Vorläuferin der späteren weiblichen Geisha.

Die Bezeichnung *kabuki* geht auf das alte Wort *kabuku* (= *katamuku*) zurück, das »abweichen«, »schief liegen« bedeutet. Man nannte damals Leute, die absichtlich Aufsehen erregen wollten, zum Beispiel durch exzentrische Kleidung, oder die in Aufmachung und Gebaren überhaupt aus dem »normalen« Rahmen fielen, die *kabuki-mono*. Eine derart sonderbare Aufmachung gehörte auch zu dem neuen Tanz, den O-kuni mit ihrem Ensemble vorgeführt hat. Zusammen mit Sanzaburō Nagoya, der für seine Schauspielkunst in Kyōto berühmt war, und begleitet von einer Musiktruppe aus Flöten-, Handtrommel- und *shamisen*-Spielern führte sie humoristische Sketche und erotische Tänze auf. Das »*kabuki*-hafte«, also das »Abweichende« in ihrer Darstellung waren ihre Kleidung und die Idee des Rollentausches: O-kuni trat mit kurz geschnittenem Haar auf, um die Stirn ein Tuch gewunden, das seitlich geknotet war. Zum Brokatkostüm trug sie zwei Schwerter, ein langes und ein kurzes, am Gürtel baumelte ein ausgehöhlter Kürbis, die Wasserflasche, und auf der Brust prangte das Kreuz der »Barbaren aus dem Süden«, der ersten christlichen Missionare. Der Schauspieler Sanzaburō Nagoya hingegen trat in Frauenkleidung auf.

Das Publikum war begeistert, und ihr *kabuki*-Tanztheater erfreute sich binnen kurzem über Kyōto hinaus großer Popularität. O-kuni wurde als Erfinderin des *kabuki* gefeiert. Überall entstanden ähnliche Truppen. Es heißt, solche Künstlerinnen wie O-kuni seien in großer Anzahl heimlich in den Kaiserpalast gebeten worden. Auch die Landesherren waren von der neuen Kunst angetan. Eifrig luden sie zu »*kabuki*-Partys« in ihre Residenzen ein und beorderten die Tanzmädchen, die *odoriko*, zu erotischen Zugaben ins Privatgemach.

Im Jahre 1629 ließen die staatlichen Behörden das Frauen-*kabuki* wegen »Beeinträchtigung der öffentlichen Moral« verbieten. Der eigentliche Anlass für das Verbot soll eine Aufführung der Kurtisane Yoshino in der kleinen Stadt Shijō-Kawara gewesen sein, bei der es zu Ausschreitungen mit zahlreichen Toten und Verletzten kam und die Bühne zu Bruch ging (Michael Stein). Anstelle der schönen Mädchen traten nun attraktive Jünglinge auf. Aber auch diese Theaterform wurde verboten, weil die *kabuki*-Theaterstätten als Börse für homosexuelle Kontakte die Sitten verderben würden, wie es hieß. Erst danach entstand das *kabuki*-Theater, wie es sich bis heute erhalten hat: Hier stellen nicht mehr schöne Mädchen und Jünglinge ihre Reize zur Schau, sondern erwachsene Männer präsentieren mit den Mitteln theatralischer Darstellung und des Dialogs interessante Themen. Da es grundsätzlich verboten war, dass Frauen auf einer Bühne agierten, wurden auch die Frauenrollen von Männern, den so genannten *onnagata*, dargestellt. Das ist auch heute noch so.

Die *odoriko* haben in gewisser Weise die Tradition von O-kunis *kabuki*-Form wieder aufgegriffen und mit ihren Tänzen die illustren Herrschaften nach dem Geschmack der Zeit unterhalten. Als Zugabe standen sie des Nachts für weitergehende Dienste zur Verfügung, als unverheiratete Frauen galten sie ohnedies als sexuell vogelfrei. Ungeachtet der Verfügbarkeit lediger Frauen waren bezahlte Liebesdienste außerhalb der staatlich kontrollierten Vergnügungsstätten aber wie gesagt illegal. Die Ausübung ihrer Kunst brachte den *odoriko* im Allgemeinen nur dann ausreichend Einkünfte, wenn sie überdies auch die erwarteten intimen Dienste erfüllten. Daher riskierte ein *odoriko*-Tanzmädchen stets, bei einer Razzia gefasst und verhaftet zu werden.

Schon eine Generation später, im frühen 18. Jahrhundert, wurden die Tanzaufführungen und auch die Liebesdienste der *odoriko* nur noch streng geheim arrangiert, denn dem illegalen Amüsement, insbesondere der Prostitution außerhalb der lizensierten Betriebe, suchten die Behörden durch wirksame Maßnahmen ein Ende zu setzen.

Um Zucht und Ordnung – die Hauptpfeiler der Moral in der Tokugawa-Zeit – zu gewährleisten, wurde der Tanz außerhalb der legalen Vergnügungsbezirke verboten. Im Jahre 1706 erreichten die Behörden, den Tänzen der *odoriko* Einhalt zu gebieten, indem sie die Tanzschulen mit dem Argument, die Tänze verführten zu illegaler Prostitution, schlossen. Doch nicht die *odoriko*, sondern lediglich ihre Tanzkünste verschwanden. Die Mädchen gingen ohne seriöse Ausbildung weiter ihrem Beruf nach.

Dann wurde die Tänzerin verboten. Denn um 1735 war das Wort »*odoriko*« bereits zum Synonym für Dirne geworden, in deren Art zu tanzen kaum noch Kunst zu erkennen war.

Es folgte ein neues Verbot, das sich diesmal gezielt gegen die selbstständige *odoriko* richtete. Die Regierung hatte ihr den beruflichen Tod verordnet, wie allen Frauen außerhalb der Vergnügungsghettos verboten wurde, als Sängerinnen, Tänzerinnen oder Schauspielerinnen öffentlich aufzutreten.

Der ganze Aufwand war nicht zuletzt darauf gerichtet, ein freies, unabhängiges weibliches Künstlertum niederzukämpfen, indem es als unmoralisch und verwerflich verurteilt wurde. Frauen sah man am liebsten verheiratet. Dann sollten sie ihre Bestimmung als duldsame, fleißige und unterwürfige Hausfrauen erfüllen. Für ihren Lebensunterhalt sorgte der Ehemann.

Ledigen Frauen blieben kaum Möglichkeiten, ihr Auskommen zu sichern. Weiblichen Angestellten Löhne zu bezahlen war weder in privaten Haushalten noch in Handelshäusern üblich. Die Frauen arbeiteten lediglich für freie Kost und Logis. So verdienten viele ihr Einkommen notgedrungen mit bezahlten Intimdiensten. Damit verstießen sie gegen das Gesetz und mussten mit einem Ende in Unfreiheit rechnen: Wurden sie aufgegriffen, kamen sie ins Gefängnis oder wurden in die lizensierten Bordelle der Vergnügungsviertel abgeschoben.

Was nun? Die Aussichten für die junge *odoriko* waren düster. Wenn sie nicht verheiratet wurde und dadurch ihre Berufstätigkeit an den Nagel hängen konnte, oder sich nicht dazu durchringen konnte, ihr weiteres Leben als Nonne zu fristen, blieb der *odoriko* nur die Wahl, sich entweder innerhalb der staatlich kontrollierten Amüsierviertel zu verkaufen oder als illegale Straßendirne zu enden.

In einer Gesellschaft, in der das Leben eines jeden Einzelnen bis ins Kleinste vorgeschrieben ist, bedarf es eines revolutionären und klugen Geistes, die Grenzen der festgelegten Lebensmuster zu durchbrechen. Aufgrund der strengen und unerbittlichen Strafen, die von der Feudalregierung für die Nichteinhaltung der für alle Lebenssituationen erstellten Regeln vorgesehen waren, mussten Lücken gefunden werden, die zur Befreiung aus der erdrückenden Ordnung des Systems genutzt werden konnten.

Der Lauf der Zeit selbst bot eine Lösung an und kam den ratlosen *odoriko* zu Hilfe:

Die lizensierten Vergnügungsbezirke steckten in einer Krise. Die Betreiber der legalen Etablissements gerieten zunehmend in Panik. Aufgrund der anhaltenden schlechten wirtschaftlichen Lage blieb die Kundschaft aus, vor allem die edlen und geschätzten Samurai. Viele Betriebe standen vor dem Ruin. Durch Nepp und Schwindel versuchten gerissene Betreiber der Teehäuser und Vergnügungsetablissements die schwindenden Einnahmen anderweitig wettzumachen. Als Reaktion auf den gewandelten Geschmack einer neuen Kundschaft ließen die Kurtisanen ihre künstlerischen Fertigkeiten verkümmern. Zudem suchten viele der neureichen Städter ihr Vergnügen lieber in den illegalen Etablissements außerhalb der offiziellen Vergnügungsviertel. In den Teehäusern sorgten immer weniger Künstler für Musik und kurzweilige Unterhaltung. Ihnen fehlte der Nachwuchs.

Die ehemalige, nun offiziell verbotene *odoriko* entdeckte hier ihre Chance und profilierte sich als Überlebenskünstlerin:

Sie hat sich einfach umbenannt.

Ohne Skrupel, aber nicht ohne Hintergedanken, übernahm

sie die Berufsbezeichnung »Geisha«, ein Begriff, der wie bereits erwähnt bis dahin auf seriöse Weise mit dem männlichen Künstlertum verknüpft war.

Als *onna*-Geisha (der Zusatz »*onna*«, weiblich, sollte sie zu Anfang von den männlichen Kollegen unterscheiden) gelang es den einstigen *odoriko*, sich einen Platz auf der Bühne der Vergnügungswelt zu sichern und nicht, wie andernfalls befürchtet werden musste, in der Masse kunstloser Straßendirnen unterzugehen. Als Geisha war sie ebenso freischaffend und ungebunden wie ihre männlichen Kollegen. Das Künstlertum, das mit dem Geisha-Beruf ursprünglich notwendigerweise verbunden war, musste sie sich Stück für Stück nun wieder aneignen.

Die zierlichen ehemaligen Tanzmädchen in ihren schlichten Kimonos fügten sich zunächst harmonisch in die Gruppe der männlichen Unterhalter ein, die sich weiterhin Geisha nannten, und die jene Wandermönche zu ihren beruflichen Vorfahren zählten, die bereits im frühen japanischen Mittelalter als Schauspieler, Tänzer oder fahrende Sänger ein edles Publikum mit ihren Darbietungen erfreut hatten.

Das Publikum der Teehäuser hatte sich nach kurzer Zeit nicht nur an die *onna*-Geisha gewöhnt, sondern bevorzugte die Darbietungen der Mädchen, wie dort zu erwarten ist, wo sich Männer auf intime Vergnügungen mit einer Frau vorbereiten. Die jungen weiblichen Geishas musizierten, sangen und tanzten, waren hübsch anzusehen und trafen je nach Bedarf eine geschickte Auswahl aus ihrem Unterhaltungsrepertoire.

Während die weiblichen Geishas zielstrebig ihre Künste übten, begingen die Kurtisanen einen entscheidenden Fehler. Waren sie bis dahin nicht nur wegen ihrer erotischen Künste, sondern auch aufgrund ihrer künstlerischen Bildung begehrt gewesen, begannen sie nun, den musischen Teil ihres Engagements an die freischaffenden Musikantinnen und Tänzerinnen, die *onna-geisha*, zu delegieren. Selbst die *oiran* (ab 1770 Bezeichnung für hochrangige Kurtisanen) waren so unklug, das künstlerische Programm den zuverlässigen Mädchen zu überlassen. So blieb es nur noch eine

Frage der Zeit, bis die Kurtisanen kaum noch mit Musikinstrumenten umzugehen oder sich an Gesangstexte zu erinnern wussten. Mit dem Niedergang ihres Künstlertums aber entwerteten sie sich selbst, denn Kurtisanen ohne künstlerische Fertigkeiten waren nichts anderes als besonders kostbar verpackte Prostituierte.

Zu diesem Zeitpunkt hatte sich die Geburt der weiblichen Geisha vollendet. Der Prozess, in dem das Kurtisanentum auf die *onna*-Geisha übergehen sollte, hatte begonnen und nahm seinen Lauf.

GEISHA WIRD ALS KÜNSTLERISCHER BERUF FÜR FRAUEN ANERKANNT

Es blieb nicht lange verborgen, dass die weiblichen Geishas nicht nur die klügeren Unterhalterinnen waren, sondern dem einschlägig interessierten Kunden auch erotische Kunst zu bieten geneigt waren. Immer mehr Kunden zeigten sich vom Charme der künstlerisch bewanderten Geisha derart bezaubert, dass sie ihr Rendezvous mit der Kurtisane vergaßen und sich vom Teehaus lieber ein Hinterzimmer vermitteln ließen, in das sie mit der Geisha verschwinden konnten (Michael Stein).

Schließlich erkannten sowohl die Kurtisanen als auch die Betreiber der Amüsierbetriebe, dass die freischaffende künstlerische Konkurrenz auch auf dem Bereich der Intimkünste zu einer gravierenden Rivalin zu werden drohte. Der Schaden für das Dirnengewerbe musste eiligst begrenzt werden:

Ein gewisser Shōroku schloss 1779 seinen Amüsierbetrieb, um stattdessen ein Büro zur Beaufsichtigung der weiblichen Geishas zu gründen.

Das neu errichtete Aufsichtsbüro, *kenban* genannt, erwirkte einen Erlass, der die Geisha unter staatliche Kontrolle stellte und dafür sorgte, dass die Künstlerinnen auch bei ihrer Kunst blieben: Erstens wurde ihnen eine strenge Berufsausbildung zur Auflage gemacht, sie mussten Tanz-, Gesangs- und Instrumentalausbildung nachweisen. Zweitens wurde ihnen jede Intimität mit der Kundschaft strengstens untersagt.

Zahlreiche Vorschriften folgten. Der neue Berufsstand wurde mit strengen Auflagen versehen, so wie die Tokugawa-Regierung stets für jeden gesellschaftlichen Lebensbereich bis ins Detail umfassende Vorschriften verordnet hat.

Die staatlich kontrollierte Geisha durfte künftig nur dunkelfarbige, schlichte Kleidung, niedrige Holzsandalen mit Fußriemen aus einfachem Stoff und einfache, schmucklose Frisuren tragen. Sie musste so unauffällig wie möglich sein, um eine Konkurrenz für die mit Prunk und Pomp ausgestatteten Kurtisanen auszuschließen.

Die Teehaus- und Bordellbetreiber witterten rasch die Chance, ihre Etablissements wieder konkurrenzfähiger und attraktiver zu machen, indem sie gründlich ausgebildete Künstlerinnen aufnahmen. Sie boten den Mädchen Verträge an, die sie an das jeweilige Teehaus banden.

Im Dienstvertrag erklärte sich der Teehausbetreiber, den die Mädchen Patron nennen mussten, zwar bereit, für die Ausbildung und Ausstattung des Mädchens zu sorgen, tatsächlich übernahm er jedoch lediglich ihre Unterkunft und nur manchmal die Verpflegung. Über alle anderen Auslagen führte er akribisch Buch und präsentierte sie der Geisha, sobald diese zu arbeiten begonnen hatte. Dabei war es eine übliche Praxis, dass der Patron übersteigerte und sogar fiktive Unkosten auflistete, besonders wenn es sich um eine erfolgreiche Geisha handelte. Er wollte dadurch verhindern, dass die Mädchen bereits vor Ablauf des Dienstvertrags ihre Schulden tilgen konnten. Für den Patron waren die Mädchen eine Kapitalanlage, die ihm so lange wie möglich eine ergiebige Rendite erbringen musste.

Unversehens gerieten somit die anfangs freischaffenden *onna*-Geishas ebenso in die Abhängigkeit ruchloser Patrone der Vergnügungsviertel, wie es das Schicksal der Kurtisanen und Dirnen schon seit jeher gewesen war. Im Vergleich zu den kasernierten gebildeten Kurtisanen und einfachen Freudenmädchen innerhalb der Welt der staatlich kontrollierten Vergnügungsbezirke hatten die *odoriko* das Privileg genossen, ihrem Beruf in Freiheit nachgehen zu können. Selbst wenn sie zu einem Amüsierbetrieb gehört hatten, konnten sie nach ihrer Dienstzeit das Vergnügungsviertel ungehindert verlassen. Als die japanische Regierung schließlich die *odoriko* verbieten ließ, war mit ihrer künstlerischen Berufstätigkeit unversehens auch ihre persönliche Freiheit erloschen.

Die Zeit, als sie nach getaner Arbeit, dem Engagement im Teehaus, unbehelligt und frei durch das Tor des wie eine Festung kontrollierten Vergnügungsbezirks nach draußen schreiten konnte, hatte nicht lange gewährt.

Doch wie sich später zeigte, sollte ausgerechnet der Verlust ihrer Freiheit der entscheidende Faktor für die zukünftige Rolle der Geisha als Bewahrerin japanischer Traditionen werden.

DAS JAHR 1750

In Deutschland wurden in jenem Jahr offiziell die Hexenprozesse abgeschafft, der berühmte Komponist Johann Sebastian Bach starb fünfundsechzigjährig in Leipzig. Ein Jahr zuvor wurde Johann Wolfgang Goethe in Frankfurt/Main geboren, im Jahre 1756 erblickte Wolfgang Amadeus Mozart in Salzburg das Licht der Welt. In London begann sich ein Literarischer Frauenkreis zu formieren, der blaue Strümpfe trug: Als kritische »Blaustrümpfe« sind die Damen noch bis in die heutige Zeit hinein ein Begriff. Ende der 1750-er Jahre wurde Mary Wollstonecraft (die Mutter von Mary Shelley, der Autorin von »Frankenstein«) geboren, die sich später zu einer großen Frauenrechtlerin entwickelte. Das Menuett wurde zum Gesellschaftstanz erkoren.

Neues Schönheitsideal für Frauen war die Silhouette von Wespentaille und ausladenden Hüften. Die modische Dame trug Reifrock, der als umso modischer galt, je breiter er die Hüften seiner Trägerin erscheinen ließ. Die breiten Röcke, weiten Ärmel, Schleppen wurden mit Schnürmieder und Planchette ergänzt. Durch die Planchette, ein dreieckiges Metallstück, wurde der Bauch abgeflacht, die Taille nach unten verlängert, und die Brüste wurden nach oben geschoben. Die Taille wurde durch Zusammenschnüren verschmälert und vorne verlängert. Das »lebende Kunstwerk« wurde durch die aufwändig hochgetürmte, weiß gepuderte Frisur und das maskenhaft geschminkte Gesicht vollendet. Dazu trug die modebewusste Dame Stöckelschuhe, Kartusche, Fächer, Volants und Schönheitspflästerchen.

Dieses Schönheitsideal schränkte die Bewegungsfreiheit der Frau allerdings ganz erheblich ein: Um die angestrebte modische Silhouette zu erreichen, war es einerseits nötig, die natürlichen Körperformen durch gnadenloses Einschnüren so stark zu verändern, dass die Atmung beeinträchtigt wurde, andererseits musste die Dame von Welt durch die Metallversteifungen und schweren Stoffe ständig beträchtliche Gewichte mit sich herumtragen.

Die farbenprächtige Herrenmode bestimmten Zopf, Rock, Weste, Dreispitz, Spitzenjabot, Samtkniehose, Schnallenschuhe, Stock und Degen.

Das gesellschaftliche Leben der wohlhabenden Gesellschaftsschichten war geprägt von stilisierter Grazie und spielerischer Leichtigkeit. Geselligkeit und Vergnügen waren die Ideale der galanten Welt. Die Dame des Rokoko zeigte sich in der Opernloge, beim Souper oder bei inszenierten Landpartien in idyllischer Umgebung. Das neue Schönheitsideal der Zierlichkeit und Anmut löste die im Barock über alle Maßen geschätzte ausladende Fülle ab. Die Dame der feinen Gesellschaft zeigte sich in der Öffentlichkeit nur als perfekt zurechtgemachtes Kunstwerk. Sie war das Produkt vereinter Anstrengungen von Frisören, Zofen und Schneiderinnen. Bereits als junges Mädchen auf die Erfordernisse der Geselligkeit vorbereitet, bewegte sich die feine Dame bei gesellschaftlichen Ereignissen wie Tanzvergnügen oder Schäferstündchen unter freiem Himmel zugleich anmutig wie auch stilisiert.

Auch der öffentliche Umgang von Frau und Mann war geprägt von dem Ideal der Grazie. Galanterie und Koketterie bestimmten das inszenierte und reglementierte Verhalten von Damen und Herren.

Immanuel Kant (1724–1804) gilt als der bedeutendste Philosoph jener Zeit. Er glaubte, dass Wahrnehmungen vom Geist verarbeitet werden, um Erfahrung zu erzeugen, und dass wir nur Dinge wissen können, mit denen unsere Sinne umgehen können. Andere Dinge, zum Beispiel Gott, mögen existieren, aber wir haben keine Möglichkeit, etwas über sie zu wissen. In Frankreich verbreitete der 1712 in Genf geborene Jean-Jacques Rousseau seine Philosophie mit der Kernaussage »Zurück zur Natur«. Der Italiener Giacomo Girolamo Casanova, gerade den Bleikammern in Venedig entflohen, begann seine frivolen erotischen Abenteuer am Hof von Preußens Friedrich dem Großen.

DAS TEEHAUS WIRD ZUM ARBEITSPLATZ DER GEISHAS

Chinesische Mönche, die auf dem Weg über Korea als Missionare des Buddhismus im 6. Jahrhundert nach Japan gekommen sind, brachten den Tee mit. Zunächst galt er als reine Medizin und Anregungsmittel. Ab dem 14. Jahrhundert, etwa um die Zeit, als Marco Polo die Menschen in Europa auf das sagenhafte Zipangu im Fernen Osten aufmerksam machte, wurde im wirklichen Japan das kleine Teehaus en vogue. Es war ein Gartenhaus, kaum größer als drei Quadratmeter, in dem die aristokratische Gesellschaft das erbauliche Ritual der Teezeremonie beging.

Um in dieses Teehaus zu gelangen, mussten sowohl Gastgeber als auch Gäste – nachdem sie ihre Schuhe ausgezogen und auf dem Steinpfad vor dem Teehaus abgestellt hatten – gebeugten Hauptes durch eine schmale, nur neunzig Zentimeter hohe Türöffnung kriechen, ein Ritual, das die Menschen disziplinieren und zum Ausdruck bringen sollte, dass der weltliche Status innerhalb des Teehauses keine Bedeutung mehr hatte. Es wurde *matcha* zubereitet, ein dicker grünlicher Sud aus zarten Teeblättern, die nach dem Pflücken sofort gedämpft und anschließend flach getrocknet, dann in Steinmühlen zu feinstem Pulver zerrieben und mit wenig heißem Wasser als mehliger Sud genossen wurden. *Matcha*, der fein pulverisierte Tee, wird auch heute noch für die Teezeremonie verwendet. Und auch das kleine Teehaus steht noch in manchem (Kloster-)Garten, wo man den Tee nach alter Tradition genießen kann. Doch diese Art von Teehaus ist auch heute nicht der Ort, an dem die Geishas zu finden sind.

Die Geschichte des japanischen Teehauses, in dem die Geisha schließlich den Ton angeben sollte, begann ab Mitte des 16. Jahrhunderts, als sich die lebensfrohe städtische Bevölkerung, die *chonin*, anschickte, nach den aristokratischen Privilegien zu greifen. Im Zuge dieser Entwicklung wurde das Teetrinken zum ersten Mal den niedrigeren Bevölkerungsschichten zugänglich. Man importierte den *sencha* genannten grünen Tee aus China, der viel wirtschaftlicher und einfacher zuzubereiten war als der pulverisierte *matcha*.

Nun wurden überall dort, wo sich Menschen versammelten, von geschäftstüchtigen Kaufleuten und herrenlosen Samurai einfache Holzbuden errichtet, in denen Tee für die Allgemeinheit ausgeschenkt wurde: an den Raststätten der Landstraßen, die die großen Städte miteinander verbanden, an Marktplätzen oder in der Nähe von Tempeln und Schreinen, in den Kurorten, den Badehäusern, vor und in den Amüsiervierteln der großen Städte.

FRIVOLE SITTEN AUF DER TEEPARTY

Aus China gelangte nicht nur der Tee nach Japan, sondern auch *tocha*, der »Tee-Wettstreit«, der im 17. Jahrhundert in Mode kam. Dabei handelte es sich um eine Art geselliger Veranstaltung, die zur Verbreitung der Sitte, pulverisierten grünen Tee in Gesellschaft zu trinken, erheblich beitrug.

Die japanischen Gastgeber, die Daimyō (Fürsten), ruhten, so wird berichtet, auf Ruhestätten, die mit Tiger- und Leopardenfellen bedeckt waren. Die Wände der Räume, in denen sich die Gäste versammelten, waren nicht allein mit buddhistischen Bildern geschmückt, sondern auch mit kostbaren Damast- und Brokatstoffen, mit goldenen und silbernen Gefäßen und wertvollen Kriegsutensilien. Betörender Duft von Räucherkerzen erfüllte die Luft, seltene Fische und exotische Speisen wurden mit köstlichen Süßigkeiten und reichlich Sake aufgetragen.

Die Attraktion der Veranstaltung war das *tocha*-Gesellschaftsspiel, bei dem den Gästen verschiedene Sorten von Tee aus unterschiedlichen Anbaugebieten serviert wurden. Es galt zu erraten, woher der Tee einer jeden einzelnen Schale stammte. Wer richtig geraten hatte, erhielt einen der kostbaren Gegenstände, die an den Wänden hingen, zum Geschenk. Dieses Geschenk durfte jedoch niemand für sich behalten. Es gehörte zu den Spielregeln, dass die Gewinner all die kostbaren Gegenstände den Sängerinnen und Tänzerinnen schenken mussten, die zur Belebung des Gelages anwesend waren.

Diese Form der Teezeremonie erfreute sich der Gunst der herrschenden Kriegerklasse bis gegen Ende des 16. Jahrhunderts. Toyotomi Hideyoshi (1535–1598), einer der größten Kriegsherrn Japans, dessen Burg sich in Ōsaka befand, zählte zu den begeistertsten Anhängern der damals beliebten Teeveranstaltungen. Von ihm wurde im Jahre 1587 wahrscheinlich die größte Teegesellschaft gegeben, von der je berichtet worden ist. Die Einladungskarten an die gesamte Bevölkerung von Kyōto waren in Form eines offiziellen Edikts verfasst. Die Eingeladenen wurden aufgefordert, sich an einem bestimmten Tag im Fichtenhain von Kitano im Nordwesten von Kyōto zu versammeln und alle mit dem Teegenuss verbundenen Kostbarkeiten, die sie besaßen, mitzubringen. Ferner wurde bekannt gemacht, dass alle, die der Aufforderung nicht nachkämen, von der Teilnahme an den Teezeremonien in Zukunft ausgeschlossen sein sollten.

Die Teegesellschaft war anscheinend ein großer Erfolg, wenn auch viele der Anwesenden nicht aus freien Stücken teilgenommen haben mögen. Sie dauerte ganze zehn Tage, und Toyotomi Hideyoshi ließ es sich nicht nehmen, bei jeder Gruppe Tee zu trinken und damit dem *tocha* höchste Anerkennung zu verleihen.

Nachdem dieses »Tee-Ratespiel« in Mode gekommen war, erhöhte sich die Nachfrage nach dem grünen, leicht bitteren Gebräu schlagartig. Es wurden immer mehr Teeplantagen angelegt, besonders in der Gegend um Uji in der Nähe von Kyōto, wo noch bis heute Tee der besten Qualität produziert wird.

Das Partyspiel *tocha* wandelte sich allmählich zu einem seriöseren geselligen Beisammensein, bei dem es keine Preise mehr gab. Das Ziel war jetzt, die makellose Atmosphäre zu genießen, in welcher der Tee gereicht wurde. Unter dem Einfluss der Formen und Sitten, die das Leben der herrschenden Klasse der japanischen Gesellschaft regelten, entstanden gewisse Regeln und Vorgehensweisen, die die Teilnehmer bei den Zusammenkünften zum Teetrinken zu befolgen hatten.

Ein Mann namens Murata Jukō hatte aus dieser Tradition die grundlegende Etikette für das zeremonielle Teetrinken entwickelt, das als *chanoyu* Verbreitung fand. Eine Vielzahl von Ergänzungen und Verbesserungen der Zeremonie kam im Laufe der folgenden Jahre hinzu, bis schließlich der Zenpriester Sen no Rikyū etwa Mitte des 16. Jahrhunderts der Teezeremonie die Form gegeben hat, die noch heute befolgt wird.

Im 17. Jahrhundert wurde also in Japan erstmals der grüne Tee getrunken, wie wir ihn noch heute als typisch japanischen Tee bezeichnen. Die gedämpften, getrockneten, tannennadelförmig gerollten Blätter wurden mit heißem Wasser aufgebrüht. Dadurch, dass die Blätter nach dem Pflücken sofort gedämpft wurden und so der Fermentierungsprozess verhindert werden konnte, blieb die grüne Farbe erhalten.

Männer aller Rangstufen kehrten gern in den Teehütten ein, wo freundliche, junge Mädchen den grünen, leicht grasig schmeckenden Tee zubereiteten und servierten.

Bald schon kamen die zunehmend beliebter werdenden Teehäuser jedoch in den Ruf, mehr als nur schlichte Erfrischungsbuden zu sein. Es sprach sich herum, dass man nicht nur Tee, sondern auch die Teemädchen bekommen konnte. Den Teehüttenbesitzern war rasch klar geworden, dass am besten diejenigen Teehäuser florieren, »die auch ein Hinterstübchen haben«. Sie witterten gute Geschäfte und wussten die Gunst der Stunde zu nutzen. Es dauerte nicht allzu lange, da wurde der Service in den schlichten Teebuden durch gastronomische Leistungen und den Sake, den Reiswein, erweitert, der schließlich mehr getrunken wurde als der bittere Tee. Ein solcher Betrieb wurde als Speise-Teehaus bezeichnet, und auch dort wurden – im Trend der Zeit – unter der Hand die Teehausmädchen angeboten.

Es soll jedoch auch ehrbare Teemädchen gegeben haben, wie die Geschichte von Osen vermuten lässt. Osen bediente in einem Teehaus vor den Toren des Kasamori-Inari-Schreins in Yanaka und wurde aufgrund ihrer außergewöhnlichen Schönheit im ganzen Land gerühmt.

In den damals überaus beliebten belehrend-unterhaltsamen Leseheftchen und den städtischen Nachrichtenblättern wurde die schöne, sittsame Osen abgebildet, ihr Konterfei war auf Handtüchern und Spielbrettern gedruckt. Anlässlich eines Schreinfestes sollen sogar Osen-Puppen angefertigt und geopfert worden sein. Auch heute noch ist sie weltweit bekannt: Harunobu, einer der Meister der farbigen Genrebilder jener Epoche, hat sie auf einem Holzschnittdruck verewigt. Und der namhafte Dramatiker Mokuami Kawatake hat ihr Leben als Schauspiel auf die *kabuki*-Bühne gebracht.

Angeblich lockte sie die Kundschaft nur wegen ihrer Schönheit und Reinheit an. Tatsächlich pilgerten die Männer scharenweise lieber zu Osens Teehaus als zur Gottheit des nahen Schreins.

Ob Osens fleckenlose Reinheit Wirklichkeit war oder nur Legende, ist nicht sicher. Sicher ist, dass sie keine Geisha war. In historischen Berichten steht, dass sie heiratete und als Mutter mehrerer Kinder ein bescheidenes Hausfrauendasein geführt haben soll. Im Jahre 1827 soll sie, längst in Vergessenheit geraten, im Alter von sechsundsiebzig Jahren gestorben sein.

Der Tokugawa-Regierung missfiel die sittenwidrige Entwicklung der Teehäuser. Seit Ende des 17. Jahrhunderts wurden daher immer wieder Anordnungen erlassen, welche die intimen Dienste in den Teebuden sowie ganz allgemein das Anbieten von Mädchen in diesen Etablissements untersagten. Dessen ungeachtet führten die meisten Tee- und Speise-Teehausbesitzer ihre einträglichen Praktiken illegal weiter. Doch wer bei Kontrollen und Razzien aufflog, musste seinen Betrieb wegen gesetzeswidrigen Betreibens von Dirnendiensten schließen. Die Besitzer verloren ihre Lizenz, und die Teehausmädchen wurden in die Bordelle der legalen Vergnügungsviertel abgeschoben. Um derartigen Gefahren aus dem Weg zu gehen und doch auf gute Geschäfte nicht verzichten zu müssen, siedelten weniger nervenstarke Teehausbetreiber daher in die Vergnügungsviertel der Städte um. Dort konnten sie legale Herren von Dirnen werden.

So kam das Teehaus in die staatlich kontrollierten Vergnügungsbezirke, etablierte sich als Vermittlungshaus für Kurtisanen und wurde schließlich zum Arbeitsplatz der Geishas.

DIE GEISHAS IM TEEHAUS

Als die ehemaligen Tanzmädchen, die *odoriko* – die nicht selten gezwungen gewesen waren, sich in den beliebten Teehäusern illegal zu verdingen –, offiziell die Berufsbezeichnung *onna-geisha*, weibliche Geisha, angenommen hatten, teilten sie sich ihren Arbeitsplatz in den nunmehr legalen Teehäusern der Vergnügungsviertel noch mit den berufsmäßigen Unterhaltern, ihren Namensgebern, den Männern, die sich Geisha nannten, was so viel heißt wie »Person, die Kunst ausübt«. Der Name war gleichzeitig Verpflichtung – und so strebten die jungen weiblichen Geishas mit leidenschaftlichem Fleiß danach, eine ebensolche »Person« zu werden, »die Kunst ausübt«.

Natürlich waren sie noch keine hochgebildeten Unterhalterinnen. Dazu wurden sie erst, als die Teehausbesitzer sie ausbilden ließen. Die geschäftstüchtigen Patrone investierten in die Ausbildung der begabten Mädchen, die sie vertraglich an ihr Teehaus gebunden hatten, und ihre Rechnung ging rasch auf. Die Geishas wurden ein Erfolg. Bald hatten sie die männlichen Geishas aus dem Teehaus verdrängt und waren zum Stadtgespräch geworden. Der Gast, der sich im Teehaus einfand, um auf ein Zusammensein mit einer Kurtisane – ob niederen oder höheren Ranges – zu warten, ließ sich gern von den sanften, kunstsinnigen jungen Geishas die Zeit vertreiben.

Die Teehausbesitzer, berechnend und stets auf ihren Vorteil bedacht, begannen eiligst, sich ihren künstlerischen Nachwuchs zu sichern: Bald schon kauften sie Mädchen im Kleinkindalter von verarmten Bauern, adoptierten oder mieteten sie, oder raubten junge Mädchen direkt von der Straße weg. War ein Mädchen talentiert, erhielt es eine umfassende Ausbildung in Tanz, Musik und tadelloser Etikette. Die unbegabten Mädchen wurden zu Arbeiten in der Küche, zu Botendiensten und zum Putzen herangezogen.

Es wurde jedoch üblich, dass alle Mädchen im Rahmen ihres Trainings in Disziplin – eine wichtige Eigenschaft für die zukünftige Geisha – die beschwerliche Hausarbeit erledigten und wie Mägde oder Dienerinnen behandelt wurden. Im Alter von dreizehn Jahren wurden die vielversprechenden Mädchen zu Lerngeishas. Im Yoshiwara wurden sie dann als *oshaku (*Schankmädchen) bezeichnet, ab Mitte des 19. Jahrhunderts wurden sie *hangyoku* (Halb-Edelstein) genannt. In Kyōto galt eine eigene Ausdrucksweise. Dort hießen sie Maiko, was Tanzkind bedeutet und bis heute die Bezeichnung für Lerngeishas ist (so wie die Geishas in Kyōto als *geiko* bezeichnet werden).

Während ihrer Lehrzeit mussten sich die Lerngeishas von einer ausgebildeten Geisha deutlich unterscheiden. Deshalb trugen sie einen besonderen Kimono, einen bestimmten Haarstil und waren auffallender geschminkt.

Der Kimono einer Lerngeisha wird seit jeher und bis heute als *hikizuri* bezeichnet. Er hat eine breite Schleppe, deren Saum besonders schwer ist und die sich nach hinten in einem hübschen Bogen ausbreitet. Ein *hikizuri* wird mit einer mehr als sieben Meter langen Schärpe befestigt, die so gebunden wird, dass beide Enden herunterhängen. Sowohl das blusenähnliche Unterhemd als auch das lange Unterkleid der Lerngeisha haben einen roten Kragen, während der einer vollwertigen Geisha weiß ist. Dieser rote Kragen wird auch heute noch von Hand angenäht, wie zum Beispiel die ehemalige Geisha Mineko berichtet. Er ist aus Seide, die mit weißem, silbernem und goldenem Garn bestickt ist. Je jünger die Lerngeisha ist, desto weniger Stickerei hat der Kragen. Im Verlauf der Ausbildungszeit der Lerngeisha wird der Kragen etwa zwei Mal im Jahr ausgewechselt, wobei die Krägen mit immer dichterer Stickerei versehen werden, bis kaum noch das Rot der Seide zu sehen ist, denn der rote Kragen gilt als Symbol der Kindheit. Die schrittweise Veränderung der Kragenfarbe geht bis zu dem Tag, an dem die Lerngeisha »den Kragen wendet«: ein Ritual, bei dem sie von der Lerngeisha zur Geisha wird und somit von da an einen weißen Kragen tragen darf.

Die erste Frisur einer Lerngeisha wird als *wareshinobu* bezeichnet. Das Haar wird bauschig hochgekämmt und auf dem Oberkopf zu einer Art Dutt zusammengenommen, vorn und hinten mit roten Seidenbändern befestigt, mit kostbaren Ziernadeln aus Jade, Silber oder Koralle geschmückt, vorne mit silbernen Flügeln versehen, in deren Muster das Familienwappen des Geisha-Hauses eingearbeitet ist, und an den Seiten werden besondere Ornamente aus Schildpatt befestigt.

Auf die typische weiße Schminke – ursprünglich aus Nachtigallenkot hergestellt und von männlichen Adligen benutzt, wenn sie eine Audienz beim Kaiser hatten – wurde rosa Puder auf Kinn, Wangen und Dekolleté getupft, die Augenbrauen mit rotem Puder gefärbt und anschließend schwarz nachgemalt, und die Unterlippe wurde rot geschminkt. Erst nach einem Jahr darf und durfte die Lerngeisha auch auf der Oberlippe roten Lippenstift auftragen.

Ehe sie zu dem Status einer vollwertigen Geisha aufsteigen konnte, musste sich jede Lerngeisha von einem wichtigen Kunden des Teehauses in einer rituellen Zeremonie, die *mizuage* genannt wird, entjungfern lassen. Diesem Ritual mussten sich auch schon die Kurtisanen am Beginn ihrer Berufstätigkeit unterziehen. Oft wurde dieser Mann der *danna*, der Patron der Geisha, mit dem sie emotional, sexuell und finanziell verbunden blieb.

Das Ritual der *mizuage* war bis zum Zweiten Weltkrieg üblich. Es hat jedoch dazu beigetragen, die Verwirrung um die Frage zu schüren, ob die Geisha nun Liebesdienste bietet oder doch nur Künstlerin ist. Fest steht, dass sie entjungfert wurde und im Allgemeinen ihrem *danna* treu blieb oder vielmehr treu bleiben musste. Denn wie alle abhängigen Frauen in den staatlich kontrollierten Vergnügungsvierteln wurde auch die Geisha ausgebeutet: von ihrem Patron, der ohne eigene Arbeit von seinen vertraglich geknechteten Mädchen lebte; sowie von den Kunden, die ihrer Vergnügungssucht Genüge tun wollten.

Nun, da sie unter die Kontrolle der Regierung geraten war und eine Lizenz für ihre Tätigkeit vorzuweisen hatte, musste sie innerhalb des Amüsierviertels leben, war abhängig von einem Patron, der sie unter Vertrag nahm, ihr Unterkunft und Verpflegung bot und dessen Gnade sie hinsichtlich ihrer Arbeitsbedingungen ausgeliefert war.

Das Gebot des Geisha-Aufsichtsamtes, ihre Tätigkeit auf die Ausübung von Kunst zu beschränken, empfanden die ernsthaften jungen Geishas als eine Entlastung: Statt Zeit für Liebesdienste aufzuwenden, konnten sie sich verstärkt auf ihre künstlerische Ausbildung konzentrieren. Die klugen Geishas nutzten diese Zeit. Die begehrten Kurtisanen missbrauchten die Zeit: Sie glaubten, klug zu handeln, indem sie sich verstärkt auf Liebesdienste konzentrierten. Und schließlich endeten sie als Prostituierte.

DIE AUFGABEN EINER GEISHA IM TEEHAUS

Als die weiblichen Geishas die künstlerische Unterhaltung der Gäste in einem Teehaus übernahmen, war von den vorigen Stars, den hochrangigen Kurtisanen, bereits der frühere Glanz gewichen. Trotzdem bestimmten sie weiterhin das Image des Yoshiwara: Es war und blieb die Stätte der Lust. Die Funktion der Geishas unterstützte diesen Zweck nur indirekt. Ihr Beruf war der Gesang, die Musik, der Tanz. Ihre Verführungskunst richtete sich nicht auf die Fleischeslust, sondern auf den Blick, das Gehör, den Geist des Mannes.

Die Aufgabe der Geisha war es, den auf die Kurtisane wartenden Gast zu unterhalten. Wenn er das Teehaus betrat, wurde er vom Patron oder dessen Geschäftsführerin und einer Dienerin höflich willkommen geheißen. Sein Bedürfnis nach Erotik und Sexualität wurde diskret erfüllt. Die Begegnung mit der Kurtisane, die er zu mieten wünschte, wurde formvollendet arrangiert. Dabei kam der Weg der Vermittlung vor allem dem Samurai entgegen: Sich selbst bekannt zu machen war nicht erforderlich, sein Ruf war ihm vorausgeeilt, die direkte Zusage oder Ablehnung des Objekts seiner Begierde blieb ihm erspart, es war ihm möglich, auch in dieser Situation sein »Gesicht zu wahren«.

Die Dienerin führte den Gast nach dem Abschluss der Verhandlungen in einen Raum im ersten Stock. Sie brachte Tee und Sake, vielleicht auch Venusmuscheln, Farnschösslinge oder Lotoswurzel in Sesamöl, die dem Gast zu einer amourösen Stimmung verhelfen sollten (und natürlich auch bei der Rechnung später gut zu Buche schlugen). Im Allgemeinen bat der Gast dann, man möge ihm eine Geisha zur Unterhaltung schicken.

Wenn die Geisha erschien, trank sie mit dem Gast eine Schale Tee, begann dann mit dem Instrumentenspiel, sang vielleicht eine Ballade, während eine junge Dienerin den Gast bediente und ihm unermüdlich die kleine Sakeschale füllte. Die Geisha tanzte für den Gast, vertiefte sich ins Gespräch mit ihm, erzählte ihm erotische Geschichten, scherzte und schäkerte mit ihm oder spielte ein Brettspiel, bis die Geschäftsführerin kam und den Gast erinnerte, dass es Zeit sei für sein Rendezvous.

Die Geisha verneigte sich – ein anerkennendes Trinkgeld bekam sie in ihre Kimonoschärpe gesteckt –, nahm ihr *shamisen* und eilte zum nächsten Gast, der bereits auf sie wartete.

Die historische Situation, in der die Geishas und die Kurtisanen zusammentrafen, war geprägt von einem kulturellen und sozialen Wandel der japanischen Gesellschaft, der von der städtischen Bevölkerung, den *chonin*, ausgegangen ist.

Erinnern wir uns: Seit es den Kriegsherrn der Tokugawa-Dynastie nach erbitterten Kämpfen gelungen war, die verfeindeten Stämme des Landes Anfang des 17. Jahrhunderts zu einigen, regierte der Shōgun die Bevölkerung mittels eines starren Systems: Die Gesellschaft war in vier hierarchisch geordnete Stände eingeteilt, die durch jeweils eigene Gesetze voneinander abgegrenzt waren. Innerhalb dieser Stände war die Frau wiederum unter den Rang des Mannes gestellt. Unverheiratete Frauen aller Rangstufen galten als sexuell verfügbar. Lebensziel der Frau war es, verheiratet zu werden und Kinder zu haben. Eigenständiges Künstlertum bei Frauen wurde systematisch unterdrückt, und Frauen im Dirnengewerbe gehörten zu den verachteten Menschen, galten lediglich als Lebewesen mit staatlicher Lizenz.

Das Feudalsystem, das Japan damals beherrschte, war vor allem dadurch gekennzeichnet, dass der Tokugawa-Shōgun der größte Feudalherr des Landes und der tatsächliche Herrscher über die Daimyō, den Hof des Kaisers (der sich nur mehr der Religion widmen sollte), die Priester und Mönche der buddhistischen Tempel und shintōistischen Schreine und alle anderen Feudalherren war. Der Shōgun und die Daimyō isolierten die kleineren Feudalherren, die zwischen ihnen und dem Volk standen, indem sie diese in der Burgstadt ihres Daimyō ansiedelten. Das Regierungssystem und die Daimyō kontrollierten und beuteten die selbstständig wirtschaftenden Bauern, den Handel und das Gewerbe nun direkt aus.

Nach dem im Jahre 1635 vom Shōgun Iemitsu erlassenen Gesetz für den Schwertadel mussten die Daimyō jedes zweite Jahr in Edo dienen und waren gezwungen, die anstrengende Reise zum Beispiel auf der berühmten »Tōkaidō«-Straße anzutreten. Sie reisten mit den Mitgliedern ihres Hofes und mit Dutzenden von Dienern, die Berge von Schachteln und Bündeln mit persönlicher Habe, Geschenken, einem tragbaren Ahnenschrein und anderen wichtigen Dingen zu tragen hatten. Sie wurden von ihren Familien in Edo erwartet, die dort andauernd als »Geiseln« blieben, während sie selbst sich wenigstens zeitweise auf ihren Ländereien aufhalten konnten. Die Daimyō und ihre Vasallen hatten die doppelten Lasten für das Leben in Edo und auf ihren Ländereien zu tragen. Diese Lasten bürdeten sie wiederum der Bevölkerung ihrer Lehen auf.

Jene Feudalherren, die mehr als zehntausend *koku* Ertrag aus ihren Ländereien zogen, wurden seit dieser Zeit Daimyō genannt. (*Koku* ist ein Hohlmaß, 1 *koku* = 180 Liter.)

Die Einnahmen aus den Ländereien des Shōguns ermöglichten die Unterhaltung eines starken Heeres, für das auch die Samurai herangezogen wurden: Jene, die direkt der Regierung unterstanden und das Privileg hatten, zur Audienz erscheinen zu dürfen, hießen *hashimoto* (Bannerleute); wenn sie dieses Privileg nicht hatten, wurden sie *gokenin* (Hausleute) genannt. Gegen Ende des 17. Jahrhunderts verfügte der Shōgun über fünftausend Bannerleute und siebzehntausend Hausleute. Die Bannerleute, die *hashimoto*, waren ursprünglich kleinere Feudalherren, die Lehen erhielten.

Zur Zeit des Shōgun Iemitsu nahm die Regierung jedoch diese Lehen wieder zurück und entlohnte die Samurai durch Reiszuteilungen. Nur die wenigen *hashimoto* höheren Ranges (etwa zehn Prozent) behielten weiter ihre Lehen, auch wenn ihr Herrschaftsrecht den Bauern gegenüber eingeschränkt wurde und sie nach Edo umziehen mussten. Die meisten Samurai vom Rang der *hashimoto* erhielten nur die Naturalabgaben ihrer Lehen, deren Höhe die Regierung festlegte. Die Samurai vom Rang der *gokenin* wurden von Anfang an durch Reiszuteilungen entlohnt. Die Entlohnungen für beide Rangstufen waren erblich, und beide waren verpflichtet, entsprechend der Höhe ihrer Entlohnungen eine bestimmte Anzahl von Soldaten zu stellen. In der Mitte des 17. Jahrhunderts sollen sie über insgesamt sechzigtausend Mann verfügt haben.

DIE SAMURAI VERLIEREN AN BEDEUTUNG

Innerhalb der Ständehierarchie nahmen also die Samurai die oberen Rangstufen der gesellschaftlichen Ordnung ein. In einer Gesellschaft, in der der Kriegerstand alles gilt, bedeutet Frieden für die Krieger jedoch Müßiggang. Sie verloren an Bedeutung. Obgleich sie in Friedenszeiten auch zu Verwaltungsaufgaben und Polizeidiensten herangezogen wurden, wie dies die Feudalregierung der Tokugawa geregelt hat. Ohne kriegerische Aufgaben waren die Samurai-Krieger zu den Soldaten stehender Heere geworden, sprich, mehr oder weniger arbeitslos. Sie durften zwar jeden niedermetzeln, der sich ihnen in den Weg stellte, aber es war ihnen untersagt, sich in irgendeiner Form am wirtschaftlichen Produktionsprozess zu beteiligen. Da sie also eine Art Parasitenfunktion in der Gesellschaft innehatten, blieben sie abhängig vom immer karger werdenden Sold, den ihnen die Daimyō in Form von Reis und anderen landwirtschaftlichen Produkten wie Buchweizen, Sojabohnen und Hirse gewährten.

Die Daimyō wiederum forderten immer mehr Steuern und landwirtschaftliche Abgaben von ihren Bauern, um sich selbst – nach Auszahlung ihrer Gefolgsleute – das Einkommen zu sichern.

Die Zahl der Bauern, die in die Stadt flohen, um Händler zu werden oder Lohnarbeit anzunehmen, stieg seit dem 18. Jahrhundert rapide an. Wehe ihnen, wenn sie gefasst wurden! Dann wurden ganze Familien niedergemetzelt oder grausame Exempel statuiert, indem die Betreffenden gequält oder verstümmelt wurden: Strafe und Abschreckung, denn eine eigenmächtige Änderung der Standeszugehörigkeit war allen strengstens untersagt.

Die Tokugawa-Regierung war nicht nur bemüht, die Klassen der Gesellschaft scharf voneinander zu trennen, sondern auch, das

Leben innerhalb jeder Klasse genau zu regulieren. Jede Familie hatte an ihrem Türpfosten den ererbten Status anzuzeigen. Eine Person wurde Mitglied ihres Standes durch Geburt und war ihr ganzes Leben lang darauf festgelegt. Anordnungen und Vorschriften regelten bis in jede Einzelheit ihre Zeit auf Erden und hielten sie darin gefangen, gleich einem Stützkorsett, das niemand ungestraft ablegen darf.

Ganz im Gegensatz zur Geisteshaltung jener Zeit in Europa – der Epoche der »Aufklärung«, wie sie in Deutschland genannt wurde –, in der gegen die Tyrannei in der Politik, das Dogma in der Religion, die Vorurteile und die Heuchelei der öffentlichen Moral gekämpft wurde mit der Forderung, den Menschen in seinem eigenständigen Denken zu stärken und für die Entfaltung des Individuums einzutreten, waren die Menschen in Japan der starren Ordnung des Feudalsystems unterworfen. Eigenständiges Denken und die Entfaltung der individuellen Persönlichkeit wurden unterdrückt und waren somit auch kein Bildungsziel.

Die Individualität einer Person war während der Tokugawa-Herrschaft von nur geringer Bedeutung. Jeder konnte aufgrund seiner äußeren Erscheinung erkannt und eingeordnet werden. Und weil Benehmen und Sprache ebenfalls der Ständeordnung unterlagen, wusste jede Person, was sie in welcher Situation zu tun und was sie von ihrem Gegenüber zu erwarten hatte.

Die Samurai waren – wie jedes Mitglied der Feudalgesellschaft – ebenfalls verpflichtet, ihr Leben entsprechend ihrem Rang zu führen, unabhängig davon, wie sich ihre finanzielle Lage tatsächlich gestaltete. Jedem Mitglied eines Standes war verbindlich vorgegeben, wie es sich außerhalb des Hauses zu zeigen hatte: Kleidung, Haartracht, Kopfbedeckung, Schmuck, Fächer und Sonnenschirm. Ebenso war festgelegt, was im Inneren des Hauses zu geschehen hatte: wie die Einrichtung zu gestalten sei, was gegessen werden durfte, wie und wo die Mußestunden zu verbringen waren, welcher Aufwand bei besonderen Anlässen, etwa bei Hochzeiten und Begräbnissen, möglich war, was den Kindern zum Spielen und was zu kaufen und zu verkaufen erlaubt war.

Um ihrer Verpflichtung zum standesgemäßen Leben nachkommen zu können, mussten sich die Samurai bald bei geschäftstüchtigen Geldverleihern aushelfen lassen – trotz der Verachtung, die sie für die rangniederen Händler empfanden und deren Gewerbe, das als ordinär und unschicklich betrachtet wurde. (Noch heute überlässt ein »feiner« Japaner den aktuellen Umgang mit Geld nach Möglichkeit seinen Untergebenen oder seiner Frau.) Dies entbehrte nicht der Ironie: Die politisch und sozial privilegierte Klasse glitt zunehmend in die Situation, von den sozial unteren Klassen fürs tägliche Überleben abhängig zu sein.

AUFRUHR IN DER STÄNDEORDNUNG

Die tatsächliche soziale Situation im Lande hatte sich inzwischen zugunsten der geschäftstüchtigen Kaufleute, Handwerker und Händler tiefgreifend geändert.

Edo, die Regierungsstadt des Shōgunats, hatte sich zum größten Verbraucherzentrum Japans entwickelt, Ōsaka zum größten Handelszentrum, und Kyōto, die Stadt des Kaisers und seines Hofes, war der Mittelpunkt für die Herstellung von Seidengeweben und kunsthandwerklichen Produkten geworden.

Gegen Ende des 17. Jahrhunderts lebten in Edo eine halbe Million Samurai, ihr Gefolge und ihre Bediensteten eingeschlossen. Die Zahl der Bürger, die als Händler, Handwerker oder Arbeiter deren Bedürfnisse befriedigten, betrug im Jahre 1693 etwa dreihundertvierundfünfzigtausend Personen. Nach einer Volkszählung, die 1721 durchgeführt wurde, hatte Edo 501 394 Bürger und war somit die größte Stadt der Welt – eine Bevölkerung von etwa einer Million Einwohner (Samurai und Bürger) gab es damals nirgendwo sonst.

Die Bürger in Ōsaka, Kyōto und Edo wurden wie erwähnt *chonin*, Städter, genannt. Darunter verstand man im Allgemeinen die Kaufleute, Händler und deren Angestellte, ebenso die Handwerker und deren Lehrlinge sowie – als ihre unterste Schicht – die fahrenden Händler und die Tagelöhner. Die Feudalherren anerkannten jedoch nur diejenigen als Städter, die Grund und Haus besaßen. (Mieter oder Pächter hatten kein Bürgerrecht.)

Auf die steigende Nachfrage nach Gebrauchsgütern in den aufstrebenden Städten und immer größer werdenden Ballungszentren des Landes reagierten die Kaufleute, Handwerker und Händler erfindungsreich mit vermehrter Produktion von Waren und profitablem Handel. Als sie schnell zu Wohlstand und Vermögen gekommen waren, begannen sie, ihren angestammten Platz in der Gesellschaft und ihre moralischen Pflichten zu ignorieren. Sie benutzten ihren Reichtum, um soziale und politische Ordnungen zu umgehen und nach den Privilegien der höherrangigen Samurai zu greifen. Ungeachtet der Tatsache, dass sie in der Ständehierarchie ganz unten standen, sind sie so bald zur reichsten Schicht der Bevölkerung geworden.

Mit dem Aufschwung von Produktion und Warenwirtschaft wuchs auch das Kreditwesen. Die reichen Händler deponierten ihr Vermögen in Wechselstuben, wo die Gold-, Silber- und Kupfermünzen, die damals im Umlauf waren, gehandelt wurden. Die Großhändler, die oberste Schicht der Städter, waren oft reicher als die Daimyō, die Herren der Samurai.

In einem von Joken Nishikawa, einem reichen Händler aus Nagasaki, verfassten Bericht »*Chonin bukuro*« (»Worüber man in Städter-Kreisen spricht«) heißt es zum Beispiel: »Gold und Silber beherrschen das Land, und dieser Reichtum ist in den Händen der Städter …« Der Autor betont, dass die Städter Träger der Kultur seien, auch dass die Händler, die auf der untersten Stufe des Ständesystems stünden, faktisch eine weit höhere soziale Stellung innehätten. »Wasser ist immer unten, gibt allen Dingen Nahrung und lässt sie gedeihen. Die Städter stehen unter den Samurai, Bauern und Handwerkern, aber sie besorgen die Geschäfte für die, die die oberste Stufe der Ordnung einnehmen« (Kiyoshi Inoue).

Die zunehmende wirtschaftliche Macht der Städter sorgte für Aufruhr im Regierungssystem und wurde als Gefahr für die Ordnung empfunden. Man befürchtete, zu viel Reichtum in den

Händen der *chonin* könnte das Herrschaftsgefüge der Krieger zum Einsturz bringen.

Um dies zu verhindern, wurde der Entfaltung von Handel und Gewerbe zunächst ein Ende bereitet. Im Jahr 1721 erließ der Shōgun ein Dekret, das die Herstellung und den Verkauf neuer Waren aller Art verbot: »Es ist strengstens untersagt, neue Geschäfte zu eröffnen, sei es für Kleidung, Geräte aller Art, Bücher, auch für alle anderen Waren, auch für Gebäck!« (Kiyoshi Inoue) Das Geld, das sich in den Händen der Städter konzentriert hatte, konnte nun nicht mehr in neue Unternehmungen investiert werden, sondern wurde für Vergnügungen ausgegeben.

Auch die politische Macht der Städter blieb gering. Weder in Edo noch in den Burgstädten, noch in den zentralen Städten wie Ōsaka oder Kyōto hatten sie das Recht der Selbstverwaltung. Beamte, die aus der Schicht der mächtigen Samurai ernannt wurden, waren zuständig für Verwaltung, Rechtspflege und Polizeidienst.

Die Städter, die ihren Handel und ihr Handwerk nun nicht mit unternehmerischer Freiheit erweitern konnten, besaßen jedoch Geld und hatten keine Möglichkeit, es im Rahmen des Erlaubten auszugeben. Gemäß der Gesetze ihrer Ständeordnung war ihnen ein verschwenderisches Alltagsleben untersagt. Weder wertvolle Seide noch goldener Schmuck, ein geräumigeres Haus oder üppige Mahlzeiten waren ihnen gestattet. Die Regierung erließ zusätzlich zahllose, detaillierte so genannte »Luxusverbote«, die das aufsteigende Bürgertum in seine Schranken verweisen sollten. Bei Verstößen gegen diese Vorschriften drohte der Verlust des gesamten Vermögens. Daran änderte auch die Tatsache nichts, dass immer mehr in finanzielle Not geratene Samurai und auch Fürsten, die sich von den Händlern Geld leihen mussten, nur noch als Schuldner der vermögenden Bürger lebten.

Was konnte getan werden, um einer Beschlagnahme des Vermögens zu entgehen und trotzdem nicht auf den Vorteil des Geldes verzichten zu müssen? Diese Frage wurde vornehmlich mit zwei Strategien beantwortet, die schließlich Bewegung und eine

Art von demokratischem Ansatz in die starre, blockierte Feudalgesellschaft der Tokugawa-Zeit brachten.

Die eine Strategie betraf die »Wahrung des äußeren Scheins«. Sie war die Grundlage, auf der sich ein Stil des schlichten Prunks, oder anders ausgedrückt: ein Stil der prunkvollen Schlichtheit entwickelt hat, eine Art verkehrter Welt, in welcher der äußere Schein keinen Hinweis gibt auf das, was im Inneren an Schätzen verborgen sein kann. Das einfache, schmucklose Äußere eines Kimonos ließ beispielsweise nicht darauf schließen, ob und welche wertvolle Farbenpracht und edlen Stoffe sich auf seiner Innenseite verbargen. (Siehe auch das Kapitel »Rückbesinnung auf die Tradition«.)

Die andere Strategie war, den rechten Ort zu wählen, an dem das Bedürfnis nach Luxus und Verschwendung ausgelebt werden konnte. Dieser Ort war die Welt des Vergnügens.

Für die Städter galten in Edo das Viertel Yoshiwara, in Kyōto Shimabara, in Ōsaka Shinmachi als Ort optimalen Vergnügens, und auch in allen anderen Städten und Rasthausvierteln blühte das Gewerbe der Freudenmädchen auf wie noch nie zuvor in der japanischen Geschichte. In dieser Welt zählte nicht die soziale Stellung, nicht der Rang, sondern nur das Geld. Dort gab es für Geld »Freiheit« und »Emanzipation«.

In den Ghettos der Vergnügungsbezirke brauchte Reichtum nicht versteckt zu werden. Das Vergnügen hatte von jeher seinen Preis, und verschwenderische Großzügigkeit erhöhte das Vergnügen, öffnete die Welt in sonst unerlaubte Sphären. Und das Geld? Geld für Luxus auszugeben entsprach dem Geist der Zeit, sicherte allerhöchste Wonnen und konnte – vor allem – garantiert nicht mehr beschlagnahmt werden.

In jener Zeit schied sich auch die europäische Gesellschaft schärfer denn je in Reich und Arm. Durch die beginnende Industrialisierung und die Neuerungen in der Landwirtschaft bildete sich neben dem alten Adel eine Gesellschaftsschicht von Bürgern heraus, die ihren neu erworbenen Reichtum in prächtigen Stadthäusern zur Schau stellte. In den Kellerwohnungen hingegen lebte der »Pöbel« in großer Armut. Mit der fortschreitenden Verstädterung kam es zu einer engeren Tuchfühlung der Oberschicht mit den unterprivilegierten Klassen. So sammelte sich in Europa genügend Sprengstoff für Aufstände und Revolutionen.

In Japan wurden Aufstände mit dem Einsatz von Samurai-Kriegern niedergeworfen, Revolutionen durch ein ausgeklügeltes Kontrollsystem verhindert, eine Annäherung der Klassen durch die Verschuldung der ranghohen Klasse unvermeidlich, im Wesentlichen aber nicht durch Widerstand, sondern durch Adoption überlistet.

DER NIEDERGANG DER KURTISANEN

Mit der Entwicklung des städtischen Bürgertums begann sich auch die Kultur des Amüsements in den Vergnügungsvierteln zu verändern. Die edle, aber zunehmend verarmte Samurai-Kundschaft blieb aus, weil für sie ein solches Vergnügen nicht mehr erschwinglich oder weil ein Besuch der moralisch verpönten Amüsierviertel immer weniger mit ihrem Standesstolz vereinbar war. Sie wurde allmählich durch die neuen Lebemänner aus den unteren Rängen der Gesellschaft, die zu Wohlstand gelangten Kaufleute und Händler, ersetzt. Deren Geschmack richtete sich weniger darauf, den hohen Künsten zu lauschen oder gebildete Konversation in bezaubernder weiblicher Gesellschaft zu pflegen, als vielmehr sich exquisite erotische Abenteuer zu erkaufen.

In den Amüsierbezirken hatten sich Nepp und Schwindel breit gemacht – eine Begleiterscheinung der hemmungslosen Vergnügungssucht des männlichen Bürgertums einerseits und der immer raffinierteren Abzock-Methoden der Betreiber von Tee- und Kurtisanenhäusern andererseits. Ein schamlos ausgeklügeltes System der Rechnungsstellung brachte viele vergnügungssüchtige Kunden um ihr Vermögen, ihre bürgerliche Existenz und nicht selten sogar um ihr Leben, wie zum Beispiel von jenem Kaufmann aus Osaka berichtet wird, der durch seine Vorliebe für eine bestimmte

Kurtisane Bankrott ging, in Wahnsinn verfiel und sich am Ende ertränkte. Ein Schicksal, das fast an der Tagesordnung war.

Die Veränderung der Nachfrage des Yoshiwara-Publikums bedeutete insbesondere für die hochrangigen Kurtisanen, die neben Prunk und Glamour bis dahin auch in den traditionellen Künsten geglänzt hatten, sich dem Trend der Zeit anzupassen: Sie boten weniger Musik, Tanz und intelligente Unterhaltung an und spezialisierten sich stattdessen auf mehr Erotik und Liebesdienste und eine bombastische Aufmachung.

Die stilvolle Unterhaltung der Kundschaft wurde immer mehr zur alleinigen Aufgabe der in den hohen Künsten bestens ausgebildeten Geisha.

DIE LEBENSKULTUR DER STÄDTER

Es waren umstürzlerische, revolutionäre Gedanken, die in den aufstrebenden Städten um Kyōto, Ōsaka und vor allem Edo geboren wurden: Die Händler und Kaufleute, inzwischen zur reichsten Schicht aufgestiegen, dennoch nach wie vor von den Samurai als unterster Stand verachtet, versuchten ihre durch die Ständeordnung festgelegten Benachteiligungen auszugleichen. Dazu schufen sie ihre eigene städtische Subkultur, ihre eigenen Ideale und lebten sie im Schutz der Vergnügungswelt aus.

Mit ihrer steigenden wirtschaftlichen Macht stieg auch ihr Selbstbewusstsein zunehmend. Im Laufe dieser Entwicklung wuchs ihr Einfluss auf die Kultur des Landes und machte sich insbesondere auf allen Gebieten der Kunst bemerkbar. Auf dem Gebiet des Romans zum Beispiel galt Saikaku Ihara als Meister, auf dem Gebiet des Haiku-Kurzgedichts Bashō Matsuo, in der dramatischen Literatur Monzaemon Chikamatsu. (Sie gelten auch heute noch als Höhepunkte der gesamten japanischen Literatur.) Saikaku Ihara war der Sohn eines Händlers aus Osaka. Basho Matsuo stammte zwar aus einer Samurai-Familie niederen Ranges, verließ aber seinen Stand und lebte unter einfachen Städtern und

Bauern. Auch Monzaemon Chikamatsu soll der Sohn eines Samurai niederen Ranges gewesen sein, auch er kehrte in jungen Jahren seinem Stand den Rücken und wandte sich den dramatischen Künsten zu, die sonst nur von den verachteten Menschen dargeboten wurden, und er war stolz auf den Entschluss, sein Leben dem Theater zu widmen.

Die typisch japanischen Theaterformen wie das *kabuki* und das Puppentheater erhielten durch und in der bürgerlichen Gesellschaft ihre endgültige Gestalt. (Das *nō*-Schauspiel hat jedoch einer Veränderung durch die bürgerliche Kultur bis heute standgehalten.)

Maler wie Sōtatsu Tawaraya, Sohn eines Händlers aus Kyōto, und Kōrin Ogata schufen eine in den Farben fein abgestimmte dekorative Malerei, die besonders in den oberen Schichten der Städter Beachtung fand. Moronobu Hishikawa entwickelte eine neue Technik, den Alltag des Volkes darzustellen, indem er seine Bilder in Holz schnitt und damit die berühmte Farbholzschnitt-Technik begründete. Er war der Sohn eines Stickers aus Awa und verbrachte sein ganzes Leben im Milieu des einfachen Volkes. Er war der erste japanische Maler, der Kunst von hohem Rang einem Massenpublikum zugänglich machte.

Auf dem Gebiet des Kunsthandwerks gelang es dem Töpfer Kakiemon Sakaida, die roten Farben des chinesischen Porzellans zu reproduzieren, und Ninsei Nonomura aus Kyōto schuf eine mit roten Ornamenten versehene Keramik.

Die Tempelschulen, in denen die Kinder der Samurai und der oberen Schicht der Bauern Elementarunterricht erhalten hatten (der sich vor allem auf das Erlernen des Schreibens beschränkte), verloren an Bedeutung, denn in den Häusern der Bürger unterrichteten jetzt herrenlose Samurai, Mönche und Shintō-Priester die Jugend im Lesen, Schreiben und Rechnen.

Zeitgenössische Geschichtsschreiber beklagten, dass die Volkskultur, die die Menschen in den großen Städten fesselte, die Tokugawa-Regierung und die Qualität eines moralischen Lebens gefährde. Es wurde berichtet, dass die Bevölkerung in den Städten zunehmend jene Künste erwerben könne, die bisher nur der oberen Gesellschaftsklasse zugestanden hatten, wie die Teezeremonie, die Kettendichtung oder Blumensteckkunst. Auch das *nō*-Theater, das vormals nur Feudalherren genießen durften, stand nun den Kaufleuten offen, denn das Geld bestimmte jetzt den Wert, wo zuvor Geschmack und Vergnügen dies taten.

Der bisher starr abgegrenzte aristokratische Stil verbreitete sich zunehmend unter jenen, die sich Muße und Luxus leisten konnten, und bedeutete, dass die Herrscher und die Nobelklasse nicht länger jene Zeichen besaßen, die ihnen unantastbare Überlegenheit bescheinigten. Geschmack und Stil galten als käuflich wie jede andere Ware.

Luxus wurde zur Norm und traf so ins Herz der Idee einer natürlichen Rangordnung, welche die Basis der Legitimität der Tokugawa-Herrschaft war.

UKIYO, DIE FLÜCHTIGE WELT

Die Zucht und Ordnung der neokonfuzianischen Standesethik war durch eine Lebensauffassung durcheinander gebracht worden, die man mit *ukiyo* bezeichnete. Der alte buddhistische Begriff, der die Vergänglichkeit aller Dinge beschreibt, wurde umgedeutet: Jetzt sah man darin die Aufforderung, im Hier und Jetzt nach Genuss zu streben, das Leben möglichst in Luxus und Verschwendung zu verbringen, eben weil es vergänglich ist. Der Begriff *ukiyo*, mit »fließende Welt« oder »flüchtige Welt« übersetzt, in der Bedeutung von dahintreibendem Leben, vermittelte eine Aura von Verspieltheit und Leichtlebigkeit und sollte den immer ausgeprägteren hedonistischen Lebensstil der *chonin* rechtfertigen.

Saikaku Ihara beschrieb in seinen Romanen immer wieder die Liebe und das städtische Leben, das so flüchtig sei wie ein Traum, und verstand darunter eine leichtlebige, dem Vergnügen ergebene, gleichzeitig eine unstete Gesellschaft ohne konkrete Ziele. Die in seinen Werken repräsentierte Bejahung der geschlechtlichen Liebe konnte im Kampf gegen die Unterdrückung der natürlichen Empfindungen nicht zu einer wirklichen Emanzipation führen. Sie verkümmerte vielmehr als Befriedigung der Instinkte, der Wollust. Eine Tendenz, die notwendigerweise dekadente Züge annehmen musste. Bei der städtischen Gesellschaft, die Geld besaß, aber keine Freiheit, gipfelte sie in einem Ideal, welches vorsah, dass ein Mann bis zum Alter von fünfundzwanzig Jahren vom Vermögen der Eltern leben, sich dann selbstständig machen und eigenes Vermögen erwerben sollte, das nach dem fünfundvierzigsten Lebensjahr ausreichen würde, um den Rest des Lebens ohne Arbeit und im Genuss aller Vergnügungen verbringen zu können. In dieser Einstellung erschöpfte sich das Lebensziel der reichen Städter.

Der gesellschaftliche Treffpunkt der genusssüchtigen Städter waren die Freudenviertel, jene Orte des Vergnügens, die nun als Bühne des Lebens galten. Sie wurden beherrscht von den Freudenmädchen aller Rangstufen, den Geishas und anderen Unterhaltungskünstlern sowie Männern unterschiedlicher sozialer Klassen, die der Strenge des tristen Alltagslebens zu entkommen trachteten, sich von den Fesseln konfuzianischer Feudalethik befreien und einen erotischen, gesellschaftlichen und geistigen Mittelpunkt schaffen wollten.

Die Freudenviertel dienten als eine Art soziales Ventil für die Städter, die der Philosophie der Flüchtigkeit frönten, des schnell dahinziehenden Lebens: eine Kirschblüte, die viel zu früh zur Erde fällt, ein Ahornblatt, das der Herbstwind durch die Straßen treibt, ein weißes Sandkorn am Strand, das die stürmische Woge erst ein Stück weit ins Land trägt, um es dann umso erbarmungsloser mit sich ins unendliche Meer zu reißen: das Leben als Spielball einer höheren Ordnung, das, so kurz es auch währen möge, ausgekostet werden will.

Gleichzeitig wurden die Vergnügungsviertel oft fast ein Hort der Menschlichkeit, nicht nur vielfältiger menschlicher Schwächen. So kam es vor, dass hier auch Liebe aufblühte, die freilich, wenngleich vermutlich nur schmerzlich zögernd, auf Besitzansprüche verzichten musste. Hier fand man sich in der Hingabe an sein Gefühl oder doch wenigstens im Bann eines der mächtigsten Triebe für die leidige Jagd nach Geld, das ja allein Freiheit versprach, wonnevoll entschädigt. Die Intensität des Lebens in den Freudenvierteln wird begreiflich, wenn man bedenkt, dass die Moral des feudalistisch organisierten Polizeistaates die zärtliche Verehrung eines Mannes für eine Frau als nichtswürdige Schwäche verdammte.

Die Geisha übernahm die Funktion des edlen weiblichen Wesens, das nicht nur hochklassige Kunst bieten konnte: Die Geisha war Ansprechpartnerin für alle Gefühle, Launen, Schwierigkeiten, alles verstehend, alles verzeihend, ihre Manieren waren tadellos und unbeirrt höflich, selbst gegenüber dem widerwärtigsten Trunkenbold; ob Bauer oder Samurai, sie war Mutter, Schwester, Tochter, heimliche Geliebte, nur keine Person, deren Anwesenheit zum Ziel hatte, die Lust und Begierde zu stillen. Sie war Objekt einer anderen Begierde: der Sehnsucht des Städters nach Anerkennung.

LEBEMÄNNER UND LEBENSKÜNSTLER

Trotz der Aufweichung der Standesgrenzen und der damit zusammenhängenden Veränderung der Werte haben sich aber nicht nur bloße Genusssucht und Zügellosigkeit entwickelt: Neben den düsteren Seiten der Vergnügungsbezirke gab es auch das außergewöhnlich prachtvolle Amüsement, in dem sich ein Lebens- und Schönheitsbewusstsein eigener Art entwickeln konnte, eine Art Dandytum, jene Form von Lebenskultur, die mit *sui* und *iki* beschrieben wurde und zum Markenzeichen der hochklassigen Geisha werden sollte.

Das Konzept des *sui* war zuerst in der Gegend um Ōsaka im Laufe des späten 17. Jahrhunderts kultiviert worden.

Sui beschreibt die Sprache und das Benehmen einer Person, die den bitteren Geschmack des Erdenlebens sehr wohl kennt. Sie ist in der Lage, das Leiden anderer zu sehen. Sie ist romantisch, sensibel, melancholisch, mitfühlend, einfügsam, nobel. Einer Person mit der Lebenseinstellung des *sui* ist es möglich, sich mit der Flexibilität von Wasser an die unterschiedlichsten menschlichen Situationen anzupassen. Standesgrenzen bedeuten dabei für sie kein Hindernis. Sie ist deshalb geeignet, Vorbild in Geschmack und Mode für ihre Zeitgenossen zu sein.

Iki bezeichnete ursprünglich »Geist, Wesen« oder »Herz, Gefühl«. Schließlich nahm es die Bedeutung von »vornehmem Wesen« oder »erhabenem Gefühl« an und bezog sich auf die Art und Weise, wie eine Person sprach, sich benahm oder kleidete.

Ästhetisch haben die beiden Konzepte *sui* und *iki* eine schicke städtische, bürgerliche Art von Schönheit mit einem Unterton von Sinnlichkeit und Wollust bezeichnet. Moralisch bedeuteten sie das stilvolle Leben einer Person, die wohlhabend war, aber nicht am Geld hing; die sinnliches Vergnügen genießen konnte, sich aber niemals von den fleischlichen Begierden davontragen ließ; die alle Bedrängnisse des irdischen Lebens kannte, aber in der Lage war, sich von ihnen abzusetzen.

Im Vergleich zum Konzept des *iki* gestattete die Lebenskultur des *sui* mehr Farbenpracht und Glamour. *Iki* wiederum erlaubte mehr Sinnlichkeit.

Als neureicher städtischer Genießer, der sich der Lebenskultur des *iki* verpflichtet sah, galt der *tsu,* ein Beau, der im Yoshiwara und den Vergnügungsvierteln zu Hause war. Ein Lebenskünstler, der die Kultur des Spielens und des Amüsements aufs Perfekteste beherrschte. Sein Lebensstil basierte auf der Überzeugung, dass Geld verschwendet werden solle, es floss demnach wie Wasser durch seine Hände. Er repräsentierte Selbstbewusstheit, Gewandtheit, Selbstherrlichkeit und Selbstvertrauen, die bisher bei Mitgliedern einer sozial niedrig stehenden Klasse unerhört gewesen waren.

Ein *tsu* im Yoshiwara zu sein signalisierte einen Bruch mit der Welt der politischen Macht außerhalb der Vergnügungswelt. Das Leben des *tsu* war wie ein Spiel. Der erfolgreiche Beau brauchte jedoch ein detailliertes Wissen der Spielregeln, ein gründliches Verständnis der spielerischen Aktivitäten und beste Kenntnis des Terrains der Vergnügungswelt. Dieses Terrain war vom Rest der Stadt und jeder Macht- und Arbeitswelt getrennt und hatte seine eigenen Verhaltensregeln, Kleidungs-, Sprach- und Diskussionscodes.

Ein typischer *tsu* war zum Beispiel Oguchiya Jiheigyo, ein Agent und Schauspieler aus dem späten 18. Jahrhundert, der angeblich als Vorbild für den Helden Sukeroku eines *kabuki*-Theaterstücks gedient haben soll. Er war eine Berühmtheit wegen seiner spektakulären Auftritte im Yoshiwara. Seine Gegenwart war ein besonderes Spektakel, das alle Blicke auf sich zog. Wenn er durch das große Eingangstor schritt in seinem mit Wappen verzierten Kimono aus schwarzer Seide, das Schwert – das er sich weigerte, am Eingangstor abzugeben – in einer Scheide aus Haifischhaut, auf dem Kopf einen schwarzen Pillbox-Hut, in Sandalen aus Paulownia(Blauglockenbaum)-Holz und Socken aus goldgewirktem Material, kamen alle Teehausmädchen auf die Straße gelaufen und riefen sich verneigend: Ah, hier kommt der Herr Glücksgott! Mit stolzgeschwellter Brust ließ er sich verehren und kehrte in jene Teehäuser ein, die ihm am meisten zu bieten hatten.

Als Beispiel seiner Verschwendungssucht wurde berichtet, dass er sich gern die Hände in einer riesigen Schüssel mit viel Salz wusch. Seine Tagesration an Salz soll etwa fünfunddreißig Pfund betragen haben, das sei so viel gewesen wie der Jahresdurchschnitt an Reis für eine Person, heißt es.

Der *tsu* war ein Experte, der wusste, wie das Vergnügungsviertel richtig ausgekostet werden konnte. Er war ein wahrer Lebenskünstler und signalisierte Unabhängigkeit und Freiheit. Aber die unerlässliche Voraussetzung dieses Lebenskünstlers war: Er musste viel Geld besitzen, um zeigen zu können, dass es – wenn man es nur zur Verschwendung benutzt – keinerlei nützliche, wirtschaftliche Bedeutung hatte: Man brauchte also Geld, um zu zeigen, dass es nichts bedeutet, es zu haben.

Wenn das Spiel meisterhaft gespielt werden sollte, verlangte dies, sich ernsthaft und intensiv hineinzuversenken und unter allen Umständen zu vermeiden, dass mit Geld ein Nutzen verbunden wurde. Gut zu spielen bedeutete Stil zu haben, zu wissen, wie man sich präsentierte in Kleidung, Manieren und im Gespräch. Der wirkliche *tsu* kannte die Grenzen des »richtigen« Benehmens und wusste diese einzuhalten. Beim Spiel mit Erotik durfte er sich niemals verlieben, weil dies bedeutet hätte, dass das Spiel doch mit der richtigen Welt verbunden war.

Der *tsu* war das ästhetische Ideal in der Edo-Zeit. Er war in der Lage, sich zu vergnügen, indem er mit seiner reichen Erfahrung, den ausgefeilten Kenntnissen und einer unerschöpflich scheinenden Finanzkraft aktiv am Geschehen der Vergnügungswelt beteiligt war, während er stets die Freiheit und die Distanz behielt, die ihm sein Status als Lebenskünstler sicherte.

Als weibliches Gegenstück des *tsu* konnte bald die Geisha gelten. *Iki* wurde schließlich vorzugsweise für die Beschreibung einer professionellen Geisha benutzt, die genau wusste, wie viel Erotik zu zeigen angebracht war, um die Grenzen des höchsten Standards von Geschmack nicht zu überschreiten.

DIE GEISHA WIRD ZUM ÄSTHETISCHEN UND MORALISCHEN IDEAL

Auf den Hauptstraßen der lizensierten Vergnügungsviertel spielten die Geishas zunächst keine tonangebende Rolle. Die prunkvollen Paraden – jede davon ein über alle Maßen pomphaftes Spektakel – wurden von den *oiran*, den höchstrangigen Kurtisanen, dominiert. So bestimmten es die Vorschriften, und so machte es auch Sinn, denn um begehrt zu werden, müssen sich Freudenmädchen ihren Kunden präsentieren. Je glanzvoller die Ausstaffierung einer Kurtisane war und je aufsehenerregender ihre Darstellung, desto höher stieg ihr Kurswert.

Der Geisha war ein intimer Umgang mit den Gästen von Gesetzes wegen untersagt. Es war daher auch unnötig – und sowieso verboten –, sich in der Öffentlichkeit mit Prunk und Pomp zu präsentieren. Ihr war nur schlichte, unauffällige Kleidung gestattet.

Der Geisha blieb andererseits vieles erspart, was die meisten Kurtisanen erdulden mussten, wenn sie keine *oiran* waren: Sie saßen nicht in den »Schaufenstern« der Freudenhäuser zur Wahl. Ihr Platz war in den Teehäusern, den Restaurants und überall dort, wo sie als Künstlerinnen mit ihrem Unterhaltungsprogramm wirken sollten. Ihr künstlerischer Ruf war alles, was zählte.

Als Nepp und Betrug in den Etablissements des Yoshiwara um sich griffen, die Top-Kurtisanen allmählich unerschwinglich wurden und als stilvolle, künstlerische Unterhalterinnen schließlich ganz am Ende waren, rückten die Geishas in den Mittelpunkt: Während die Kurtisanen mit ihrem Prunk extrem überladen und dramatisch wirkten, verstanden es die Geishas, eine andere Art von weiblicher Eleganz zu schaffen. Sie entwickelten ihren eigenen Stil, schlicht, einfach und zurückhaltend nach außen, unvergleichlich kostbar nach innen, und das galt sowohl für die Kleidung und Etikette als auch für die Darbietung ihrer Kunst.

Der tadellose Ruf der Geisha weckte andererseits ein gesteigertes Interesse der Männerwelt. Diejenigen Gäste, denen die lizensierten Vergnügungsviertel bisher zu »liederlich« galten oder denen die Angst vor Syphilis einen Besuch dort verleidet hatte, strömten nun wieder in die Teehäuser, um die Geishas zu erleben. Die Männer, die im späteren 18. Jahrhundert ins Yoshiwara kamen, waren wieder mehr an Kunst interessiert, beflügelt durch das Lebensgefühl der neureichen städtischen Bevölkerung. Samurai und kunstsinnige Bürger ließen sich von den Geishas unterhalten und bewunderten die Eleganz, mit der sie sich in ihrer schlichten Gewandung bewegten. Bürgertöchter und Damen von Stand nahmen sich Geisha-Moden, von der Frisur bis zum schmückenden Kimonogürtel, zum Vorbild.

Alle Geishas unterlagen nach wie vor den Vorschriften und der strengen Kontrolle der Aufsichtsbehörde *kenban.* Diese Behörde war jedoch mit der Überwachung der wachsenden Anzahl von weiblichen Geishas allmählich überfordert. Es wurde immer schwieriger, die heimlichen Liebesdienste, die die versierten Unterhaltungskünstlerinnen trotz des Verbots leisteten, zu unterbinden.

Deshalb erließ das *kenban* eine weitere Verfügung. Darin stand, dass die Geishas stets in Gruppen auftreten und sich auf Musik und Tanz beschränken mussten. Wer von den Geishas unterhalten werden wollte, musste nun eine ganze Gruppe engagieren.

Doch nicht alle Geishas lebten und arbeiteten innerhalb der staatlich lizensierten Vergnügungsviertel.

In verschiedenen Stadtteilen hatte sich eine illegale Gegenkultur zum Yoshiwara entwickelt und hartnäckig behauptet. Sie bildete sich dort, wo sich viele Menschen trafen, in den Geschäftsvierteln oder an den Wallfahrtszielen, vor den Shintō-Schreinen oder buddhistischen Tempeln. Oft waren sie hinter biederen Fassaden getarnt. Draußen hingen gewöhnlich unverfängliche Ladenschilder, im Vorderzimmer wurde mit üblichen Waren gehandelt, im Hinterstübchen mit Kurtisanen und Dirnen. Diese illegalen Amüsierbetriebe wurden *okabasho* genannt. Die Geishas dort waren stark mit Erotik befasst. Sie wurden als *haori*-Geishas bezeichnet (*haori* ist eine Jacke, die über dem Kimono getragen wird).

Nachdem die *haori*-Geishas illegal arbeiteten, waren sie nicht registriert und somit auch nicht der Aufsicht des *kenban* unterstellt. Dadurch unterlagen sie auch nicht dem Verbot zur intimen Kontaktaufnahme mit der Kundschaft. Sie merkten jedoch bald, dass sie wegen ihrer künstlerischen Fertigkeiten, dem Instrumentenspiel und Tanz, besonders geschätzt wurden von Kunden, die auf gehobene Unterhaltung Wert legten und die sich diese Kunst in einer Umgebung, die sonst nur kunstlose Dirnen zu bieten hatte, etwas kosten ließen. Daher pflegten die *haori*-Geishas ihr Image, eigentlich unnahbar zu sein, um für gelegentliche Zugeständnisse an die erotischen Wünsche der Kunden umso besser entlohnt zu werden. Die *haori*-Geishas waren vor allem in Fukagawa (Haifisch-Viertel), einem Stadtteil im Südosten von Edo, bekannt. (Michael Stein)

Andere Geisha-Nachahmerinnen waren die so genannten *machi*-Geishas, die »Gassen-Geishas«. Sie nannten sich zwar Geisha, waren aber nichts anderes als Dirnen, die vom Erfolg der richtigen Geishas profitieren wollten. Sie benutzten Musik und Tänze lediglich, um ihre Freier anzulocken. Für die lizensierten Dirnen im Yoshiwara und auch für die *haori*-Geishas wurden sie deshalb zur lästigen Konkurrenz. Am meisten schädigte ihr Auftreten den guten Ruf der Geisha in den lizensierten Vergnügungsvierteln.

Im Zuge strenger Verfügungen wurden zwischen 1789 und 1801 die *machi*-Geishas schließlich verboten und viele von ihnen bei Razzien von der Polizei in Gewahrsam genommen.

Danach erholte sich das glänzende Image der echten Geishas. Ihr Ansehen begann wieder zu wachsen, und nach kurzer Zeit schickten sie sich an, in den legalen Vergnügungsvierteln den Ton anzugeben.

Aber bald schon drohte eine neue Gefahr, die vom Neid vieler glückloser Mädchen im Kampf um die zahlungskräftigen Kunden hervorgerufen wurde: Um ein wenig vom Glanz der Künstlerinnen zu erhaschen, bezeichneten sich ab 1830 alle käuflichen Mädchen im illegalen Untergrund als Geishas.

Von solch einem Mädchen war die Rede, wenn zum Beispiel gesagt wurde, es verstehe sich weder auf das Instrumentenspiel noch auf Tanz und könne deshalb nur eine Geisha sein.

Der Begriff Geisha lief zu diesem Zeitpunkt Gefahr, zum Inbegriff für niedere Dirnen zu verkommen. Dass dies nicht geschah, ist vor allem den tadellosen, künstlerisch hochversierten und gebildeten Geishas in den lizensierten Vergnügungsbezirken anzurechnen. Aber auch der strenge Reformer Tadakuni Mizuno trug das Seine dazu bei: Durch rigorose Razzien im Jahre 1842 gelang es ihm, die illegalen Amüsierviertel, wie zum Beispiel das *okabasho* in Fukagawa, auszutrocknen und der unerlaubten Prostitution der *machi*-Geishas durch drastische Maßnahmen ein Ende zu setzen. Somit überdauerten nur die wirklichen Künstlerinnen unter den Geishas in den legalen Vergnügungsbezirken, und diese haben fortan das Geisha-Image geprägt.

Als Inbegriff des *iki*-Stils galten zuerst jedoch nicht die Geishas in den Yoshiwara-Vierteln, sondern die künstlerisch ausgebildeten *haori*-Geishas aus der *okabasho*-Hochburg Fukagawa. Als die Vergnügungsbetriebe dort im Zuge der Anordnungen des Reformers

Tadakuni Mizuno geschlossen wurden, zogen jene *haori*-Geishas, die auf ihr Künstlertum Wert legten, in das verwaiste Flussschänkenrevier von Yanagibashi, dessen Freudenmädchen, die *machi*-Geishas, den Razzien zum Opfer gefallen waren.

Die sich neu etablierenden Herrscherinnen im Yanagibashi-Viertel schufen jene bemerkenswerte, bald schon als unnachahmlich gepriesene Eleganz *iki,* die zum Markenzeichen aller Geisha-Kunst werden sollte und ganz allgemein als ästhetisches wie moralisches Ideal das Leben der städtischen Bürger der Edo-Zeit geprägt hat.

Die Yanagibashi-Geishas, in den hohen Künsten versiert, doch frei außerhalb der legalen Yoshiwara-Viertel lebend, hatten die Merkmale zu ihren ursprünglichen Berufsvorgängerinnen, den ehemaligen Tanzmädchen *odoriko,* am deutlichsten gepflegt und bewahrt: Sie waren freie Künstlerinnen geblieben, die sich stets ihren Künsten verpflichtet fühlten, wenn auch nicht immer nur um der Pflege der Kunst willen. Ihr Beruf war ihre Existenzgrundlage, und gelegentliche Nebeneinkünfte waren willkommen. Doch blieben sie vor allem auf ihre Rolle als Künstlerinnen bedacht – der Schrecken über die gnadenlose Ausmerzung von illegaler Prostitution saß tief. Durch ihren mit Bedacht gesetzten künstlerischen Akzent hatten sie Erfolg und blieben von Verboten und behördlicher Verfolgung unbehelligt. Das heißt, die kunstfertigen Geishas in Yanagibashi wurden, obwohl sie illegal arbeiteten, von den Behörden geduldet.

Ihr Beispiel machte Schule. Und schon bald stellten sich überall in Edo Nachahmerinnen der Yanagibashi-Geishas ein.

Schließlich griff der einsichtigere Nachfolger des allzu gestrengen Tadakuni Mizuno im Jahre 1848 zu einer Maßnahme, die für das Geisha-Wesen neue Weichen stellen sollte: Er erteilte der Geisha-Zunft ganz allgemein den behördlichen Segen und knüpfte nur eine maßgebliche Bedingung an die Lizenz: Alle, die sie erwarben, durften sich, wie die Geishas in den legalen Vergnügungsbezirken, nur musisch und künstlerisch betätigen. Jeder Intimverkehr mit der Kundschaft wurde stengstens untersagt, das heißt, auch eine Geisha außerhalb des Yoshiwara durfte sich nicht als Konkurrenz der Freudenmädchen betätigen.

Dem Geisha-Kunstgewerbe wurde hiermit erstmals eine Lizenz außerhalb der Mauern des Yoshiwara erteilt. Diese Erweiterung der Lizenzvergabe brachte Leben und Aktivität in die Welt des Vergnügens und seiner Mädchen: In ganz Edo entstanden schlagartig zahlreiche Geisha-Häuser, es entwickelte sich eine neue, faszinierende Welt der Blumen und Weiden, während das Yoshiwara mageren Zeiten entgegenging. Um die Geisha-Viertel begann sich das künstlerische und besonders das Theaterleben der Stadt zu organisieren. Die Behörden, die vor allem gegen Ende der Edo-Zeit mit großen politischen Problemen beschäftigt waren, fühlten sich überfordert, darauf zu achten, ob die Geishas, die jetzt Edos Nachtleben beherrschten, sich auch folgsam an die Vorschriften hielten. (Michael Stein)

Im Laufe der Meiji-Zeit, die der Tokugawa-Feudalherrschaft folgte, wurde das *iki*, die besondere Eleganz und Anmut städtischen Lebens, zu einer Kunst vervollkommnet, die der westliche Betrachter mit typisch japanischer Lebenskunst verbindet, geheimnisvoll und erotisch. Sie wird als wesentliches Merkmal einer Geisha bis heute gepflegt und hat das Bild eines Geschöpfes aus Eleganz und Raffiniertheit geprägt, deren Aufgabe es zu sein scheint, Männerträume zu nähren.

IST DIE GEISHA DAS JAPANISCHE GEGENSTÜCK ZUR HETÄRE DER ALTEN GRIECHEN?

Im kulturellen und politischen Leben des griechischen Altertums spielten die Hetären, eine Elite käuflicher Frauen, eine bedeutende Rolle. Ihr Einfluss und Ansehen beruhte nicht nur auf erotischer Attraktivität, sondern insbesondere auf einer zum Teil außergewöhnlichen musischen und philosophischen Bildung, die sie seit dem 5. Jahrhundert v. Chr. zunächst autodidaktisch und später auch auf speziellen Schulen erwarben.

Sie wurden in die Häuser derjenigen eingeladen, die ein Gastmahl oder ein Symposion veranstalteten, um dort zu singen, tanzen, musizieren und geistreich zu konversieren.

Symposion nannten die alten Griechen jenen fröhlichen Umtrunk, der üblicherweise nach dem Abendessen begann. Man lud dazu einige Gäste in sein Haus ein. Sobald das Abendessen beendet war, hatten ehrbare Frauen und Kinder den Raum zu verlassen. Beim Symposion waren die Männer unter sich – mit Ausnahme der Hetären, der berufsmäßigen Flöten- und Kitharaspielerinnen und Tänzerinnen ebenso wie der Gaukler und Zauberkünstler, Akrobaten und Musikanten, die durch ihre Darbietungen den Abend kurzweilig gestalten sollten. Die musizierenden Hetären aber waren die Glanzlichter.

Ernsthafte Gespräche wie zum Beispiel Platons berühmtes »Symposion« waren die Ausnahme, auch wenn das Symposion bis in die Gegenwart hinein als Bezeichnung für wissenschaftliche Tagungen und Vortragsreihen fortlebt.

Meist beherrschten Scherz und Ausgelassenheit die Runde der Trinker. Manch Gelage endete in Exzessen mit orgienhaftem Charakter.

Dabei waren – zumindest am Anfang – die Sitten streng: Die Männer wählten zunächst aus ihrer Mitte den Vorsitzenden des Abends, dessen erste Amtshandlung die Festlegung des Mischungsverhältnisses zwischen Wasser und Wein war. Unvermischten Wein zu trinken galt als barbarische Sitte. Eine beliebte Mischung war zum Beispiel: fünf Teile Wasser und zwei Teile Wein. Halb zu halb war das äußerste Zugeständnis.

Es wurden beispielsweise auch Auflagen für das Trinken bestimmt, etwa der Vortrag von Trinkliedern oder Gedichten, die Beantwortung von Rätselfragen oder eine humorvolle Stegreifrede.

Nach einer Trankspende an die Götter begann der unterhaltsame Teil des Abends. Sklaven bedienten die Gäste, die zu zweit bequem auf Sofas ruhten. Und die Hetären waren die Hauptattraktion. Sie spielten Flöte und Kithara, ein mehrsaitiges klobiges Zupfinstrument, und sorgten für den musikalischen und erotischen Rahmen. Viele zeichneten sich durch feine Bildung und schlagfertigen Witz aus.

Manche von ihnen, die man »Gefährtinnen« nannte, waren gegen entsprechendes Entgelt bereit, auch sexuelle Wünsche der Zecher zu erfüllen. Chairemon, der um 400 v. Chr. in Athen derbe Satyrspiele schrieb, schilderte die aufreizende Körpersprache der Flötenspielerinnen:

»Eine von ihnen lag da und zeigte im Mondeslicht den entblößten Busen, da ihr Gewand von der Schulter gerutscht war, eine andere entblößte beim Tanzen die linke Hüfte; eine dritte zeigte, als das geschlitzte Faltenkleid sich öffnete, den unbedeckten Schenkel, sodass sich die Blume ihres strahlenden Leibes über alle Erwartung entfaltete …« (Carl W. Weber)

Die gebildeten Hetären genossen in der antiken Gesellschaft Griechenlands eine besondere Stellung. Die Frauen waren fast ausnahmslos freigelassene Sklavinnen oder Töchter von Nichtbürgern, die durch Protektion reicher Bürger zu gesellschaftlicher Legitimität gelangten.

Viele lebten in bordellartigen Wohngemeinschaften. Nur wenigen gelang es, selbstständig zu werden, eigene Häuser zu beziehen und Ansehen zu erringen. Nicht selten wurden sie von zwei oder drei wohlhabenden Männern ausgehalten oder lebten als Mätressen eines bedeutenden Mannes. Auf der Agora, dem von Säulenhallen, Tempeln und öffentlichen Gebäuden eingerahmten zentralen Markt Athens unweit der Akropolis, wo auch politische Versammlungen und Gerichtsverhandlungen stattfanden, konnte man oft Hetären begegnen.

Es galt als besondere Ehre für einen Mann, von berühmten selbstständigen Hetären – wie etwa Thais, der Gefährtin von Alexander dem Großen, die dem Thron der Ptolemäer sogar einen Erben gebar; Phyrne, Geliebte des Praxiteles; Lamia, Hetäre um König Demetrios; oder Leontion, Schülerin und Geliebte von Epikur, und auch Aspasia, der späteren zweiten Frau des Perikles – zu einem Symposion eingeladen zu werden.

Aspasia gehörte zum Zirkel um Sokrates. Sokrates hat sie

gepriesen als gebildete Frau, die auch über wirtschaftliche Zusammenhänge Bescheid wusste. Man munkelte viel über den Einfluss, den die intellektuell ebenbürtige Aspasia auf die politischen Entscheidungen ihres Gatten Perikles ausübte. Sie schuf eine Organisation des Hetärenwesens in Griechenland: Sie importierte schöne Mädchen, bildete sie in ihrem Hause zu Athen in den Hetärenkünsten aus und setzte sie in ganz Hellas ein. Sokrates nannte sie daher auch »Liebeslehrerin«.

Der Redner Demosthenes berichtet von einer gewissen Athenerin namens Nikarete, die als erster weiblicher Zuhälter in die Geschichte eingegangen ist: Sie unterrichtete ihre sieben jungen Sklavinnen zunächst im Singen, Tanzen und Rezitieren und vermietete sie dann als Callgirls an zahlungskräftige Kunden.

Die Rolle der Hetäre als Geliebte bedeutender Staatsmänner, Dichter, Philosophen und Künstler ist vor dem Hintergrund der griechischen Ehe zu sehen, deren Bestimmung nicht in der Liebesbeziehung der Ehepartner, sondern in der gemeinsamen Sorge um Haushalt und Nachkommenschaft lag. Ehefrauen waren für das Kinderkriegen zuständig, Hetären für die Geselligkeit (und Sklaven für die Lust). Allzu große Liebe für die Ehefrau war nicht erwünscht. Unbändige Liebe und Leidenschaft empfanden die Geliebten außerhalb der Ehe. Ein »vernünftiger« Mann sollte seine Frau mit Besonnenheit lieben, nicht mit Leidenschaft.

»Um eine Frau zu haben, die uns Nachkommen schenkt und der Familie treu ergeben ist, heiraten wir. Für unser persönliches Wohlergehen und die Bedürfnisse des Alltags haben wir die Dienerin, für die Freuden der Liebe die Dirne.« So kennzeichnete der Grieche Demosthenes das Geschlechtsleben der Athener Männer seiner Zeit. (Carl W. Weber)

Derselbe Zustand war in Japan in der zweiten Hälfte des Mittelalters eingetreten, wobei die Abhängigkeit der Frau vom Mann in den unteren Schichten des Volkes, wo man keinen Grund und Boden zu vererben hatte und zu seinem Lebensunterhalt kein anderes Mittel als die eigene Arbeit besaß, nicht so stark war wie in der Kriegerklasse.

Sowohl der Geisha als auch der Hetäre wurde die Ausführung und Beherrschung der künstlerischen und erotischen Spiele zugewiesen.

Lange bevor Lafcadio Hearn voller Begeisterung in tief versunkenen Schichten der europäischen Antike Gegenstücke zu den Sitten und Glaubensüberzeugungen des Shintōismus wieder entdeckte, sah der erste englische Gesandte (von 1859 bis 1862) am Hofe des japanischen Kaisers, Sir Rutherford Alcock, dass Japan »die lebendige Verkörperung eines Gesellschaftszustands ist, der vor vielen Jahrhunderten im Westen bestand..., nur mit einer viel größeren Fähigkeit der Lebenskunst und einer weiter fortgeschrittenen materiellen Kultur bis in den Kern des Volkes hinein« (Kurt Singer). Ihr Glaube unterschied sich nach seiner Auffassung nicht von dem des europäischen Altertums: »Sie erheben ihre großen Männer und Herrscher zu Göttern und verehren sie, genauso wie die alten Griechen und Römer es taten.«

Der Japan-Forscher Kurt Singer fragte sich, ob die Japaner wirklich rätselhafter seien als die übrige Menschheit. Er setzte sich intensiv mit der Kultur seines Gastlandes auseinander und stieß dabei auf überraschende Entdeckungen. Es versetzte ihn in Erstaunen, dass einige japanische Mythen eng mit den griechischen verwandt sind. Beim Herbstfest in Kamakura begegnete er einem Maskenzug, in dem er zum Beispiel Vorformen oder Nachbildungen des Paares Demeter und Baubo erkannte.

Das Problem des japanischen Charakters erklärte Singer so: »Während sie ganz und gar japanisch sind, ähneln sie doch in vielen Punkten anderen Nationen.« Zum Beispiel fand er Übereinstimmungen mit dem konservativen englischen Charakter, mit dem zähen Willen der Römer zu irdischer Macht, mit dem Sinn für Form, Eleganz und Geist der Franzosen, der Grandezza der Spanier, der Zielstrebigkeit und Hartnäckigkeit der Deutschen, und: »Sie wecken zuweilen Erinnerungen an die Athener in der Leichtigkeit der Berührung, der kühnen Wissbegierde und dem Wunsch, auf den Flügeln des Augenblicks auszuruhen.«

Den Beruf der Hetäre umschwebt auch heute noch ein ungeklärtes Geheimnis, aber nichts Geheimnisvolles. Jede einzelne Hetäre hatte sicher ihr Geheimnis, vermutlich betraf es in den meisten Fällen ihre Herkunft. Auch wenn sich die Grenze zwischen Unterhaltungskünstlerin und Liebeskünstlerin oft zu überschneiden schien: Hetären waren keine Prostituierten. Aber sie konnten wählen, wem sie Liebesdienste gewährten.

Sie waren Künstlerinnen, wurden engagiert, für ihre Dienste bezahlt und mussten Steuern entrichten. Merkmale, wie sie auch für die Geisha in Japan typisch sind.

Anders als die Geisha konnte die Hetäre jedoch als Geliebte mächtiger Männer anerkannten Einfluss nehmen. Wurde sie geheiratet, war allerdings ihre Laufbahn als Hetäre beendet. So wie auch die Geisha ihren Beruf aufgeben muss, wenn sie geheiratet wird.

Von der historischen Existenz der Hetären zeugen die Hetärenfiguren in der neu-attischen und römischen Komödie, die Hetärenliteratur wie zum Beispiel die Hetären-Gespräche des Lukian, die Hetären-Briefe des Alkiphiron, sowie Vasenbilder des 6. und 5. Jahrhunderts v. Chr., auf denen Symposionszenen festgehalten sind.

Hetären gehören zur historischen Erinnerung an das antike Griechenland. Geishas hingegen gehören in Japan noch immer zur Gegenwart.

GEISHA WERDEN

BEGEGNUNGEN MIT EINER GEISHA

Selten kommt der Fremde aus dem Westen heute per Schiff angereist – wie dies Besucher aus dem asiatischen Raum, aus Korea, den Philippinen, China oder Russland häufig noch tun. Im Allgemeinen landet er auf einem der drei großen internationalen Flughäfen in Japan: In Tōkyō, Ōsaka oder Nagoya betritt er das »Land der Geishas«, im Kopf die Geisha-Bilder aus seiner Kultur.

Dabei ist es höchst unwahrscheinlich, dass er einer Geisha in ihrem prachtvollen Kimono mit kunstvoll gesteckter, reich verzierter Frisur, dem theatralisch geschminkten Gesicht, das ein geheimnisvolles Lächeln umspielt, zufällig auf der Straße einer japanischen Stadt begegnen wird. Sollte sich dieser außergewöhnliche Zufall dennoch einmal ereignen, so wird diese Begegnung kaum mehr als ein kurzer Augenblick am Abend innerhalb der Stadtviertel sein, in denen sich die Bars, Teehäuser und Top-Restaurants aneinander reihen, in denen Theater, Kleinkunstbühnen und diskothekenartige Tanzlokale zu finden sind, kurz: in den Vergnügungsdistrikten von heute. In Tōkyōs Stadtvierteln Roppongi, Kabuki-cho oder Shinjuku, in Ōsakas Shinmachi oder im Shimabara- und Gion-Bezirk in Kyōto zum Beispiel. Die Geisha ist vielleicht gerade dabei, in ein Taxi zu steigen, und auf dem Weg zu einem Engagement. Vielleicht entschwindet sie aber auch durch den Eingang des nächstgelegenen vornehmen Teehauses, wo ihre Anwesenheit einem Bankett oder einer arrangierten Einladung das i-Tüpfelchen an Luxus und Glanz verleiht.

Allerdings ist es wahrscheinlicher, einer Geisha einmal in einem der vielen Thermal-Kurorte zu begegnen, wie sie überall in Japan zu finden sind. Gelegentlich entdeckt man sie in einem der luxuriösen Kurbäder wie etwa Atami und Nagaoka auf der Izu-Halbinsel ebenso wie in einem schlichten, verschwiegenen Bergdorf. Viele dieser Geishas sind in den Badehäusern *(onsen)* tätig, die wegen ihrer heißen Mineralwasserquellen nicht nur zur Linderung von Gebrechen, sondern vor allem zur Entspannung und zum Vergnügen aufgesucht werden.

Manchmal werden Geishas für private Feste verpflichtet, zum Beispiel für eine große Gartenparty oder eine Bootspartie auf dem Fluss Sumida in Tōkyō oder dem Kamo in Kyōto. Zuweilen nehmen sie an historischen Umzügen teil und führen traditionelle Tänze vor. So kann man ihnen im November in Kyōto dabei zusehen, wie sie und ihre Lehrlinge, die Maikos, in ihrer eleganten und dekorativen Ausstaffierung als Attraktion beim jährlichen Gion-Tanzfest auftreten.

Nach ihrem Dienst hat jede Geisha Feierabend und wird wieder zur Privatperson. Nur wenige werden sie erkennen, wenn sie eine Straße entlanggeht, denn sie unterscheidet sich in keinster Weise von den anderen japanischen Frauen. Wenn sie kurz vorher noch bei einem Bankett durch ihre Eleganz und ihre Grazie aufgefallen ist, sieht sie nun in westlicher Kleidung, einem Kostüm oder Hosenanzug zum Beispiel, eher unscheinbar aus. Und auf die kleinen trippelnden Schritte in den japanischen Sandalen mit einwärts gedrehten Füßen, bei denen ein Seidenkimono leise raschelt, verzichtet sie in ihrer Freizeit ebenfalls, denn in modernen Kleidern und hochhackigen Schuhen würden sie albern und unbeholfen wirken. Ihre Füße sind – entgegen mancher Vermutung, die auf einer Verwechslung mit einem Brauch im alten China beruht – unversehrt und wurden zu keiner Zeit in ihrem natürlichen Wachstum behindert.

Der Besucher aus dem Westen erkennt bald: Nicht jede Japanerin im Kimono ist eine Geisha, auch eine Japanerin in westlicher Kleidung kann eine Geisha sein. Geisha ist ein Frauenberuf, den Japanerinnen heute noch erlernen können.

DIE GEISHA LEBT IN DER WELT DER BLUMEN UND WEIDEN

Das Yoshiwara gibt es schon lange nicht mehr, auch nichts Vergleichbares. Die Welt des ehemals abgeschlossenen, streng kontrollierten Vergnügens ist seit 1958 in Japan frei. Auf Betreiben der amerikanischen Besatzungsmacht nach dem Zweiten Weltkrieg wurden die Tore der Vergnügungsstätten für immer geschlossen und wurde die Prostitution verboten. (Der Tarnungen gibt es jedoch viele.) Es heißt, die Geisha bewege sich heute in der »Welt der Blumen und Weiden«, *karyūkai* genannt.

Dies ist keine romantische Wiesenlandschaft, sondern nüchtern bezeichnet eine Welt der Vergnügungen, die im heutigen Japan neben der Welt der geistigen Erquickung, der stillen Tempel und schlichten Gärten, und neben der massiv greifbaren Welt der Toyotas und Sonys, der schrillen Spielhöllen und grellbunten Kaufhäuser, der Welt der Arbeit und Pflichten von der Anwesenheit der Geisha und ihrer märchenhaften Beschreibung geprägt wird: »Jede Geisha ist wie eine kostbare Blume, schön auf ihre eigene Art, und wie ein Weidenbaum im Wind, anmutig, biegsam und stark«, erklärt die ehemalige Geisha Mineko Iwasaki dieses Bild.

Karyūkai ist also genauer gesagt die »Welt der schönen Blumen und anmutigen Weiden«. Die Geisha wird aus ihrem »Blumenbezirk«, *hanamachi*, (in dem sie registriert ist) zu unserem Vergnügen gerufen. Das Wort für das Honorar einer Geisha heißt immer noch »Blumengeld«, *hanadai*, oder *o-hana* – »ehrenwerte Blume«.

Was bedeutet der Begriff *karyūkai*?

Japanisch betrachtet, spiegelt sich darin die beschreibende Alltagssprache, die ausdrückt, dass am Eingang zu den staatlich kontrollierten Vergnügungsvierteln, die es wie gesagt bis 1958 in den großen Städten Japans gab, Weiden standen. Ein Brauch, der aus China kam. Und die Mädchen und Frauen in der Vergnügungswelt galten als Blumen. So wie man auch heute noch in Japan von den »Büroblumen«, *shokuba no hana*, spricht, wenn es sich um die jungen weiblichen Angestellten handelt. Diese sind geradezu verpflichtet, mit ihrer Jugend, einem sorgfältig geschminkten Gesicht und unterwürfiger Dienstbarkeit ihren männlichen Vorgesetzten und Kollegen den Arbeitsalltag angenehmer zu gestalten.

Europäer hingegen denken an Sagen und Märchen, wenn sie sich die »Welt der schönen Blumen und anmutigen Weiden« vorstellen. An Elfen und andere Wesen, die in einer Zauberwelt leben.

Ist *karyūkai* vielleicht ein Märchen, oder eine träumerische Verklärung, versetzt in eine südliche Inselwelt?

Vielleicht.

Doch *karyūkai* ist in Japan verknüpft mit *mizushōbai*, dem »Wassergeschäft«. Ursprünglich eine buddhistische Metapher für die Vergänglichkeit des Lebens, später für vergängliches Vergnügen, bezeichnet dieser Begriff in Japan heute jenen bedeutenden Wirtschaftszweig, der sich seit Jahrhunderten zur Befriedigung männlicher Freuden entwickelt hat. Im »Wassergeschäft« sind viele Frauen (und Männer) tätig, Barbesitzerinnen und -hostessen, Kneipenwirte, (illegale) Prostituierte, Barkeeper und eben auch die Geishas. Ebenso Frauen und Männer, die für die Geisha-Vereinigung arbeiten oder deren Aufgabe es ist, Geishas beim Ankleiden zu helfen.

Auf Betreiben der amerikanischen Besatzungsmacht hin gibt es schon seit Ende des Zweiten Weltkriegs keine Verträge mehr, die eine Geisha an einen Patron binden. Ebenso wie heute keine Geisha mehr verpflichtet ist, in einem Geisha-Haus zu wohnen. Nur in Kyōto existieren noch Geisha-Häuser als eine Art Institution, in denen Geishas mit ihren auszubildenden Lehrlingen, den Maikos, zusammenleben. Geishas leben heute unabhängig, haben im Allgemeinen ihre eigene Wohnung und führen einen bürgerlichen Namen. Ihr Künstlername ist nur in der Welt der Geishas bekannt.

Doch ihr Beruf verlangt nach wie vor eine strenge künstlerische Ausbildung. Sie lernen immer noch jene Fähigkeiten, die ihre Vorgängerinnen schon vor mehr als zweihundert Jahren berühmt gemacht haben.

Ist die Ausbildung beendet, wird sich die Geisha bei der entsprechenden Geisha-Vereinigung registrieren lassen, um dann offiziell in einem ihr zugewiesenen »Blumenbezirk« in ihrem Beruf arbeiten zu dürfen. Sie wird auf Anfrage durch eine Agentur vermittelt. Auf dem Weg zu ihren Engagements trägt sie zumeist westliche Kleidung und verwandelt sich erst »vor Ort« in die geheimnisvolle Geisha, die kunstfertige Unterhalterin, in die Bewahrerin der Tradition.

Geishas werden heute von ihren Agenturen als Meisterinnen der Konversation gepriesen. Sie beherrschen ebenfalls die raffinierte, auch zotige Plauderei. Sie verkörpern Träume von Luxus, Romantik und Exklusivität. Geishas sind perfekt ausgebildete Künstlerinnen im Tanz, im Gesang, im Spielen japanischer Musikinstrumente, in der Teezeremonie, in der Blumensteckkunst. Sie verlangen Höchstpreise von jenen, die sich um ihre Gesellschaft bemühen: Top-Manager, Politiker, Künstler und alle, die es sich leisten können, astronomische Summen für ein Teehausbankett mit Geschäftspartnern auszugeben. Die hochbezahlten Geishas lassen sich nur an Stammkunden vermitteln. Ihre Agenturen und die Teehausbesitzerinnen wissen das.

Geishas bieten keine bezahlten Liebesdienste, wie ihre Agenturen und die Geisha-Vereinigung ebenfalls versichern. Den gebildeten Geishas macht jedoch noch immer das verwischte, verallgemeinerte Image zu schaffen, das zur Zeit des Übergangs von der Feudalzeit zur Meiji-Zeit alle Lustspenderinnen unter dem Sammelnamen Geisha vereinte. Sie versuchen sich davon zu distanzieren und wieder mehr ihr Künstlertum zu betonen. Tatsache ist, dass die Geisha heute den musischen Dienst in einen intimen übergehen lassen kann. Dass dies aber die Ausnahme und nicht die Regel ist, unterscheidet die Geisha von der Prostituierten. Und noch ein weiterer Unterschied ist außerordentlich wichtig: Der Beruf der Geisha setzt eine jahrelange, umfassende und gründliche klassische Ausbildung voraus. Prostituierte dagegen kann man ohne eine bestimmte Vorbildung sein. Weil Geishas gebildet und keine Prostituierten sind, kommt es auch heute nicht selten vor, dass sie zu Ehefrauen von Männern aus guter Gesellschaft gewählt werden, wie zum Beispiel die ehemaligen Geishas Mineko Iwasaki oder Kiharu Nakamura, deren Biografien vor ein paar Jahren veröffentlicht worden sind.

EIN TREFFEN MIT EINER GEISHA MUSS VORBEREITET WERDEN

Wie flüchtig auch der Augenblick ist, in dem der Besucher aus dem Westen einer festlich gekleideten Geisha begegnet, er weckt in ihm den Wunsch, diesem Traum zu folgen, ihn einzuholen und festzuhalten.

Wie kann sich der fremde Besucher diesen Wunsch erfüllen?

In der Regel spricht er ihre Sprache nicht, noch kennt er die Regeln der Etikette des Landes. Doch selbst wenn er perfekt das Japanische beherrschte, würde ihn die Geisha ignorieren, sollte er es wagen, sie auf der Straße anzusprechen.

Um in den Genuss zu kommen, sich von einer Geisha bezaubern zu lassen, muss ein Termin vereinbart werden, denn ein Treffen mit einer Geisha ist nur möglich, wenn es zuvor arrangiert wird.

Fast ausschließlich sehr reiche, mächtige und berühmte Japaner und deren Gäste haben heute die Gelegenheit, einen Abend in Begleitung einer klassischen Geisha zu verbringen. Hochrangige Persönlichkeiten aus der Politik- und Finanzwelt, Künstler oder Wissenschaftler aus dem Ausland werden von ihren japanischen Gastgebern gern zu einem Bankett oder – seltener – zu einer kleinen, intimen Abendgesellschaft mit den besten Geishas eingeladen. Ohne die Unterstützung und Einladung eines japanischen Gastgebers hat der ausländische Gast keinen Zugang zur verschwiegenen, geschlossenen Welt der angesehenen und gebildeten Geishas.

Es gibt selbstständige, moderne Geishas, die sich mittlerweile auch im Internet vorstellen und ihre Kunst und Unterhaltung direkt anbieten. Ihre Websites sind nicht nur auf Japanisch, sondern auch auf Englisch verfasst. Ein Interessent kann sie direkt kontaktieren und einen Termin vereinbaren.

In jüngster Zeit hat sich als Folge der in Japan wirtschaftlich mageren Zeiten auch bei den Geisha-Agenturen eine Trendwende abgezeichnet. Sie werben in den traditionellen Restaurants, die von japanischen Touristen besucht werden, mit Geisha-Unterhaltung. Nachfragen unbekannter Personen (mit gutem finanziellem Polster allerdings) gegenüber sind sie offener geworden. Sie arbeiten im Allgemeinen mit den Teehäusern und Hotels, die Abendgesellschaften mit Geishas vorbereiten, eng zusammen.

Man trifft sich normalerweise mit einer Geisha in einem *ryōtei* oder *ochaya,* was »ehrwürdiges Teehaus« bedeutet. Wie schon an anderer Stelle ausgeführt, ruft der Name irreführende Assoziationen hervor, denn: Mit Tee haben diese Restaurants wenig zu tun. Heute ist das Teehaus eine Art nobles Gästehaus, das zumeist von einer Frau geführt wird, die selbst einmal Geisha gewesen ist. Man kann in einem Teehaus unterschiedlich große Zimmer für geschäftliche oder private Dinnerpartys, Abendgesellschaften oder Festessen buchen. Die Zimmer sind nach Bedarf verschieden eingerichtet, für intime Zusammenkünfte wie für große Festgelage. Jedes gute Teehaus verfügt auch über einen Raum mit einer Bühne. Dort geben die Geishas im Rahmen einer großen Gesellschaft ihre Gesangs- und Tanzvorführungen für die illustren Gäste.

Plant ein Kunde eine Gesellschaft mit Geishas, so ruft er die Besitzerin des Teehauses an, in dem er regelmäßig verkehrt. In den meisten Fällen kennen die Teehausbesitzerinnen ihre Stammkunden seit vielen Jahren, oft Jahrzehnten, denn man erwartet, dass sich ein Kunde einem Teehaus gegenüber loyal verhält. Wenn keine persönliche Verbindung zu einem *ochaya* besteht, kann sich ein Interessent an die Geisha-Vereinigung wenden, die aber erst nach Überprüfung seines sozialen und wirtschaftlichen Hintergrunds gegebenenfalls eine Geisha vermittelt. Je besser die Teehausbesitzerin ihren Stammkunden kennt und von diesem Auskunft über seine Gäste bekommt, deren sozialen Status, Alter, Essensvorlieben und -gewohnheiten, umso perfekter wird sie sich auf die Bedürfnisse der Gäste einstellen und die Party planen können.

Die Speisen werden im Allgemeinen von einer exquisiten Küche mit Lieferservice zubereitet, denn im Teehaus wird selten selbst gekocht. Gelegentlich kommt es vor, dass die Besitzerin für besondere Gäste einen Koch und Küchenpersonal für den Abend ins Teehaus holt.

Die Teehausbesitzerin wird sich auch mit der Organisation der Unterhaltung für die Gäste beschäftigen und die beste Zusammenstellung von Geisha-Lehrlingen (Maikos) und Geishas planen. Hat der Gastgeber keine bestimmte Geisha im Sinn, wählt die erfahrene Teehausmutter die Mädchen aus. Es gibt keine Broschüre, keine Fotos, die sie ihrem Stammkunden vorlegen könnte. Weil auch die Geishas ihre Ausbildungsschwerpunkte haben, wird eine Geisha dabei sein, die tanzen kann, eine, die gut singt, und eine, die *shamisen* spielen kann. Je nach Bedarf wird sie auch eine Geisha mit Sprachkenntnissen in der Muttersprache der ausländischen Gäste auswählen. Junge, hübsche Maikos werden als dekorative Augenweide eingesetzt. Ihre Aufgabe ist es, die Sake-Schälchen nachzufüllen. Sie lächeln nur, Gespräche führen sie nicht. Das ist den Geishas vorbehalten, deren perfektes Benehmen und umfassende Allgemeinbildung über alle Zweifel erhaben sein müssen.

Die Teehausbesitzerin wird schließlich noch einen genauen Zeitplan erstellen, aus dem ersichtlich wird, wo sich jede einzelne Geisha und jede Maiko zu welchem Zeitpunkt im Verlauf des Abends aufzuhalten hat.

Falls der Kunde keine bestimmte Geisha aus ihrem Haus buchen möchte, lässt sich die Teehausmutter Geishas und Maikos von der Geisha-Vereinigung oder der Geisha-Agentur vermitteln. Diese Agenturen sind im Allgemeinen mehr als eine Künstleragentur, denn sie vermitteln nicht nur die Geishas, sondern sie bieten auch die Möglichkeit, die Geishas dort auszubilden. In den verschiedenen Räumen der Agentur unterrichten tagsüber die älteren Geishas ihre Schülerinnen oder die jüngeren Kolleginnen, die stets um Weiterbildung bemüht sind, in den traditionellen Künsten: Sie lehren die klassischen Geisha-Tänze, das *shamisen*-Spiel, die

Teezeremonie oder die Kunst, einen Kimono auszuwählen und zu tragen. (Im Sommer 2004 hatte ich die Gelegenheit, Einblick in eine Geisha-Agentur zu bekommen.)

Eine Abendgesellschaft findet üblicherweise von achtzehn Uhr bis einundzwanzig Uhr statt. Einladungen in Japan teilen einem immer mit, um welche Zeit das Fest beginnt und wann es endet, und formelle Einladungen enden stets präzise zum angegebenen Zeitpunkt. Geishas werden nach Stunden bezahlt, und ein Überziehen der Zeit kommt extrem teuer. Besonders beliebte Geishas bleiben deshalb oft nicht den ganzen Abend, sondern ziehen von einer Party zur nächsten.

Am Ende des Abends dankt der Kunde den Geishas für ihre Gastfreundschaft, und sie danken ihm für seine Gunst.

Der Abend in einem angesehenen Teehaus wird mit oder ohne Spezialkoch teuer werden. Mit Ausnahme eines Trinkgelds für die Geishas und die Maikos wandert kein Geld von einer Hand in die andere. Die Rechnung des Teehauses trifft einige Zeit später beim Gastgeber ein. Darauf gibt es keinerlei Einzelposten, keinerlei Hinweise darauf, wie die Endsumme zustande gekommen ist. Neben dem Honorar für die Geishas verlangen die Teehausbesitzerinnen Gebühren für die Organisation der Party. Jeder Bissen und jeder Tropfen, der einem Gast über die Lippen kommt, kostet ein Vermögen, und die Ausgaben für ein bestelltes Mahl übersteigen oft jedes Vorstellungsvermögen.

Der Besuch in einem noblen Teehaus mit Geisha-Unterhaltung gehört nach wie vor zu einem luxuriösen Lebensstil, den sich eben nicht jedermann leisten kann. Und auch nicht leisten soll. Eine private Einladung im Teehaus mit Geisha-Unterhaltung soll ein Statussymbol bleiben. Deshalb überrascht es nicht zu erfahren, dass für einen (dreistündigen) Abend mit vier Geishas in einem renommierten Teehaus wie etwa dem berühmten »Ichiriki« mit den Terrakotta-Wänden in Kyōto ohne weiteres mit bis zu zwanzigtausend Euro pro Person gerechnet werden kann.

Die Teehausbesitzerin behält davon einen Prozentsatz für sich, der unter anderem auch die Kosten für den Cateringdienst einschließt, und schickt eine vorher vereinbarte Summe für die Honorare der Geishas und Maikos an die Geisha-Vereinigung oder die Agentur.

DIE ERSTE BEGEGNUNG IM TEEHAUS

Wenn die Geisha leise die papierbespannte Schiebetür des separaten Zimmers in der oberen Etage des Teehauses mit einer leichten Bewegung der Hand öffnet, auf den Fersen hockend sich tief verbeugt, die Hände vorschriftsmäßig auf dem Reisstrohboden aufgestützt, Kimono-bekleidet in einem nach allen Regeln der Tradition vollendeten Stil, dann scheint eine wundersame Zeitmaschine wirksam geworden zu sein und der Atem einer lange zurückliegenden Epoche weht durch den Raum.

Beim ersten Zusammentreffen mit einer Geisha fühlt sich der Gast aus Europa unbehaglich. Trippelnde Schritte, die fürsorgliche Gestik der Hände, der stets wegweisend sich neigende Kopf, dieses absolute Umsorgen, Um-einen-Herumordnen, die flüsternde Stimme, mit immer gleich bleibend freundlichem Antlitz, und niedergeschlagenen Augen schließlich neben dem Gast kniend, bereit, all seine Wünsche von den Lippen abzulesen, nein, es scheint eine Handbewegung zu genügen, ein Schulterzucken, ein Verlagern der im Schneidersitz überkreuzten Beine. Höflichkeit, Liebenswürdigkeit, Aufmerksamkeit, Taktgefühl, Sanftheit – auf den Gast aus Europa wirkt alles bizarr, karikiert, eine Komödie, eine alternative Bühnenshow, deren Prinzip es ist, das Publikum, vornehmlich den Mann, als Teil der Inszenierung zu betrachten.

Und doch: Neben einer Geisha fühlt er sich bald eingehüllt in eine unerwartete Leichtigkeit des Seins, ein Wohlgefühl, das existentielle Bedürfnisse erfüllt. Er fühlt sich angenommen, unhinterfragt sicher und umsorgt, körperlich und seelisch gestreichelt, denn die Geisha rückt ihn ins Zentrum uneingeschränkter Aufmerksamkeit. Es ist nicht das Gefühl, bei der Mutter zu sein. Das Wesen Geisha ist zu exotisch, fremdartig und rätselhaft.

Das Gefühl, sich verstanden zu wissen, braucht keine Worte. Es ist das Ritual, der Ablauf aller Handgriffe und allen Geschehens im Raum, das selbstverständlich, genau und sicher ist, nicht das leiseste Zögern oder Zweifeln vermittelt und dem Gast niemals die Gelegenheit gibt, sich für einen von der Geisha versehentlich verursachten Fehlgriff, einen Irrtum, Ausrutscher oder eine falsche Geste verständnisvoll und großzügig zeigen zu können. Nicht ein Hauch von Unsicherheit oder Fehlgriff wird den Gast in seinem Wohlgefühl irritieren können. Es ist eine Behaglichkeit, die sich in einem gedämpften Schimmer erotisch gefärbter Sehnsüchte entwickelt.

Es ist die Spannung zwischen absoluter Zuwendung und Unnahbarkeit, zwischen perfekter Vertrautheit und rätselhafter Fremdheit, die Fantasien von möglichen Überraschungen hervorbringt, denn die Verführung kommt nicht lockend entgegen, sie zieht wie ein Magnet aus der Ferne an.

Für den westlichen Betrachter wirken sowohl der Kimono als auch die geschminkte Maske der Geisha geheimnisvoll. Nicht zuletzt deshalb, weil der Kimono den Körper, die weiße Schminke die Mimik verhüllt. Aber die schmalen Augen sprechen, der leuchtend rote Mund, die sanften Hände, der verhüllte Körper im aufreizenden Gang, wenn sich die Geisha in einer rituell provozierenden Art in ihrer Kimonorobe im Zeitlupenrhythmus fortbewegt.

Die Kunst der Geisha besteht darin, stets eine Grenze einzuhalten, die auch den Mann motiviert, sie nicht zu überschreiten, ohne dass sein Interesse an ihr erlöschen wird.

Auf die Frau aus dem westlichen Kulturkreis wirkt die dekorativ im Kimono gewandete, weiß geschminkte Japanerin unbestimmten Alters auch manieristisch, erstarrt in einer Tradition, die den Europäern wohl unverständlich erscheint, besonders den Frauen, die um gleiches Ansehen, gleiche Bewertung, um Gleichrangigkeit und gleiche Rechte in der Beziehung zwischen Frau und Mann, jedenfalls um Abkehr vom Ungleichgewicht der Geschlechter, mehr oder weniger erfolgreich gekämpft haben. Die hellwach sind, wenn es um Formen der Unterordnung geht, die die Gefahren kennen und die abhängig machenden Verhaltensweisen. Dennoch vermuten viele, dass hinter der Maske, hinter dem verhaltenen Lächeln einer Geisha nützliche Geheimnisse verborgen liegen. Darauf haben wir bereits zu Beginn des Buches hingewiesen.

EIN BANKETT MIT GEISHAS

Das Kultusministerium hatte einen Ministerialrat und eine Abordnung von Beamten beauftragt, dem Präsidenten und dem Senat einer Universität im Süden Japans die wesentlichen Punkte der ab dem Jahr 2003 geplanten Hochschulreform zu erläutern. Anschließend wurden fünfzig Personen zu einem Bankett in eines der ältesten Teehäuser der Stadt geladen. Die Einladung dazu kam schriftlich mit den üblichen Angaben über den Ort sowie den Beginn und das Ende des Banketts.

In einem Teehaus können drei kleinere Säle durch die Entfernung von Trennwänden in einen großen verwandelt werden. Wenn ein Bankett geplant ist, wird im Allgemeinen ein großer Saal gebraucht.

Die niedrigen, schmalen Tische waren zu einer Hufeisenform zusammengestellt, an deren Außenseite die Gäste auf flachen Kissen Platz nahmen. Dadurch hatte jeder einen Nachbarn, aber kein direktes Gegenüber. Die Sitzordnung war gemäß japanischer Tradition hierarchisch: Die Ehrenplätze befanden sich vor der *tokonoma*, der zimmerhohen Nische mit dem langformatigen Rollbild und erlesenen Kunstgegenständen. Da es sich um eine hochoffizielle Veranstaltung handelte, gab es eine erhöhte Ehrentribüne für die Beamten aus dem Ministerium sowie den Universitätspräsidenten mit seinen Senatsmitgliedern. Auf den Plätzen, die dem Eingang am nächsten lagen, saßen die Gäste mit den sozial niedrigeren Rängen (zum Beispiel die jungen Professoren). Meistens wissen die Japaner über ihren Status sehr genau Bescheid, sodass das Problem, wer wo Platz nimmt, mit einem Minimum an höflichen Einwänden gelöst wird.

Als alle Platz genommen hatten, öffneten sich die Schiebetüren zum Bankettraum und eine Geisha nach der anderen schritt herein. Jede trug ein lackiertes Esstischchen vor sich her, das sie vor einen Gast platzierte. Als Erste präsentierte die ranghöchste Geisha ihr Tischchen dem Ehrengast, dann folgten die anderen Geishas und lieferten feierlich ihre Tischchen ab. Der Anblick, wie sie die schwarz lackierten Tischchen, auf denen sich nur die mit Goldstaub verzierten Porzellanfläschchen mit warmem Sake befanden, in Gesichtshöhe vor sich her trugen und dabei in ihren bodenlangen edlen Kimonos unter leisem, feinem Seidengeraschel über die *tatami* glitten, war atemberaubend.

Als alle Tischchen platziert waren, hielten der Präsident als Gastgeber und der Ministerialrat als Ehrengast kurze Ansprachen, und die Feier konnte mit einem Trinkspruch beginnen.

Jede Geisha war für die Betreuung eines Gastes auf der Ehrentribüne zuständig und begann – kniend neben dem Gast – mit dem zeremoniellen Einschenken des Getränks, wobei es heute Sitte geworden ist, Bier statt Sake beim Trinkspruch zu servieren. Da der Gastgeber im Allgemeinen Stammkunde einer der anwesenden Geishas ist, kniet diese sich am liebsten zu ihm. Die Geisha, die neben dem Universitätspräsidenten kniete, wurde daher mit großer Neugier betrachtet, weil die meisten Anwesenden nur spekulieren konnten, ob sie nun eine Vertraute des Präsidenten sei oder nicht. Ein guter Gastgeber möchte jedoch vor allem seine Gäste gut bewirtet sehen. Daher ist es die wichtigste Aufgabe der Geishas, sich den Gästen zu widmen.

Geishas sind jedoch nur dafür zuständig, den Gästen Sake einzuschenken und sich mit ihnen zu unterhalten. Das Festessen wurde von den Serviermädchen gebracht. Die Geisha kann allerdings nach dem Servieren der Speisen behilflich sein und zum Beispiel die Gräten einer Forelle geschickt entfernen.

Als die Mahlzeit beendet war, begaben sich die Gäste mit ihrem Trinkglas in die freie Mitte des Raumes, an die Innenseite der hufeisenförmigen Tischanordnung, und nahmen gegenüber derjenigen Person Platz, mit der sie sich unterhalten wollten. Dieser Innenraum der Sitzordnung gilt als nicht an die Rangordnung der Gäste gebundene, also als »freie« Zone. Die Geishas knieten sich ebenfalls im Innenraum neben die Gäste, um sie zu bedienen. Die Rückenansicht der Geishas bot für die Gäste, die ihr gegenübersaßen, einen reizvollen Anblick.

Im Laufe des Abends wurden verschiedene Unterhaltungseinlagen geboten: Ein Geschichtenerzähler und ein Zauberkünstler traten auf, und zum Schluss führten einige Geishas in fantasievollen Kimonos auf Wunsch der Gäste traditionelle Tänze vor.

Die hochrangigen Geishas haben den Ruf, arrogant zu sein, vor allem gegenüber Gästen aus der Provinz, etwa aus Kyūshū oder Hokkaidō. Es zeichnet jedoch eine gute Geisha aus, diesen Gästen die Unsicherheit zu nehmen und ihnen das Gefühl zu geben, sie seien beliebte Stammkunden.

Die Geisha ist mehr als eine Unterhaltungskünstlerin, mehr als eine Gesprächspartnerin, eine Begleitung oder eine heimliche Geliebte. Sie kann zwischen den Kulturen vermitteln und der jeweiligen Situation angepasst und angemessen reagieren. Sie ist anpassungsfähig, tolerant und kompromissbereit sowie in der Lage, sich in andere Denkmuster mit viel Sensibilität hineinzuversetzen.

Bei anderen Gelegenheiten und zu anderen Anlässen werden sich die so umsorgten Gäste an diejenige Geisha erinnern, die ihnen den Abend verschönte und die sie als Gesprächspartnerin schätzen gelernt haben.

Sobald das Bankett pünktlich um einundzwanzig Uhr mit einem Schlussspruch des Ehrengastes beendet war, führten einige Gäste noch eine Geisha zum Essen aus oder in eine Karaoke-Bar, vielleicht traf auch der ein oder andere noch eine Privatvereinbarung für die Nacht. Sicher ist in einem solchen Fall, dass die Uhr für das Honorar der Geisha unbeirrt weiterläuft und der Gast in nicht allzu ferner Zukunft die Rechnung erwarten kann. Sollte die Rechnung vom Teehaus nicht diskret über die Buchhaltung seiner Firma abgewickelt werden können, sondern an seine Privatadresse gelangen, könnte der vergnügte Ausflug mit der Geisha eine schmerzliche Überraschung nach sich ziehen. Vor allem bei der Gattin des Connaisseurs, die sich – wie in Japan üblich – um die finanzielle Regelung der privaten Ausgaben der Familie kümmert. Der Schmerz der Gattin wird sich freilich auf die Rechnungsbegleichung begrenzen, denn das Vergnügen mit einer Geisha ist für die Ehefrau in Japan kein Grund, sich Sorgen zu machen, wie an anderer Stelle ausgeführt wird.

RÜCKBESINNUNG AUF DIE TRADITION

Es ist den klassischen Geishas heute ein besonderes Anliegen, sich als Bewahrerinnen alter japanischer Kunstfertigkeiten zu verstehen, der Trend geht zur strengen Rückbesinnung auf die Tradition. Das war nicht immer so.

Zu Beginn des 20. Jahrhunderts, als Japan sich auch in den Umgangsformen und kulturellen Angeboten noch stark an den Vorbildern des westlichen Auslands orientieren wollte, wurden die eigenen Traditionen oft mit Rückständigkeit gleichgesetzt und als veraltet, auf jeden Fall als nicht modern genug angesehen. Die Angleichung an die bewunderte westliche Kultur hatte begonnen, als Japans Tore wieder für das Ausland geöffnet worden waren. So wurden zum Beispiel per kaiserlicher Verordnung zu Beginn der Neuzeit ab 1868 alle Beamten verpflichtet, während ihrer Arbeit westliche Kleidung zu tragen. Die »nationale« Kleidung sei zwar immer noch »ziemlich Sitte«, berichtet zum Beispiel Basil Hall Chamberlain im Jahre 1890, doch »die hässlichen Hüte und die Hosen des Westens verdrängen langsam, aber sicher die malerische, vornehm aussehende einheimische Tracht (der Männer)«. Auch Rudyard Kipling bemerkt 1889 in seiner Sammlung »Reisebriefe aus Japan«, dass »alle japanischen Beamten vom Polizisten aufwärts« europäische Kleidung tragen, eine Mischung aus französischen, deutschen und englischen Uniformen, und »diese Kleider passen nie«.

Die traditionelle japanische Kleidung wurde nur noch zu formellen Ereignissen angelegt und in der Freizeit zu Hause angezogen. »Tagsüber in englischer Montur, war er bloß ganz gewöhnlich. Abends erblühte er in Seide und wurde zu einem japanischen Gentleman«, schreibt Rudyard Kipling über seinen japanischen Führer.

Dem Beispiel der Beamten eiferte die männliche Bevölkerung

Japans bereitwillig nach. Wie Kipling beobachtete, zeigte sich gegen Ende des 19. Jahrhunderts »Jung-Japan in Gamaschen, Tweedhose, schwarzem schräg geripptem Rock, Stehkragen, Krawatte aus brauner Seide, Hundsleder-Handschuhen und Lacklederschuhen«.

Durch einen Aufruf der Regierung wurde schließlich auch den japanischen Frauen geraten, sich auf westliche Kleidung umzustellen. Doch bei ihnen verlief die Anpassung an die neue Kleiderwelt nicht ganz so reibungslos wie bei den Männern.

»Im Jahre 1886 bestimmten einige Ratgeber des Hofes, Kleider aus Berlin zu bestellen«, schreibt Chamberlain, »ebenso Korsette und jene europäischen Schuhe, in denen es einer japanischen Dame so schwer fällt zu gehen, ohne auszusehen, als ob sie gerade einen kleinen Schluck zu viel genommen hätte.«

Als am 1. November 1886 Kaiserin Haruko und ihre Hofdamen in ihren neuen deutschen Roben bei einem öffentlichen Fest erschienen, war der westliche Kleidungsstil für japanische Frauen offiziell abgesegnet. Chamberlain schreibt: »Die Kaiserin selbst würde ohne Zweifel in jeder Tracht reizend aussehen. Könnte man das nur von all den Damen sagen, die sie begleiteten, und jenen, die nachfolgten!« Des Weiteren beklagt Chamberlain, dass »nicht einmal eine Karikatur die schlechten Figuren schildern (könnte), die schlecht sitzenden Kleider, die schreienden Farben, die zwischen 1886 und 1889 zu sehen waren«.

Die Mehrheit der Japanerinnen wollte dem Beispiel der Kaiserin nicht folgen und lehnte die fremdartigen Kleiderformen ab, die sie als unbequem empfanden und überdies als wenig schmeichelhaft für ihre Figur. Sie kehrten lieber zum traditionellen Kimono zurück.

Erst mit dem Regierungsantritt von Kaiser Hirohito und seiner Gemahlin Nagako im Jahre 1926 begannen sich die Japanerinnen allmählich mit der westlichen Kleidung anzufreunden. In Tōkyō setzte sich bereits nach 1923 die westliche Kleidung bei Frauen durch, nicht etwa weil sie in der Hauptstadt aufgeschlossener gewesen wären, sondern angeblich als Folge des großen Kanto-Erdbebens vom 1. September 1923 in und um Tōkyō, bei dem viele der kostbaren japanischen Kimonos verbrannt waren.

Die Geishas in den Städten achteten zwar nach wie vor darauf, ihre traditionellen Kunstfertigkeiten zu perfektionieren und darzubieten, waren jedoch ebenfalls gezwungen, sich dem Geist der neuen Zeit anzupassen. Daher besaßen die gefragtesten Geishas bald eine Reihe duftiger Ballkleider im westlichen Modestil. Darüber hinaus lernten sie auch die Tanzformen aus Europa, die nun in Japan modern geworden waren.

Die ehemalige Geisha Kiharu erzählt in ihrer Biografie von den in den frühen 1930er Jahren stattfindenden Treffen, die von japanischen Absolventen der berühmten amerikanischen Princeton- und englischen Cambridge-Universität organisiert worden waren. Kiharu war damals eine junge Geisha. Bei derartigen Engagements durften die Geishas die Teehäuser nur mit einem formellen, bodenlangen, mit Wappen verzierten Festkimono und einer festlichen Frisur betreten. Wer in einem einfachen gemusterten oder kreppseidenen Kimono erschien, wurde auf der Stelle von der Chefin zum Umziehen zurückgeschickt.

Viele der Gäste waren Ausländer, wie Botschaftsangehörige, Zeitungskorrespondenten und Geschäftsleute. Zu dieser Zeit war es noch selten, dass japanische Studenten nach Übersee gingen, und die jungen Söhne aus gutem Hause, die sich oft mit Wehmut an ihr Leben im Ausland erinnerten, fühlten sich wieder als Studenten und amüsierten sich recht ausgelassen. Auch die jungen Geishas entspannten sich, spielten Spiele mit ihnen und tanzten. Es wurden nicht nur Brettspiele gespielt, sondern auch kindisch anmutende, harmlose Spiele, die heute noch durchaus üblich sind, wie zum Beispiel das Stein-Schere-Papier-Spiel, bei denen sich Geishas und Gäste köstlich amüsieren.

Die Geishas führten nicht nur traditionelle Tänze vor, sie tanzten nach dem offiziellen Ende des Banketts mit den Gästen Walzer, Foxtrott und Tango. Alle Teehäuser verfügten damals über einen Tanzsaal mit einem guten Grammophon.

Um einundzwanzig Uhr kamen die Diener eines Geisha-Hauses, *hakoya* genannt, um den Geishas Kleidung zum Wechseln zu bringen. Jedes Geisha-Haus hatte damals seine festen *hakoya*, was wörtlich »Kastenmann« bedeutet und aus einer Zeit stammt, in der sie den Geishas noch längliche Kästen aus Paulownienholz auf den Schultern nachtrugen, in denen die *shamisen* aufbewahrt wurden. Weil die *shamisen*-Kästen so groß und schwer waren, konnten die Geishas sie nicht selbst tragen. Heutzutage lässt sich ein *shamisen* in drei Teile zerlegen und in ein Köfferchen packen. Nun waren knöchellange gemusterte oder kreppseidene Kimonos erlaubt, und auch die *obi* (Schärpen) durften etwas salopper gebunden sein. Das heißt, ab einundzwanzig Uhr war es den Geishas gestattet, in weniger formeller Aufmachung weitere Veranstaltungen zu besuchen (Kiharu Nakamura).

Moderne Tänze lernen die Geishas heute im Verlauf ihrer Ausbildung nicht mehr. Wenn eine Geisha persönliches Interesse daran hat, kann sie Tanzstunden nehmen. Der Trend geht jedoch zur Rückbesinnung auf die eigene Tradition. Wie bereits erwähnt, werden die Geishas auch heute noch in den Künsten ausgebildet, die bereits ihre Vorfahrinnen beherrschten.

EINLADUNG IN DIE GEISHA-AGENTUR

Eine Geisha-Agentur in Tōkyō erlaubte mir einen näheren Einblick, wie Geishas heute ausgebildet werden. Der Kontakt zu dieser Agentur – mit dem eigentlichen Ziel, eine Geisha interviewen zu können – wurde über eine deutsche Hochschullehrerin hergestellt, die seit vielen Jahren mit ihrem japanischen Mann in Tōkyō lebt. Zum vereinbarten Termin begleitete mich eine japanische Übersetzerin, Sachiko-san, für die der Besuch einer solchen Agentur auch eine Premiere war. Außerdem hatte sie, wie die meisten Japanerinnen, noch niemals eine »richtige« Geisha kennen gelernt.

Wir bogen in eine Seitenstraße von Tōkyōs belebter vornehmer Geschäftsstraße Ginza ein und betraten mit einer Mischung aus Ehrfurcht und Scheu die Agentur im zweiten Stockwerk des schmucklosen Gebäudes, wo uns die Geschäftsführerin bereits erwartete. Unser erster Eindruck ließ uns an ein modern einge-

1 *Oben* Abendszene im Teehaus von Akasaka aus dem berühmten Holzschnittzyklus »53 Stationen am *Tōkaidō*« (1833/34) von Andō Hiroshige. Solche Teehäuser entlang der großen Fernstraßen – wie dem *Tōkaidō* zwischen Tōkyō (Edo) und Kyōto – boten dem Reisenden Erholungen aller Art. Nicht selten arbeiteten hier Geishas neben Konkubinen, wobei die Übergänge oft fließend waren.
2 *Unten* Noch in der ersten Hälfte des 20. Jahrhunderts hatte sich das Erscheinungsbild der Teehäuser kaum gewandelt.

3 und 4 Kleines Konzert mit berühmten Geishas in einem vornehmen Teehaus in Tôkyō. Der Künstler Yoshiiku Utagawa (1833-1904) kannte als Sohn eines Teehausbesitzers aus dem Tôkyōter Vergnügungsviertel *Yoshiwara* Geishas seit seiner Jugend. Auf der rechten Seite unten im Vordergrund eine jugendliche *hangyoku*, eine Lerngeisha.

5 *Oben* Gäste verlassen diskret bei Tagesanbruch das Vergnügungsviertel *Yoshiwara*. Aus den »100 berühmten Ansichten von Edo« des großen Holzschnittkünstlers Andō Hiroshige (1797–1858).

6 *Oben* Liebhaber mit Konkubine. Ihre Kleidung und Haartracht entsprechen denen einer Geisha. Holzschnitt von Katsukawa Shunsho (1726-1793). Solche *shunga*, erotischen Holzschnitte, sind seit dem 18. Jahrhundert beliebte Sammlerstücke.

7 *Unten* Junge Prostituierte bieten ihre Dienste hinter einem Gitterfenster an. Solche Gitter sollten sowohl die Frauen schützen als auch verhindern, dass sie ohne ihre »Wirte« auf eigene Rechnung arbeiten.

8 Großes Teehaus in Tōkyōs berühmtestem, ehemaligem Vergnügungsviertel, dem *Yoshiwara.*

9 *Oben* Die beiden Maikos Nonoka und Ryuka in ihren modern geschnittenen Kimonos auf dem Weg zur Arbeit.

10 *Unten* Die Rückansichten von Nonoka und Ryuka zeigen den weit herunter gezogenen Kragen ihrer Kimonos, der den weiß geschminkten Rücken und einen als besonders erotisch geltenden W-förmigen Ausschnitt ungeschminkter Haut am Haaransatz sehen lässt. Sie tragen Perücken, bei denen das Haar bauschig hochgekämmt und auf dem Oberkopf zu einem Dutt zusammengezogen und mit roten Seidenbändern befestigt ist. An den Seiten stecken Ziernadeln und Ornamente.

11 *Rechte Seite* Eine Maiko, die im *furisode*-Kimono mit langen schwingenden Ärmeln in einem Teehaus tanzt.

12 Die Maiko Nonoka perfekt geschminkt: Sie hat auf die weiße Schminke rosa Puder getupft, den Bereich um die Augen und die Augenbrauen mit rotem Puder gefärbt und anschließend schwarz nachgemalt. Ihre Lippen sind herzförmig umrandet und kräftig rot ausgemalt.

13 *Oben* Zwei ältere Geishas, eine Sängerin und eine Shamisen-Künstlerin, begleiten die Tanzvorführung der Geisha und Maiko im Teehaus

14 *Unten* Im Gegensatz zu der prächtig gewandeten und geschminkten Maiko (in weiß) tritt die Geisha (in grün) beim Tanz im elegant-schlichten *tomesode* auf, dem Kimono mit den kurzen Ärmeln. Im *obi* (der Schärpe) ihres Kimonos steckt ein *maiōgi* (Tanzfächer).

15 Ein *tsukesage*, der hochrangige Mädchenkimono aus Seide mit unterschiedlichem Vorder- und Rückseitenmuster. Das Muster eines *tsukesage* wird schon im Stoffballen gefärbt.

16 a–c *Rechts* Typische Visitenkarten von Geishas, auf denen ihr Künstlername steht.

17 *Rechte Seite, oben* Ein *hōmongi*-Festkimono mit Familienwappen am Kragen, von Hand genäht, aus der ersten Hälfte des 20. Jahrhunderts.

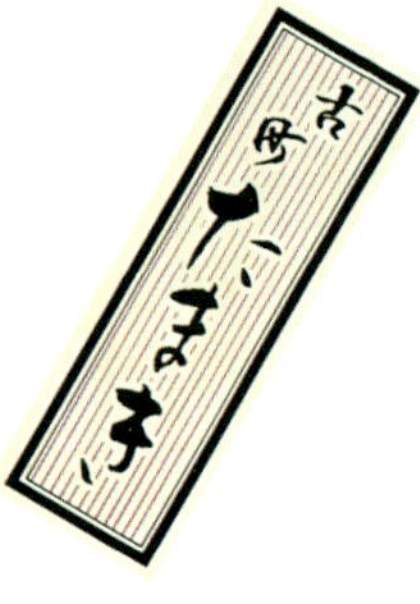

紅子

古町
福豆世

18 *Oben* Ein *ro*-Sommerkimono mit Familienwappen aus luftigem Organzastoff, Anfang des 20. Jahrhunderts hergestellt.

19 *Unten* Ein *hitoe*-Übergangskimono aus Seide, ungefüttert, für die Monate Mai und Juni.

20 *Unten links* Visitenkarte der Geisha Kosono (»Kleiner Blumengarten«).

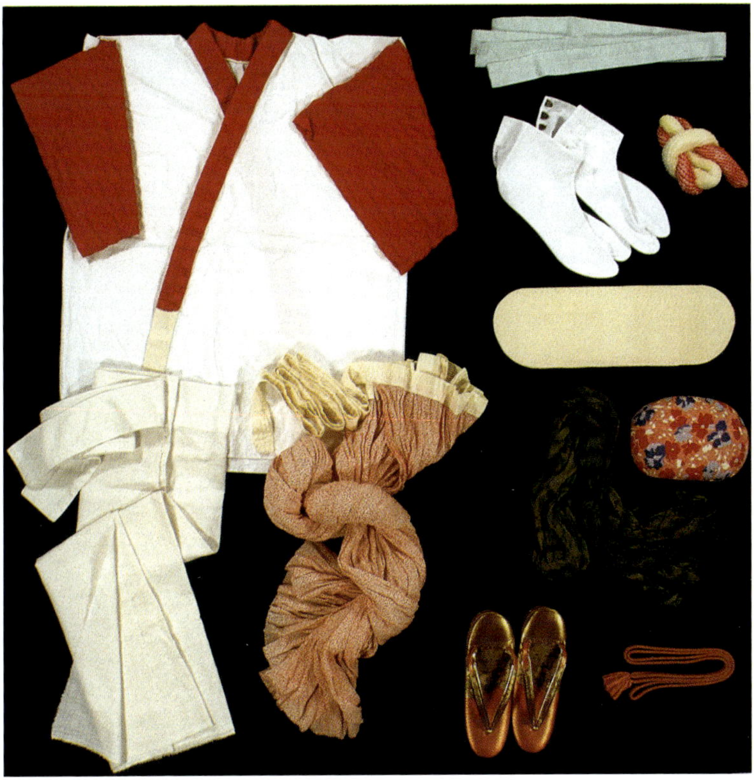

21 Kleidungsstücke einer Geisha: Wickeltücher um Brust und Hüften, lange Pumphose, die über dem Hüftwickeltuch getragen wird, ein *hadajuban* genanntes blusenähnliches Kleidungsstück mit Kragen, ein *nagajuban* genanntes Seidenunterkleid, verschiedene Bänder aus Seidencrêpe und Kordeln zur Befestigung von *obi* (Schärpe) oder anderen Kleidungsteilen. *Tabi* (Socken) aus Baumwolle oder Seide mit abgeteilter großer Zehe, und *zōri* (Sandalen) mit einem Riemchen zwischen dem großen Zeh und dem vierten Zeh.

22 Die 47-jährige Geisha Chiyogiku beim Interview in Tōkyō.

richtetes japanisches Restaurant denken, der Eingangsbereich mit ahornfarbigem Parkett ausgestattet, durch übermäßige Beleuchtung im künstlichen Tageslicht erhellt, die obligatorischen Regale mit den Fächern, in die wir unsere Straßenschuhe abstellten, um dann in die Hauspantoffeln zu schlüpfen, die vor der kleinen Stufe zum Empfangsraum bereitgelegt waren.

Nach dem Austausch der üblichen Höflichkeitsfloskeln und unserer Visitenkarten zur Begrüßung führte uns Keiko-san, wie sich die Geschäftsführerin im schlichten, schmalen Kimono in einer schiefergrauen Farbe und einer breiten auberginenfarbenen Schärpe mit goldenem Rautenmuster vorgestellt hatte, durch die Räume der Agentur. In den drei Etagen gab es unzählige kleinere Zimmer und drei größere Räume mit jeweils einer Bühne. Auf den Fluren huschten junge Frauen kichernd, grüßend und sich verneigend an uns vorbei. Die meisten von ihnen trugen einen leichten, mit blau-weißem Blumenmuster bedruckten Baumwollkimono, manche waren geschminkt, hatten die Haare mit einem Band umwickelt, andere hatten gitarrenähnliche Musikinstrumente in der Hand. Die jungen Frauen verschwanden in den Räumen, und Keiko-san erklärte uns, dass sie hier von den älteren Geishas in Musik, Fächertanz, Teezeremonie, Etikette, der richtigen Art, sich zu schminken, und der Kunst, einen Kimono anzuziehen, unterrichtet werden. Keiko-san war stolz auf das umfangreiche Ausbildungsprogramm ihrer Agentur, räumte jedoch ein, dass sich Geishas heute ihre Lehrerinnen oder Lehrer auch in so genannten Übungszentren wählen können, in denen sich oft die Verwaltung der Geisha-Vereinigung befindet, die sich um die Belange der Geisha-Welt, insbesondere der Betreiber der Geisha-Häuser und -Agenturen kümmert, eine Art japanische Geisha-Gewerkschaft. Der Unterricht in diesen Übungszentren ist nicht auf die Ausbildung von Geishas beschränkt, sondern steht auch anderen Interessierten offen, die sich in den traditionellen japanischen Künsten bilden wollen.

Den Wunsch, uns ausführlich mit einer Geisha in den Räumen der Agentur zu unterhalten, hatte Keiko-san geschickt abgelehnt.

Sie überreichte uns stattdessen die Telefonnummern von zwei Geishas mit dem Hinweis, wir sollten uns bitte selbst mit den beiden in Verbindung setzen. Keiko-san war jedoch bereit, uns an drei Tagen den Aufenthalt in einigen Zimmern während des Unterrichts zu gestatten, und rief eine ihrer Assistentinnen, Harumi-san, die uns an den verschiedenen Tagen begleiten sollte. Harumi-san, eine freundliche Mittvierzigerin, sprach etwas Englisch, es war ihr jedoch lieber, weiterhin Sachiko-sans Übersetzungsdienste in Anspruch nehmen zu dürfen.

DIE KUNST, EINEN KIMONO AUSZUWÄHLEN

Die erfolgreiche Geisha lebt von der Faszination ihres äußeren Erscheinungsbildes. Deshalb ist die Gestaltung ihrer Erscheinung der Mittelpunkt ihrer Ausbildung. Es sei wichtig für ihren Erfolg, erklärte zum Beispiel Keiko-san in Tōkyō, in der facettenreichen »Kimonosprache« bewandert zu sein. »Eine Kimonosprache? Wie ist das zu verstehen?«, ließ ich durch Sachiko-san fragen. »Eine Geisha muss lernen«, antwortete Keiko-san, »wie sie den jeweils richtigen, allen Regeln der Tradition entsprechenden Kimono erkennen und wie sie ihn mit Eleganz und Anmut, mit Selbstverständlichkeit und Selbstbewusstsein tragen kann.«

Im Verlauf ihrer Ausbildung lernt eine Geisha daher, mit der Kunstform Kimono umzugehen, die genauso komplex und festgelegt ist wie etwa die Regeln für die Teezeremonie. Hat die Geisha die Grundstrukturen dieser Kunst verinnerlicht, wird sie sich als Künstlerin entwickeln. Ihre Kunstfertigkeit wird an ihrer Fähigkeit gemessen, den richtigen Kimono auszuwählen und ihm durch die Art und Weise, wie sie ihn trägt, Leben zu verleihen, einen Blick in vergangene Jahrhunderte herbeizuzaubern und ihrer selbst gewählten Aufgabe als Hüterin der Tradition gerecht zu werden. Sie lernt, sich selbst als Kunstwerk zu gestalten, und beachtet dabei die Regeln der Tradition. Die reale Frau wird schließlich mit dem Kunstwerk verschmelzen. Sie erweckt beim (japanischen) Betrachter eine durch die Jahrhunderte unveränderte Empfänglichkeit für Schönheit, die neben sinnlichen Qualitäten auch auf moralische Aspekte hinweist. Die Schönheit einer Geisha gilt als rein und tugendhaft, was keinesfalls im Widerspruch zur Erotik und Sinnlichkeit steht, die sie ausstrahlt, denn ihre Erotik verletzt niemals den Rahmen der Schicklichkeit.

Im Kimono aus feinster, luxuriösester Seide, bestickt mit ausgesuchten Mustern in edlen Farben, das Gesicht makellos zum Oval geschminkt, bleich wie Elfenbein, mit schwarz umrandeten Augen, die Lippen als kleines blutrotes Herz bemalt, die kunstvolle Frisur traumhaft verziert, verkörpert die Geisha eine Ästhetik der Schönheit, die ähnliche Gefühle auslöst wie der Anblick eines fesselnden Kunstwerks. Das hatte ich der Literatur entnommen und den kenntnisreichen Erläuterungen Harumi-sans, die mich während meines Aufenthalts im Geisha-Haus (genauer gesagt, in der Geisha-Agentur) begleitet und mir vieles vermittelt hat, was mir die einschlägige Literatur vorenthalten hatte.

Während sich zum Beispiel die westliche Kultur am Konzept der Individualität orientiert – wer die »richtige« Kleidung wählt, kann seine Einzigartigkeit betonen, kann unverwechselbar, original sein, kann sich von allen anderen unterscheiden, vom allgemeinen Geschmack distanzieren, vom »Normalen« abheben –, geht es dem Künstler in den traditionellen Künsten Japans nicht darum, sich selbst auszudrücken, sondern darum, die richtige Form zu erlernen, *kata*, die richtige Art und Weise, wie man Dinge tut. Das Ziel ist Perfektion, die vollkommene Wiedergabe der Tradition – zum Beispiel der richtige Kimono, getragen in der richtigen Art und Weise, am richtigen Ort, der richtigen Jahreszeit und Tageszeit entsprechend, dem Anlass, Status und Alter angemessen.

Das Bemühen um die richtige Form zieht sich in Japan durch die gesamte Alltagskultur, es spielt bei der Zubereitung von Tee genauso eine Rolle wie im Kampfsport, bei der Gartenkunst oder in der Art und Weise, wie Geschenke verpackt werden. Vor allem aber auch im Umgang mit der traditionellen Kleidung.

Der Kimono gilt als japanische Nationaltracht und ist seit dem

8. Jahrhundert bis etwa zu Beginn des 20. Jahrhunderts das meistgetragene Kleidungsstück von Frauen und Männern in Japan gewesen, erzählte uns Harumi-san bei einer Schale grünen Tees, serviert von einer lächelnden jungen Geisha im Hauskimono, als wir uns in einem kleinen Raum zu einer kurzen Pause aufhielten. Bis ins 18. Jahrhundert hinein wurde er mit *kosode* bezeichnet und hat im Laufe der Jahrhunderte eine zahllose Vielfalt und feine Nuancen entwickelt.

Wie wir bereits wissen, war für die Entwicklung der vielfältigen Regeln, die mit der Auswahl und dem Tragen eines Kimonos verbunden sind, die Epoche des 18. Jahrhunderts besonders wichtig, als sich die städtische Lebensart als Gegenkultur zur Kultur der Adels- und Samuraiklasse innerhalb der feudalistischen Tokugawa-Regierung entfaltete.

Um die Extravaganz der zu Reichtum gekommenen Kaufleute einzudämmen und sie daran zu hindern, ihren Reichtum sichtbar auszuleben, verfügten die Behörden damals eine Reihe von so genannten »Luxus-Verboten«, bei deren Nichteinhaltung harte Bestrafungen vorgesehen waren. Derartige Vorschriften betrafen auch die Kleidung. Es wurde den Händlern – denen ein Kimono aus Baumwolle vorgeschrieben war – zum Beispiel bei Strafe untersagt, mit Goldfäden gewirkte, üppig verzierte oder prunkhaft bestickte Kimonos zu tragen. Auch hinsichtlich der Farben und der Stoffe, die für die Kleidung verwendet werden durften, gab es strenge Vorschriften, ebenso für die Verwendung von Familienwappen.

Das Führen eines Wappens war zwar kein Privileg der Samurai und des Adels – auch die Händler durften davon Gebrauch machen –, bestimmte Motive waren jedoch lediglich den edlen Familien vorbehalten. Die Daimyōs besaßen im Allgemeinen drei Wappen, die gewöhnlichen Samurai nur eines. Das Wappen der Tokugawa-Dynastie des Shōguns bestand aus drei Asarumblättern, deren Spitzen im Mittelpunkt zusammenstoßen. Die kaiserliche Familie führte seit jeher und bis heute zwei Wappen – die sechzehnblättrige Chrysantheme und die Blätter und Blüten der Paulownia.

Da ihrer neuen Lust an vornehmer, an den Standesherren orientierter Gewandung durch scharfe Verbote Einhalt geboten wurde, waren die neureichen Städter gezwungen, für ihre Kimonos nach anderen, neuen Farbkombinationen sowie nach bisher nicht verwendeten Mustern für die Stoffe zu suchen. Anstelle von Gold kamen kräftige, grelle Farben, es wurden »freie« ornamentale Muster und fantasievolle Schmuckformen geschaffen, und dazu neue Kombinationen für die Motive der Familienwappen.

Das Ergebnis dieses Prozesses war eine bunte Vielfalt von Kimonostilen mit jeweils eigener symbolischer und ästhetischer Bedeutung. Auch die Muster und Motive sind weder willkürlich noch rein dekorativ, sondern hintergründig und bedeutungsvoll. Aufgrund der Mannigfaltigkeit der Kimonostile entstand eine Art »sozialer Code« eines Kimonos, der kompliziert zu entschlüsseln ist. Wer seine »Sprache« versteht, wird vieles über die Person, die den Kimono trägt, erfahren können. Harumi-san wies darauf hin, dass dies nicht nur für eine Person, die in einem westlichen Kulturkreis aufgewachsen ist, äußerst schwierig oder vielmehr ganz unmöglich sei, sondern auch für viele Japaner heute, die sich nicht mehr wie selbstverständlich mit den alten Traditionen in ihrem Alltagsleben beschäftigen. Es sei daher eine wesentliche Aufgabe des Geisha-Berufs, die Kultur des alten Japan weiter zu pflegen.

WAS DER KIMONO ENTHÜLLT

Seit vielen Jahrhunderten bestimmt die konfuzianische Idee von der untergeordneten Stellung der Frau das Bild von Weiblichkeit in der japanischen Gesellschaft. Wenn die vornehmliche Aufgabe der Frau darin gesehen wird, einem Mann zu dienen, erscheint es sinnvoll, einen Kimono zu tragen, der erkennen lässt, ob eine Frau verheiratet oder noch zu haben ist. Darüber gibt die Ärmellänge eines Kimonos Auskunft.

Kimonos mit langen, schwingenden Ärmeln, deren Spitzen oft bis an die Knöchel reichen, werden nur von jungen Mädchen getragen, denn die langen Ärmel stehen für Unschuld und Reinheit. Dieser Kimono wird *furisode*-Kimono genannt. Auch eine Braut trägt ihn bei ihrer Hochzeit. Er ist dann der festlichste Kimono – ein Traum aus weißer oder roter Seide mit üppiger Stickerei – und der letzte *furisode*-Kimono im Leben einer Frau. Den Traum aus weißer Seide wird eine Geisha sich niemals erfüllen können, denn ihr Beruf verlangt streng, dass sie ledig bleibt. Dessen ungeachtet träumt wohl jede Geisha davon, eines Tages einem Mann zu begegnen, der ihr diesen Traum erfüllt. Dann kann sie freilich keine Geisha mehr sein. Sie muss ihren Beruf aufgeben und führt fortan das Leben einer verheirateten Frau.

Für die Geisha-Nachwuchsschülerin, in Kyōto Maiko genannt, ist der *furisode* auch die klassische Form des Kimonos, solange sie sich in Ausbildung befindet. Sie trägt die farbenfrohesten und prächtigsten Kimonos – und wird in ihrer spektakulären Aufmachung deshalb oft von Touristen um ein Erinnerungsfoto gebeten. Auch auf Ansichtskarten (von Kyōto) und Werbeplakaten sind die Maikos von Kyōto häufig das attraktivste Motiv.

Nach der Hochzeit trägt eine Japanerin fortan einen so genannten *tomesode*-Kimono, dessen Ärmel bis knapp unter die Hüfte reichen. Eine verheiratete Frau, das heißt, eine Frau mit sexueller Erfahrung, darf keinen Kimono mit langen Ärmeln tragen.

Zwar ist die ausgebildete Geisha auch unverheiratet, doch da sie traditionellerweise nicht mehr als Jungfrau gilt, unterliegt sie den Kleidervorschriften für eine erwachsene, verheiratete Frau.

Bis Mitte des 20. Jahrhunderts galt eine Geisha-Schülerin dann als erwachsen, wenn sie ihre erste sexuelle Erfahrung gemacht hatte. Die Entjungferung wurde durch einen angesehenen Kunden des Geisha-Hauses vorgenommen, der sich dieses Privileg nicht nur viel kosten ließ, sondern auch für eine komplett neue Garderobe von *tomesode*-Kimonos der jungen Geisha sorgte – diese Sitte gibt es heute nicht mehr. Heutzutage legt eine Geisha ihren *furisode*-Kimono ab, wenn sie Anfang zwanzig ist, ungeachtet dessen, ob sie Jungfrau ist oder nicht.

Das Alter der Frau ist bei der Auswahl eines Kimonos ebenfalls zu beachten. Im Allgemeinen gilt, je jünger die Frau, desto farbenprächtiger darf der Kimono ausfallen und desto auffallender und schmückender dürfen Haartracht und Accessoires sein. Auch die Ornamente am Saum der Festkimonos sind dem Alter der Trägerin angepasst: Je höher das Muster hinaufreicht, desto jünger ist die Frau, die es trägt.

Rudyard Kipling beschrieb in seinem Bericht »Reisebriefe aus Japan« die Frauen einer Familie, die er auf einem Ausflug gesehen hatte, so: »Großmutter war gekleidet in Dunkelblau, Mama in Blaugrau, die Mädchen hatten prächtige Gewänder aus fliederfarbenem, rehbraunem, primelgelbem Krepp mit Seidenschärpen in der Farbe von Apfelblüten und der Innenseite einer frisch geschnittenen Melone, das ältere Mädchen trug Altgold und Rostbraun ...«

Und Chamberlain bemerkte in seinen »Things Japanese« bereits, dass die japanischen Mädchen »nicht wie die unsrigen bis zum 17. oder 18. Jahr in einer Art von verpupptem Zustand (verbleiben) und dann prächtig ausschlüpfen«, sondern: »Die kleinsten Dingchen sind am herrlichsten gekleidet. Von da an nimmt die Pracht nach und nach ab bis herab zum Alter, das sich durch die strengste Einfachheit kennzeichnet.«

Dies trifft auch heute noch zu. Zum Beispiel kann man an jedem 15. November, dem Shichi-go-san(7-5-3)-Fest, die drei- und siebenjährigen Mädchen sowie die drei- und fünfjährigen Buben in ihren festlichen Kimonos bewundern. Die Kinder werden an diesem Tag zum Schrein gebracht, um von den Shintō-Göttern Segen, Gesundheit und Schutz vor Unglück zu erbitten. (Die Zahlen drei, fünf und sieben werden als Glückszahlen betrachtet.) Die Buben sehen in ihren schwarz gestreiften Festkimonos wie kleine Männer aus. Die Mädchen sind prinzessinnenhaft entzückend und allerliebst anzusehen mit ihren langärmeligen, farbenprächtig bestickten *furisode*-Kimonos und dem dekorativ geschmückten Haar.

Der Anlass, zu dem der Kimono getragen werden soll, ist ein weiteres wichtiges Kriterium für die Auswahl. Man muss grundsätzlich zwischen Kimonos für zwanglose Gelegenheiten und jenen für festliche Anlässe unterscheiden, erklärt Harumi-san und führt uns in einen Raum, in dem in großen breiten Kommoden (aus Paulownia-Holz, wie Harumi-san betonte) etwa dreißig unterschiedliche Kimonos aufbewahrt werden. Darunter drei Kimonos, die bei einer großen Festlichkeit getragen werden. Sie haben ein Wappen an fünf Stellen: auf dem Rücken unterhalb des Nackens, auf beiden Ärmeln und auf beiden Brustrevers. Wir erfahren, dass im Allgemeinen gewebte Kimonos zur Alltagskleidung gehören, während die gefärbten Stoffe für elegantere Kimonos verwendet werden.

Der festliche Kimono ist aus Seide und mit einem Familienwappen verziert, man nennt diesen Kimonotyp *hōmongi* (wörtlich: »die Kleidung, die für einen Besuch angemessen ist«). Auch der Festkimono mit den fünf Wappen (oder Familienabzeichen) gehört zum Typ *hōmongi*. Seidenkimonos ohne Familienwappen sind in der Kleiderhierarchie geringer bewertet als ein *hōmongi*.

Ein *ori*, ein »gewebter« Seiden-Kimono, bei dem der Faden vor der Verarbeitung gefärbt wurde, ist weniger kostbar als ein *some*, bei dem erst der fertige Stoff gefärbt wurde. Wird das Muster schon im Ballen gefärbt und hat eine klare Vorder- und Rückseite, deren Trennungslinie entlang der Schulter verläuft, spricht man von einem *tsukesage*-Kimono, bei dem sich die Motive hauptsächlich am Brustteil und am Saum befinden. Mit einem solchen Kimono ist eine Geisha immer richtig gekleidet, mit Ausnahme bei großen Feierlichkeiten, wie zum Beispiel auch Liza Crihfield Dalby, die sich in einem Buch näher mit japanischen Kimonos beschäftigt hat, berichtet.

Eine Stufe niedriger als der *tsukesage* rangiert der *komon*-Kimono, der ein durchgehendes, kleines Muster hat. Diese Art von Kimono kann durch den Kimonogürtel, den *obi*, auf- oder abgewertet werden. Ein *iromuji*-Kimono ist einfarbig und kann ebenfalls mit der Auswahl eines passenden *obi* dem Anlass angepasst werden. Harumi-san, meine Begleiterin im Geisha-Haus, trug an jenem Tag einen mauvefarbenen, mit einem dunkel gefärbten gitterartigen Muster bedruckten Kimono mit einem einfarbig dunkelroten *obi*. Als ich sie fragte, ob man ihren Kimono als *komon* bezeichnen könne, bejahte sie dies lachend. Sie hatte nicht erwartet, dass ich mich bereits gut informiert hatte.

Ein wichtiges Element in der Kimonosprache ist die »Terminologie der Jahreszeiten«, denn ein Kimono soll, wenn er getragen wird, auch eine erkennbare Beziehung zur aktuellen Jahreszeit haben, erklärt uns Harumi-san, so wie der Lebensrhythmus im traditionellen Japan sich in Abhängigkeit von der Natur und den Jahreszeiten vollzogen hat.

Gefütterte, also doppelschichtige Kimonos werden in der kühlen und kalten Jahreszeit – ab Oktober bis einschließlich Mai – getragen und *awase* genannt. Sie sind meistens aus Wolle oder schwerem Crepe de Chine und mit leichterem Crepe oder Seidenmousselin gefüttert. Sie zählen zu den teuersten Kimonos in Japan.

Die ungefütterten *hitoe*-Kimonos werden nur in den Monaten Mai und Juni getragen. Für die Sommerzeit von Juni bis September sind die leichteren *ro*-Kimonos die richtige Wahl, sowie Kimonos aus luftig gewebten Organzastoffen.

Neben der Stoffart sind auch die Muster und die Farben des Kimonos von Bedeutung.

Motive aus der Natur, wie etwa Blumen, Pflanzen, Vögel und Insekten können leicht den Jahreszeiten zugeordnet werden. Bei abstrakten Mustern, Gittern oder feinen Streifen, oder glückverheißenden Symbolen, wie zum Beispiel Fächern, Federn oder Meereswellen, wird auch der Anlass eine Rolle spielen, zu dem der Kimono getragen wird. Sind Kirschblüten, Farne oder Schierlingspflanzen im Muster, passt der Kimono zum Frühling. Kleine Forellen oder purpurfarbene Trichterwinden werden einen Kimono im Sommer schmücken, sind Ahornblätter zu sehen, darf er nur im Herbst getragen werden, Schneeflocken passen nur zum Winter.

Manche Motive können sogar nur in einem ganz bestimmten Monat getragen werden, wie zum Beispiel Kiefernzweige im Januar, Pflaumenblüten im Februar, Nachtigallen im (späten) März, Iris im Mai, Susuki (eine Art Schilf) im August, Chrysanthemen im (Anfang) November.

Farben symbolisieren ebenfalls eine bestimmte Jahreszeit. Jedem Monat ist eine bestimmte Farbkombination zugeordnet. Diese trägt oft den Namen von Pflanzen, die in diesem Monat blühen oder für diesen Monat typisch sind. Die Farbe für Januar ist zum Beispiel Blassgrün auf Purpurrot. Diese Kombination heißt »Kiefer«. Die Farbzusammenstellung für Oktober ist rosa und schieferblau und heißt »Kleebusch«.

Die Tatsache, dass es als überaus unschicklich gilt, im Mai bereits einen Sommerkimono zu tragen, selbst wenn Rekordhitze herrschen sollte, oder schon im September einen gefütterten *awase* anzuziehen, sollten die kühlen Abende bereits unangenehm geworden sein, oder einen mit Kirschblüten bestickten Kimono im Herbst, weist auch auf ein wichtiges Merkmal des japanischen Alltagslebens hin: Man lebt nach dem Kalender und nicht nach den tatsächlichen Temperaturen, und schon gar nicht nach eigenem Gutdünken.

Das heißt, in Japan gibt es eine durch den Kalender bestimmte Sicherheit für bestimmte Aspekte im Alltagsleben. Dies betrifft nicht nur die Auswahl der richtigen Kleidung, sondern ist auch eine verlässliche Orientierung bei der Frage, wie Haus und Hausrat für die entsprechenden Jahreszeiten zu gestalten sind. Vorhänge, Teppiche oder Teller, Tassen und Gläser werden im Winter und im Sommer anders sein. Das Material, die Motive und Farben sind je nach Jahreszeit verschieden.

Die Berufswelt der Geisha erfordert, erklärt Harumi-san, dass sie zu allen Engagements einen Kimono trägt. Die Gesellschaften, zu denen sie gerufen wird, sind zwar unterschiedlich formal, sie sind aber stets formelle Anlässe, zu denen sie ausschließlich Seidenkimonos trägt. Wie uns auch Keiko-san, die Geschäftsführerin der Geisha-Agentur, in einem Gespräch in ihrem schlichten Empfangsraum versicherte, würde eine Geisha niemals bei ihren Gästen in einem Kimono aus Wolle, Baumwolle oder Seidentaft (die zur Kategorie der Alltagskleidung gehören) erscheinen. Meistens trägt sie einen Seiden-Kimono im *hōmongi*-Stil. Zu einer kleinen Gesellschaft mit Stammgästen kann sie auch einen Kimono im *komon*-Stil tragen.

Zumeist besitzt sie eine reichliche Anzahl von kostbaren und prächtigen Festkimonos für besondere Gelegenheiten. Die hochoffizielle Berufskleidung der Geisha ist die schwarze Robe mit dem tiefen Rückenausschnitt, deren Saum auf dem Boden schleift. Die Länge der Schleppe ist wichtig für die Proportionen und erzeugt ein elegantes Erscheinungsbild. Diesen Kimono trägt sie jedoch selten. Meistens zieht sie einen modern geschnittenen, in gedeckten Farben gehaltenen, knöchellangen Kimono mit dreiviertellangen Ärmeln an. Der Schnitt ist nicht fließend, sondern röhrenförmig und wirkt etwas steif. Es ist vor allem dieser röhrenförmige Schnitt, der den typischen Gang einer Geisha erzwingt. Die ehemalige Geisha Mineko Iwasaki habe diese Art zu gehen sehr treffend beschrieben, sagt Keiko-san und zitiert: »Man hebt mit leicht gebeugten Knien die Zehen und trippelt wie eine Taube mit kleinen, lautlosen Schritten, damit sich die vordere Falte des Kimonos nicht öffnet und einen ungehörigen Blick auf einen Knöchel oder ein Bein gewährt. Die obere Hälfte des Körpers bleibt dabei unbewegt.«

DIE KUNST, EINEN KIMONO ANZUZIEHEN

Einen Kimono ohne Hilfe anzuziehen ist für die meisten Japanerinnen heute längst unmöglich. Die Regeln, die dazu notwendig sind, werden kaum noch tradiert. Es gibt spezielle Schulen, in denen man lernen kann, wie ein Kimono richtig angezogen wird. Dort werden so genannte Ankleider und Ankleiderinnen ausgebildet. Eine Geisha lernt diese Kunst im Verlauf ihrer Ausbildung durch die älteren Geishas, die sie »Schwestern« nennt, weil sich eine Geisha-Gemeinschaft als eine Art Familie versteht. Wenn sich die ausgebildete Geisha ankleidet, helfen ihr oft immer noch ihre älteren oder jüngeren »Schwestern« oder die in Ausbildung befindlichen Geisha-Schülerinnen. Manchmal lässt sie sich vor einem Engagement von einem professionellen Ankleider oder einer Ankleiderin helfen, die dann auch das Schminken und Schmücken der Geisha übernehmen und ihr mit der Frisur helfen.

Die Kenntnisse vom richtigen Ankleiden muss sie sich jedoch während ihrer Ausbildung aneignen. Harumi-san führte uns in einen mit *tatami (*Reisstrohmatten) ausgelegten Raum und holte aus einer Ecke zwei kleine Kissen, auf die wir uns setzten. Entlang der Wände mit weißen Strukturtapeten ohne Muster reihten sich breite Holzkommoden mit schmalen Schubladen. Auf den Kommoden stapelten sich längliche Kartons, auch in der Mitte des Raumes neben den drei jungen Mädchen, Geisha-Schülerinnen, zwei davon in ihren bunten Baumwoll-Hauskimonos. Eines der Mädchen, sie wurde von der älteren Geisha *nekko-chan* genannt, »kleine Katze«, hatte gerade den Hauskimono ausgezogen. Sie wurde unter Anleitung der Lehrmeisterin, einer kleinen, älteren Geisha mit sanfter Stimme, von ihren beiden Mitschülerinnen angekleidet.

Auf den nackten Körper wickelten sie zuerst um die Hüften und um die Brust zwei rechteckige Stoffbahnen aus gebleichter weißer Baumwolle. Das Tuch um die Brust soll die Linie des Kimonos abflachen und glätten. Über das Wickeltuch für die Hüften kam eine lange, weiße Pumphose. Diese sei notwendig, um die Schicklichkeit zu wahren, falls sich die vordere Falte des Kimonos öffnen sollte, erklärte die Lehrerin. Über das Tuch um die Brust folgte ein lockeres, blusenähnliches Kleidungsstück, *hadajuban* genannt, das stets den Linien des Kimonos folgen und einen Kragen haben muss. Darüber wurde ein langes Seiden-Unterkleid, das *nagajuban*, getragen. An dieses Unterkleid wird ein bestimmter Kragen, im Falle einer ausgebildeten Geisha ist dies meist ein weißer Brokatkragen, mit der Hand angenäht. Erst dann wurde der eigentliche Kimono, eine prächtige sandfarbene Seidenrobe mit einer bunt gestickten Landschaft mit Bergen, Brücken, Blumen und Vögeln verziert, über die Schultern gelegt und im Rücken ein Stück weit heruntergezogen, sodass ein verführerischer Einblick die Haut an den Schultern erkennen ließ.

Nun musste der Kimono tragfähig gemacht werden, denn er war viel zu lang (Kimonos gibt es nur in einer einzigen Größe) und voluminös für die zarte *nekko-chan.* Er musste gefaltet und in der richtigen Weise gewickelt werden, die linke Seite des Kimonos wird dabei über die rechte gelegt. Harumi-san erklärte, diese Reihenfolge sei äußerst wichtig und gelte auch für Männerkimonos. Andersherum gewickelt darf ein Kimono nur bei einem Toten angelegt werden, wenn er zur Beerdigung vorbereitet wird. Japanerinnen (und Japaner) haben damit keine Schwierigkeiten, diese Regeln sind für sie seit Kindesbeinen selbstverständlich. Damit der Kimono auch richtig sitzt, müssen manchmal ein paar Hilfsmittel verwendet werden, demonstrierte die Lehrerin. Zum Beispiel ein um die Taille gewickeltes Handtuch oder ein v-förmiges Kissen zur Vergrößerung der Oberweite, ein Korsett, mit dem der Busen eingeschnürt wird, ein Kissen, das die Wölbung der Wirbelsäule ausfüllt, sowie allerlei Klammern und Gummibänder, die verhindern sollen, dass der Kragen verrutscht und der Ausschnitt sich zu weit öffnet.

Die hübsche *nekko-chan* hatte die ideale Figur, sodass keines der Hilfsmittel angewendet werden musste.

Anschließend wurde der Kimono mit einer breiten Schärpe, dem *obi,* kunstvoll gebunden. Um die Mitte der Schärpe wurde noch ein Band aus Seidencrepe gewickelt, *obiage* genannt, das außen getragen wird und den *obi* zusätzlich befestigen soll.

Der *obi* gilt als wichtigstes Accessoire, damit der Kimono überhaupt als Kleidungsstück getragen werden kann. Kimonos wurden schon immer von einem Gürtel gehalten. Bei den aristokratischen Damen der Heian-Zeit (794–1185) mit ihren zwölflagigen Gewändern bestand er nur aus einer schmalen Kordel. Auch in den späteren Epochen blieb der *obi* noch relativ einfach, als die höfische Sitte, mehrere Kimonos übereinander zu tragen, längst verschwunden war. Als die Samurai das Land beherrschten, galten zwölf Lagen von Kimonos als Zeichen für die Verweichlichung der Aristokratie. Die Frauen der Samurai trugen nur höchstens bis zu drei Kimonos übereinander, die an der Hüfte von einer unauffälligen Schärpe zusammengehalten wurden. Die Breite des *obi* und die Art und Weise, wie er gebunden wurde, richtete sich nach der sozialen Stellung der betreffenden Person und nach dem Trend der Mode. Zeitgenössische Darstellungen aus dem 18. und 19. Jahrhundert zeigen, dass der vorne kunstvoll verknotete *obi*, an dem hochrangige Kurtisanen zu erkennen waren, recht dünn und geschmeidig war. Die kühlen Schönheiten auf den Farbholzschnitten von Utamaro mit ihren weichen, tief sitzenden Schärpen unterscheiden sich sehr von der Erscheinung einer Frau im Kimono heute. Elegante, fließende Kimonos sieht man jetzt nur noch an einer Geisha.

Anfang des 19. Jahrhunderts kamen schwere, steife Stoffe in Mode, wie zum Beispiel Brokat, und von da an wurden die *obi* immer dekorativer und raffinierter und waren schließlich ebenso wichtig wie der Kimono selbst. Und fast ebenso teuer.

Im ausgehenden 19. Jahrhundert wurden etwa dreißig bis zu fünfzig Zentimeter breite *obi* modern, die praktisch die ganze Taillenpartie mit festem Stoff umschnüren, so wie sie heute noch üblich sind.

Zuletzt wurde die Frage angesprochen, wie hoch der *obi* gebunden werden darf. Bei jungen Mädchen – Inbegriff jungfräulicher Reinheit – zum Beispiel sitzt die Schärpe sehr hoch. Dadurch wird verhindert, dass selbst ein leichter Ansatz von Busen erkennbar wäre. Eine »anständige« Hausfrau, sagt Harumi-san, bindet den *obi* unterhalb des Busens. Eine Geisha trägt den *obi* tiefer und lockerer, als eine Ehefrau dies jemals wagen würde. So wie auch die Kimonos der Geishas viel dekorativer und verzierter, mit auffälligen Mustern an Rock und Saum versehen sind. Eine Ehefrau hingegen legt einen Kimono mit dezentem Muster auf der Brust und der seitlichen Rockbahn an. Eine Geisha trägt den Kimono loser auf den Schultern, sie lässt am vorderen Ausschnitt einen breiteren weißen Streifen des Unterkimonos sehen, der Kragen ist im Nacken tiefer heruntergezogen, um den weiß geschminkten Rücken und einen erotischen kleinen W-förmigen Ausschnitt ungeschminkter Haut am Haaransatz sehen zu lassen. Die Geisha trägt den Kimono auch länger, sodass er am Boden eine Schleppe bildet und anmutig die Füße umspielt. Die Ehefrau faltet und bindet den Kimono so, dass er oberhalb des Knöchels endet und einen akkuraten Zylinder bildet, der sich an Gesäß und Busen so gut wie nicht wölbt. Eine Geisha hält ihren Kimono beim Laufen anmutig mit der linken Hand. Falls eine Ehefrau ihren Kimono anheben müsste, würde sie das mit der rechten Hand tun.

Wie bei jeder Sprache hat also auch die »Kimonosprache« ihre feste grammatikalische Struktur. Dazu gehört auch, dass die relativ knappen und kleinen Gesten der japanischen Körpersprache dem Kimono angepasst sind. Wer die Grammatik beherrscht, sich das Wissen um die Regeln angeeignet hat, kann seiner Sprache Ausdruck und Stil verleihen. Das ist die Absicht und die Kunst der Geisha, betont die zierliche Harumi-san und lächelt uns an.

Da zum Kimono nur eine sehr kleine, schmale Handtasche getragen werden darf – die zudem für eine Geisha in Ausübung ihres Berufes denkbar unpraktisch ist –, sind an der Innenseite der Kimonoärmel versteckte Taschen angebracht. Diese verborgenen Ärmeltaschen zeigt uns Harumi-san und erklärt, dass diese enorm nützlich seien, denn dort können viele Utensilien, die eine Frau so bei sich haben will, unsichtbar mitgeführt werden. Ich erinnere mich daran, wie Pierre Loti zum Beispiel beschrieb, was seine »Madame Chrysanthème« in den Ärmeltaschen ihres Kimonos alles verbarg: Das können Briefe sein, Notizen, geweihte Betperlen vom Schrein, ein feines seidenes Taschentuch mit von Hand gerollten Kanten zum Abtupfen möglicher Schweißperlen oder kleine viereckige Seidenpapiere, die man zum Abtrocknen einer Teetasse verwenden kann oder um den nassen Stiel einer Blume zu halten.

»Tragen Geishas heute noch Holzsandalen zum Kimono?«, wollte ich wissen. »Nein«, antwortete Harumi-san. Früher trug man zum Ausgehen Holzsandalen, *geta* genannt, mit Fußriemen aus Stoff oder Seide. Die *geta* mit den hohen Stegen waren ursprünglich dazu gedacht, dass man auch bei Regen durch Pfützen stelzen konnte. Die passende Fußbekleidung zum Kimono sind heute die *zōri* genannten Sandalen mit einem Riemchen zwischen dem großen Zeh und dem vierten Zeh daneben. Die *zōri* haben einen Keilabsatz. Sie können aus Leder, Stoff oder Kunststoff sein, wobei die Riemchen jeweils aus dem gleichen Material sind. Als Socken oder eine Art Hausschuhe werden *tabi* getragen. Sie sind aus Baumwolle oder Seide mit abgeteilter großer Zehe.

In der kalten Jahreszeit oder bei Regen ist es üblich, über den Kimono ein jackenähnliches Kleidungsstück anzuziehen, das *haori* genannt wird.

Wie Mineko Iwasaki in ihrer Biografie andeutet, begreift die Geisha ihren Kimono auch als Symbol einer Berufung und als »einmaliges Kunstwerk, bei dessen Schöpfung seine Besitzerin eine aktive Rolle gespielt hat«. Eine Geisha vergisst niemals die Besonderheiten ihrer kostbaren Kimonos. Das konnte auch Harumi-san bestätigen. Ja, sie würde sogar jeden mit einem eigenen Namen versehen.

Für die Geisha ist der Kimono Ausdruck dessen, dass sie ihr Leben als Kunstform lebt. Dafür ist sie bereit, Geld zu investieren. Für eine geeignete Grundausstattung – mindestens zehn Kimonos und die gleiche Anzahl von *obi* – wird sie heute wohl ohne weiteres bis zu einer Million Euro ausgeben müssen.

SCHMINKE UND PERÜCKEN

Als ich am zweiten Tag pünktlich zur vereinbarten Zeit um zehn Uhr mit der Übersetzerin in der Geisha-Agentur ankam, waren die Dienstmädchen gerade mit ihrer Arbeit fertig. Sie hatten den gesamten Eingangsbereich gründlich gewischt und ein frisches Blumenarrangement auf den Sockel neben der Tür gestellt. Harumi-san wollte uns sofort in ein Zimmer am Ende des Flurs bringen. Schon vor der Türe hörten wir Kichern und fröhliche Stimmen, und als Harumi-san die Türe zurückschob, schaute ich in drei ungeschminkte Gesichter, die mich aus dem wandbreiten Spiegel anblickten, und gleichzeitig sah ich die Hinterköpfe der fröhlichen jungen Frauen, die Haare waren mit Kämmen und

Bändern hochgesteckt. Es duftete nach Veilchen. Auf dem langen Tisch vor dem Spiegel türmten sich Tiegelchen und Töpfchen und jede Menge Schminkutensilien. Paste aus Nachtigallenkot oder weiße Schminke, die Zink enthält, wird heute nicht mehr verwendet, wie dies noch die Ahnfrauen der Geishas zu tun pflegten. Man sieht eher die Namen von teuren französischen und japanischen Kosmetikfirmen auf den runden, eckigen und hohen Gefäßen.

Bei ihren üblichen Engagements, einem Bankett oder einer kleinen Gesellschaft, legt die Geisha nur ein schlichtes Alltags-Make-up auf. Die weiße Schminke ist für eine besonders festliche Gelegenheit reserviert, eine Tanzvorführung vor ausgesuchtem Publikum zum Beispiel oder wenn ein berühmter Gast geehrt werden soll, eine Einladung, die die Regierung gibt oder bei der ein Mitglied des Kaiserhauses anwesend ist, wenn ein formeller Kimono getragen werden muss.

Wenn sich die Geisha für einen solchen Anlass schminkt, braucht sie viel Zeit, denn das Ergebnis muss makellos sein, sagt Harumi-san.

Wir sehen den Geishas im Schminkraum beim Üben zu. Zuerst betrachten sie ihr Gesicht in einem Vergrößerungsspiegel und prüfen, ob über der Oberlippe und am Kinn Barthärchen zu sehen sind. Diese werden abrasiert. Auch der Nacken wird ausrasiert. Die Haut muss vollkommen glatt sein. Dann werden das Gesicht, der Hals bis zum Ansatz des Busens und der Rücken bis unterhalb der Schulterblätter mit einer Art Pomade bestrichen, die als Grundierung dient. Diese wird mit weißer Schminke abgedeckt. Nur im Nacken werden drei senkrechte Streifen ausgespart, die einem W gleichen und als äußerst erotisch gelten. Dann werden Kinn, Nasenrücken und Dekolleté nachgeschminkt. Über der weißen Schminke werden die Augenbrauen als schwarze sanfte Bögen gestrichelt, auf die etwas Rouge getupft wird. Die Augen werden zuerst mit blassroter Schminke umrahmt und dann mit einem schwarzen Stift nachgezogen. Feiner, pfirsichfarbener Puder wird nun um die Augen herum und auf die Wangen getupft und anschließend mit einer großen, flauschigen Quaste noch einmal weiß überpudert. Schließlich werden die Lippen herzförmig umrandet und kirschrot ausgemalt.

Das Ergebnis war atemberaubend, fast ein wenig gespenstisch: fünf Maskengesichter ohne die ölige, glatte Frisur, die typischerweise das Bild des geschminkten Gesichts umrahmen soll, die schwarzen Haare in unordentlichen Bündeln auf dem Kopf drapiert.

Zur Auswahl einer Perücke ziehen die drei Geishas in ein Zimmer nebenan um. Dort stehen in offenen Regalen glänzend frisierte Perücken auf runden Holzständern. Der Glanz und die perfekte Anordnung eines jeden Härchens ist beeindruckend. Die Perücken, so höre ich von Harumi-san, müssen in regelmäßigen Abständen von einem Friseurmeister »gewartet« werden, ein kostspieliger Dienst, denn für eine Perücke wird etwa umgerechnet zweihundertfünfzig Euro berechnet.

Zum festlichen Make-up der Geishas gehört eine ebenso festliche *yakko-shimada*-Haartracht, eine elegant geschmückte Frisur, wie sie auch zum Beispiel anlässlich der Neujahrsfeierlichkeiten getragen wird (in die getrocknete Reisähren gesteckt werden, die Glück und Fruchtbarkeit bringen sollen). Sie kann mit Blüten der Jahreszeit, mit Glasperlen, Seidenblumen, Glöckchen und Fantasieschmuck verziert werden.

Früher, zu den Glanzzeiten der Geishas im 19. Jahrhundert, war die Haartracht einer Geisha so kunstvoll, dass sie abends nicht gelöst wurde. Als Kopfkissen diente ein rund ausgeschnittenes Brett, berichtet Harumi-san. Die Bequemlichkeit musste der Nützlichkeit geopfert werden, lacht Harumi-san, als ich skeptisch meine Augenbrauen hochziehe: Die schmückenden Kämme und Haarnadeln aus Schildpatt, Korallen und anderem wertvollen Material brauchten auf diese Weise nicht entfernt zu werden.

Heute gibt es diese Qual nicht mehr. Die aufwändigen Frisuren werden als Perücken hergestellt und ruhen des Nachts auf besonderen Holz- oder Kunststoffköpfen oder sorgsam verpackt in entsprechenden Schachteln. Für die Herstellung der Perücken wird heutzutage nur noch selten echtes japanisches Haar verwendet. Die meisten Perückenmacher nehmen importiertes Haar aus China zusammen mit Yak-Haar, um dem Ganzen Fülle zu geben.

Die Geisha trägt heute im Allgemeinen zu ihren Engagements eine schlichte, hochgesteckte Frisur. Ob es sich um eine Perücke handelt oder um ihr eigenes Haar, die glatten Haare werden stets schwarz glänzen, sagt Harumi-san. Es ist üblich, dass sich die älteren Geishas bis ins hohe Alter hinein die Haare schwarz färben.

WAS HAT DER KIMONO MIT TATAMI ZU TUN?

Heute ist der Kimono als Bekleidungsstück nicht nur wegen des hohen Preises ein Problem. Aus vielerlei Gründen gehört er in eine vergangene Zeit, zu einem langsameren Lebensstil, zu einer anderen Wohnkultur, zu einem Körper mit bestimmten Proportionen. Dies alles verschwindet im modernen Japan – außer in der besonderen Lebensweltnische, in der die Geisha zu Hause ist.

Man braucht viel Zeit, um einen Kimono anzuziehen. Die moderne Japanerin wie zum Beispiel Sachiko-san, die Vollzeit als Dolmetscherin und Übersetzerin arbeitet, hat diese Muße nicht mehr. Hinzu kommt, dass ein Kimono unbequem zu tragen und schwierig zu pflegen ist. Die feste Verschnürung mit dem breiten *obi* engt auch den Magen ein. Man kann nicht viel essen, ärgert sich über den umständlichen Aufwand beim Aufsuchen der Toilette und kommt nur mit engen, kleinen Trippelschritten vorwärts.

Heutzutage macht sich selten noch jemand die Mühe, einen kostbaren Kimono fachgerecht selbst zu waschen, das heißt, ihn in die einzelnen Teile aufzutrennen (sie sind mit der Hand genäht), um ihn dann nach dem Waschen wieder zusammenzunähen, nach vorgegebenen Regeln zusammenzufalten und in einer Schublade sorgfältig aufzubewahren. Es gibt natürlich Firmen, die sich auf die chemische Reinigung von Kimonos spezialisiert haben. Es ist sogar möglich, das kostbare Stück dort so lange aufbewahren zu lassen, bis der richtige Anlass kommt, den Kimono zu tragen.

Der Kimono entspricht einem weiblichen Schönheitsideal, das

bestimmte Körperteile wie zum Beispiel den Nacken und die Fußknöchel betonte und andere, wie die Taille, Beine und den Busen, außer Acht ließ. Er schmeichelt deshalb der Figur der Japanerin, wenn sie einen langen Oberkörper, kurze Beine und einen kleinen Busen hat. Dann erscheint sie im Kimono elegant und bezaubernd. Heute ändert sich jedoch das Schönheitsideal in Japan. Die figurbetonte, sportliche Frau ist gefragt, und die sieht im Kimono ein wenig linkisch aus.

Für das ganz normale Leben in einem modernen japanischen Haushalt ist ein Kimono auch deshalb unpraktisch geworden, weil sich viele Sitten geändert haben. Früher wurden die meisten alltäglichen Arbeiten im Knien auf dem *tatami*-Fußboden (mit Reisstrohmatten ausgelegter Fußboden) an niedrigen Tischen ausgeführt: Handarbeiten, Dinge ordnen, bügeln, Tee zubereiten, die Mahlzeiten einnehmen. In einigen Familien wird zwar nach wie vor zum Essen an einem niedrigen Tisch Platz genommen, aber im Allgemeinen gibt es in den japanischen Haushalten heute westliche Möbel, nur die Maße sind noch ein wenig kleiner, als sie für die Möbel in Europa üblich sind.

Die Etikette gebot der japanischen Hausfrau noch bis vor wenigen Jahren, einen hohen Gast (früher auch den Ehemann und heute noch die Schwiegereltern) kniend im Vorraum des Hauses zu begrüßen und zu verabschieden. Dabei sieht die Hausfrau in einem Kimono adrett und gefällig aus. Mit einem Kimono ist es auch kein Problem, auf dem Boden zu sitzen. Durch den *obi* bekommt der Rücken Halt, sodass der Kimono in dieser Haltung ein bequemes Sitzen ermöglicht.

Die typische japanische Familie ist heute vorzugsweise jedoch im westlichen Stil eingerichtet. Man sitzt also kaum noch auf Kissen auf dem weichen *tatami*-Boden. Ein Stuhl ist aber nur für westliche Kleidung praktisch. Eine Frau mit Kimono sieht auf einem Stuhl weder schön aus, noch wird sie bequem sitzen. Der Kimono zwingt sie, auf der äußersten Kante zu sitzen, und wirft trotzdem unschöne Falten. Die Gesamterscheinung des Kimonos leidet, sie kann nicht zur Geltung kommen. Der *obi* – im Rückenteil mit einer etwa dreißig mal dreißig Zentimeter großen Schleife gebunden und geschmackvoll auf die Farbe des Kimonos abgestimmt – wird auf einem Stuhl zerdrückt und den Blicken entzogen. Und der großzügige Rückenausschnitt, der als erotischer Blickfang gilt, wird seine Wirkung nicht entfalten.

Ausländer kaufen heute auf Flohmärkten, in Trödelläden und von privater Hand gern alte Kimonos. Von den Japanern werden sie belächelt. Was kann ein Fremder mit den Kimonos wohl anfangen? Sie selbst wissen, dass es zu viele Regeln gibt, die eine angemessene Verwendung eines alten Kimonos erschweren. Den Fremden allerdings sind diese Regeln unbekannt. Sie wählen nur nach ihrem eigenen Geschmack. Sie arbeiten den Kimono entweder um, in tragbare modische Jacken, in dekorative Tischwäsche, verarbeiten ihn zu Taschen, Gürteln und Kissen, oder sie hängen die schönsten Exemplare als fernöstliches Kunstwerk an die Wand und erfreuen sich daran.

Eine Geisha kann diese Freude verstehen.

Auch sie liebt ihren Kimono und schätzt die kunstvolle Art, wie Farben, Stoffe und Stickereien harmonieren, sie weiß, wie kostbar und ausgewogen jedes Detail ist. Früher gab es Kimono-Schneider, selten eine Schneiderin, die die kostbaren Gewänder für die Geisha nähten. Sie selbst konnte Ideen und Vorschläge einbringen. Heute werden die ehemals handgenähten und handgefärbten Kimonos und auch die gestickten Motive auf den Stoffen oft maschinell gefertigt, wenngleich Stil und Verzierung im Wesentlichen unverändert bleiben.

ETIKETTE

Wie Keiko-san betonte, nehme der Unterricht in japanischer Sprache und Etikette einen wesentlichen Teil der Ausbildung einer Geisha ein. In Japan gebe es unzählige Dialekte und Klangfärbungen der Sprache, die sich eine Geisha zugunsten einer extrem höflichen und melodienreichen Geisha-Sprache abtrainieren muss.

Die Art künstliches Hochjapanisch, das sie schließlich spricht, ist ein Zeichen und eine Garantie für ihre Bildung.

Desgleichen wird viel Wert gelegt auf gutes Benehmen, und ganz besonders auf das Wissen um die richtige Etikette auch in Lebensbereichen, die nicht unmittelbar zum Erfahrungsumkreis einer Geisha gehören.

Der Grund liegt darin, dass in Japan jede Situation einem gesellschaftlich festgelegten Interaktions- und Kommunikationsstil unterliegt. Und es ist das Ziel, dieses übliche und angemessene »Skript« vollkommen einzuhalten. »In diesem Sinne«, schreibt der (1962 verstorbene) deutsch-jüdische Schriftsteller und Gelehrte Kurt Singer in seiner Studie »Spiegel, Schwert und Edelstein«, »ist das Verhalten von Ehegatten untereinander ebenso stabilisiert wie die Modalitäten sprachlicher und gestischer Interaktion, unter denen sich eine Geisha und ein Liebhaber oder eine Dirne und ein Bordellbesucher begegnen.« Für das angemessene Verhalten habe besonders der weibliche Partner zu sorgen.

Stilvolles Benehmen wird den Geishas im Allgemeinen im Umgang mit den älteren Geishas beigebracht, erläutert Keiko-san bei unserem Gespräch in ihrer Geisha-Agentur. Es ist zum Beispiel tabu, sagt sie, vor den Gästen zu essen. Wenn ein Gast einer Geisha etwas einschenkt, darf sie es zwar annehmen, doch selbst um einen Schluck zu bitten oder zu zeigen, dass sie gern etwas trinken würde, gilt als unfein und ist verboten. Geishas dürfen auch keine Privatgespräche in Anwesenheit von Gästen führen. Von der Sekunde an, in der die Geisha eine Party betritt, gehört ihre Zeit den Gästen. Für den Gast wiederum ist es tabu, eine Geisha anzufassen oder gar zu küssen. Die Geishas lernen die Regeln, die sie in allen für ihren Beruf möglichen Situationen brauchen, um »Angemessenheit« zu bewahren, von der richtigen Begrüßung bis hin zum Verhalten bei einer Beerdigung.

Innerhalb eines vorgegebenen Verhaltensmusters treten keine Missverständnisse, Zweideutigkeiten und somit keine Peinlichkeiten auf. Jedes Wort, jede Geste wird selbstverständlich und sicher sein. Die Voraussetzung für das Funktionieren eines so weitgehend ritualisierten zwischenmenschlichen Verhaltens ist, dass alle beteiligten Individuen die Signale verstehen, von denen die Interaktion gesteuert wird, die Symbole kennen, mit deren Hilfe die Verständigung sich vollzieht. Die Wahrnehmungsfähigkeit der Japaner für solche Signale, und seien sie auch mit einem Minimum an Auffälligkeit übermittelt, sei unvergleichlich differenzierter, sagt Kurt Singer, wie ihr Sinn für die Beachtung von Details sinnlicher Art überhaupt stärker ausgeprägt sei als bei den meisten Europäern.

Vor diesem Hintergrund wird verständlich, weshalb es einem Besucher aus dem Westen verwehrt bleibt, eine Geisha direkt zu engagieren. Er ist auf den vermittelnden Dienst jener Personen angewiesen, die die Signale der japanischen Kultur verstehen und die gleichzeitig die Geisha vor einem eventuell übergreifenden Verhalten schützen, das von einer fremden Kultur geprägt ist.

Bei der Erhaltung dieser Sensibilität gegenüber Minimalwahrnehmungen spielen die traditionellen Kunstgattungen Japans eine wichtige Rolle. Wer sich zum Beispiel mit der Teezeremonie beschäftigt hat, sagt Kurt Singer, »wird nie wieder den Sinn für winzigste Ausdrucksnuancen von Arm- und Handbewegungen, von Kopf- und Körperhaltungen, für die Ausdrucksmöglichkeiten, die allein im Halten und Betrachten einer Teeschale liegen, verlieren«.

WENN DIE GEISHA TANZT

DIE STILLE EINVERLEIBUNG DES TANZES

Ein Glanzpunkt aller Gesellschaften, zu denen eine Geisha gerufen wird, besteht darin, dass die Geisha ihre klassische Aufgabe als kunstsinnige Unterhalterin erfüllt: nämlich, begleitet von Instrumentenspiel und Gesang, Geisha-Tänze darbietet. Es ist heutzutage allerdings selten, dass eine Geisha in allen drei Kunstgattungen gleich gut ausgebildet ist. Jede Geisha hat vielmehr ihr Spezialgebiet, das sie meisterhaft beherrscht.

In ihrer Biografie erinnert sich Mineko Iwasaki, eine berühmte Geisha der Nachkriegszeit in Japan, an ihre große Liebe zum Tanz. Sie hatte ihre künstlerische Ausbildung im Jahre 1953 in einem Geisha-Haus in Kyōto im Alter von fünf Jahren begonnen und fühlte sich von Anfang an in einer »anderen Welt«, wenn sie von ihrer strengen Meisterin im Tanzen unterrichtet wurde.

»Ich liebte den Tanz über alles«, bekennt sie, »er wurde meine Leidenschaft und Gegenstand meiner größten Hingabe… Ich wäre glücklich gewesen, ausschließlich zu tanzen.« Und: »Das Tanzen war ein gutes Ausdrucksmittel für meine Entschlossenheit und meinen Stolz…«

Frivole Tänze spielen für die Geisha von heute angeblich keine Rolle mehr, behauptet Keiko-san in Tōkyō. Sie gehörten vor allem in der bürgerlichen Epoche um die Wende zum 19. Jahrhundert zum umfangreichen Repertoire, das sich die Kurtisanen und Geishas selbst geschaffen hatten, die sich oft unverschleiert und vergnügt an das Milieu der *ukiyo*-Welt, jener lebensintensiven, flüchtigen Welt der vergnügungssüchtigen Städter anpassten, jedoch an der strengen Moral der Tokugawa-Behörden gescheitert sind.

Der Tanz »*kankan-odori*« zum Beispiel, der im 18. Jahrhundert, gegen Ende der Feudalzeit, bekannt war, wurde bald nach seiner Erfindung als »entartet« verboten, und zwar nicht wegen unsittlicher Entkleidung der Tänzerinnen oder unzüchtiger Gesten, sondern weil das Tanzlied als obszön beurteilt wurde. Das »unzüchtige« Lied und seine Interpretation durch einen gewissen *kojiro*, den Erklärer, lauten (Tamio Satow):

»*Kankan no*
Kyu no rensu
Kyu rensu
Kyu wa kyu rensu
Sanchonara e
Saiho
Niikan san
Inhii taitai
Yan a ro
Menkon fu hote
Sinkon san
Moemon to ha ii
Hi ho ho!«

»Schaut her! Schaut her!
Ich schmachte nach Liebe seit langer Zeit,
schmachte in Liebe seit langer Zeit,
schmachte in Liebe seit langer Zeit,
es ist der dritte Sohn, den ich liebe,
eines Stammesoberhauptes,
eines Offizieres zweiten Ranges,
einen Fingerring mehrmals
angeboten.
Ein hässliches Gesicht,
eine dunkle Haut,
einen großen Penis,
genügend für Cunnus.«

In einer Übersetzung lautet das Lied folgendermaßen:

»Schaut her! Schaut her!
Ich schmachte seit langer Zeit, ja seit langer Zeit
schmachte ich in Liebe
zu dem dritten Sohn eines sehr hohen Mannes.
Ich habe ihm meinen Fingerring mehrere Male
angeboten, weil ich ihn wirklich liebe.
Er ist wohl sozusagen kein hübscher Mann,
denn er hat ein hässliches Gesicht und eine dunkle
(dunkelblaue!) Haut.
Aber sein Penis (*moemon* ist ein Wort aus dem Dialekt
in der Gegend von Nagasaki)
ist sehr hübsch groß und passt gut
zu meinem Cunnus!«

Der *kojiro* beruft sich bei der Auslegung dieses Liedes auf ein Gedicht im sechzehnten Band des »Manyoshu«, der berühmtesten Gedichtanthologie des japanischen Altertums, in der über viertausend Gedichte vom 5. Jahrhundert bis zum Jahr 759 n.Chr. enthalten sind, das bei Tamio Satow/Hermann Ihm folgendermaßen übersetzt wird:

»Ich möchte gern wissen,
was sie eigentlich an diesem hässlichen
Menschen liebt!
Die Tochter des Sakato schwärmt aber für
solche Sonderbarkeiten;
und daher begreife ich,
dass sich ihre Liebe
auf den aufgerichteten Penis jenes hässlichen
Mannes richtet.
Aber es ist trotzdem grillenhaft,
sich mit einem solchen Schreckensbild zu verheiraten!«

In dem »*kankan-odori*«-Lied des 19. Jahrhunderts und dem Gedicht aus dem »Manyoshu« werden männliche Schönheitsideale angesprochen, die offensichtlich über die Jahrhunderte gleich geblieben sind: ein hübsches Gesicht, eine helle Haut und ein großer Penis. Diese Körpermerkmale stellen noch heute wichtige Kriterien für die Beurteilung eines »attraktiven« Mannes dar: Die japanischen Frauen finden Männer mit weichem und nach westlicher Ansicht weiblich wirkendem Gesicht hübsch. Zur männlichen (aber auch weiblichen) Schönheit gehört auch nach wie vor eine helle Haut.

Ist ein Mann nicht hübsch anzusehen, kann er diesen Mangel angeblich leicht verschmerzen, wenn sich sein Penis als Prachtstück erweist. Schon in der ausklingenden Heian-Zeit im 11. Jahrhundert soll es am kaiserlichen Hof Peniswettbewerbe, *yobutsu kurabe*, gegeben haben. Auf einer aus dem 19. Jahrhundert stammenden Kopie einer Malerei aus jener Zeit kann man eine Gruppe junger Männer mit erigiertem Penis sitzen sehen. Einige Männer besitzen ein Prachtexemplar, das ihnen bis unter das Kinn reicht, manch ein Penis ragt sogar über den Kopf seines Besitzers hinaus. Zwei eifrige Jurymitglieder messen genussvoll die Längen.

Gegen Ende der Edo-Zeit, etwa in den 1860ern, galt der *asaikawa*, der »seichte« oder der »flache Fluss«-Tanz, der eine gewisse Ähnlichkeit mit dem französischen Cancan aufweist, als besonders frivol, weil dabei die Beine der Tänzerin zur Schau gestellt wurden. Der Tanz bezieht sich auf die Art, wie eine Frau einen seichten Fluss durchquert: Sie watet durch das seichte Gewässer im stelzenden Gang. Dabei ist es nötig, den Rock hochzuheben.

Besonders attraktiv wurde der Tanz dadurch, dass er meistens von den Geisha-Lehrlingen ausgeführt wurde, von ganz jungen Mädchen also, die ihre Kimonos bis über die Knie hoben.

Den wenigen Besuchern aus dem Westen mussten derartige Tänze damals weniger frivol erschienen sein als einige Jahrzehnte später etwa der *chonkina*-Tanz, der Tanz der Schmetterlinge, durch den die legendäre Madame Butterfly berühmt geworden ist.

Die heutige Geisha beschränkt sich auf eine Ausbildung in der klassischen Tanzkunst, die sich an dem überlieferten höfischen Tanz und dem Tanztheater des Samurai-Adels orientiert.

Wie in allen Kunstgattungen, die während der bürgerlichen Epoche in Japan entstanden sind, haben sich auch für den Tanz bestimmte »Schulen« entwickelt und ihre Anhänger gefunden.

So gilt zum Beispiel die »Inoue-Schule« als beste Schule für traditionellen Tanz in Japan, als das Bolshoi der japanischen Geisha-Welt (Mineko Iwasaki). Sato Inoue, eine Hofdame und Tanzlehrerin am kaiserlichen Hof in Kyōto, hat sie um 1800 gegründet. Frau Sato lehrte Tänze, die beim höfischen Zeremoniell aufgeführt wurden.

In Keiko-sans Geisha-Haus in Tōkyō sind zwei Räume im dritten Stockwerk für den Tanzunterricht reserviert. Als wir leise die Tür zu einem dieser großen Zimmer aufschieben, bemerkt uns offensichtlich niemand. Es herrscht höchste Konzentration im Raum, die Tanzmeisterin arbeitet mit drei Geishas und gibt als »Vortänzerin« leise Anweisungen an ihre Schülerinnen. Auf dem Podium sitzt eine Geisha, die ihrem *shamisen* heitere Töne entlockt, die sich für meine Ohren eher dissonant, ein wenig nach Katzenmusik anhören. Die tanzenden Geishas, alle in grünen, klein gemusterten Kimonos mit orangefarbenem *obi*, halten einen Fächer in jeder Hand und bewegen sich anmutig zur Musik. Ihre *sensei* (Lehrerin) scheint ebenso entrückt in ihren Tanzbewegungen wie die jungen Schülerinnen.

Das Tanzen zu lernen ist kein Privileg der Geishas. Viele japanische Eltern, die sich an den Traditionen ihres Landes erfreuen, schicken ihre Töchter schon in jungen Jahren zum Tanzunterricht. Die kleinen Schülerinnen lernen als Erstes, so berichtet Mineko Iwasaki zum Beispiel, wie man den *maiōgi*, den Tanzfächer, hält. Ein Tanzfächer ist etwas größer als ein normaler Fächer, seine Bambusstangen sind ungefähr vierzig Zentimeter lang. Man trägt ihn links im *obi*, und zwar mit dem Griff nach unten. Die Anweisung ihrer Tanzmeisterin hat Mineko noch heute in Erinnerung: »Zieh deinen *maiōgi* mit der rechten Hand aus dem *obi* und leg ihn in deine linke Handfläche, als würdest du eine Reisschale halten.

Dann fährst du mit der Hand am Fächer entlang zum Griff und hältst das Ende mit der rechten Hand, wieder, als würdest du eine Reisschale halten. Den Fächer in der rechten Hand haltend, beugst du dich vor und legst ihn so vor deinen Knien auf den Boden. Dann verbeugst du dich mit vollkommen geradem Rücken und sagst: *onegaishimasu* (was hier sinngemäß bedeutet: Bitte erfüllen Sie meine demütige Bitte, unterrichtet zu werden).«

Das Ablegen des Tanzfächers zwischen der Schülerin und der Lehrerin ist ein ritueller Akt. Er dokumentiert, dass die Schülerin die Alltagswelt hinter sich lässt und sich der Welt der Meisterin vollkommen unterzuordnen bereit ist. Durch ihre tiefe Verbeugung erklärt die Schülerin ihre Bereitschaft, das Wissen der Meisterin aufzunehmen.

Das Wissen wird von der Meisterin auf die Schülerin übertragen. Das geschieht durch einen Vorgang, der *mane* genannt wird und bedeutet, dass die Schülerin die Bewegungen der Meisterin so lange wiederholt, bis sie ihr in Fleisch und Blut übergegangen sind. Erst wenn sie diese Bewegungen exakt nachmachen kann, hat sie die Meisterschaft der Lehrerin übernommen.

Zuerst wird also eine vollkommene Imitation der Form *(kata)* verlangt. Genauso wie dies beispielsweise auch von Schülern der traditionellen japanischen Kampfsportarten wie Karate oder Judo verlangt wird. Danach soll eine Identifikation mit den Bewegungen des Tanzes erfolgen. Mit anderen Worten, die Schülerin hat nach dem Erlernen der Form durch Imitation die Aufgabe, die Form zu füllen und sie geistig zu durchdringen. Sie muss sich die künstlerische Technik quasi »einverleiben«.

Die Lehrerin unterrichtet verbal nur die Form, das so genannte *kata*. Bei der »Einverleibung« der Kunst hört die verbale Kommunikation fast ganz auf. Weil die Lehrerin auch in dieser Phase stets zugegen ist und jede Bewegung der Schülerin konzentriert »mitgeht« und mitfühlt, kommt es der Schülerin vor, als würde ihr die Kunst weitergereicht, ohne dass sie sichtbar oder hörbar übermittelt wird.

Mineko Iwasaki sagt: »Die künstlerische Technik muss uns völlig in Fleisch und Blut übergegangen sein, wenn wir sie benutzen wollen, um das auszudrücken, was in unserem Herzen ist.« Und das erfordert viele Jahre mühevoller Übung.

Als Mineko Iwasaki im Alter von neunundzwanzig Jahren beschloss, ihre Karriere als Geisha zu beenden, bedeutete dies auch, dass sie künftig ihre Geisha-Tänze nicht mehr tanzen durfte.

So lauten die Regeln des Systems.

Am Morgen nach ihrer Ankündigung, vom Geisha-Leben Abschied zu nehmen, erschien sie diszipliniert wie immer zum letzten Tanzunterricht. Sie erwies damit ihrer Lehrerin Respekt. Bevor sie ging, verneigte sie sich zum Abschied im Flur und schritt ein letztes Mal durch die Türe der Inoue-Tanzschule. Ihr Leben in Kyōtos Geisha-Bezirk Gion Kobu war damit zu Ende.

DER TANZ IST DAS SPIEGELBILD DER SEELE

Vor meinem Besuch der Geisha-Agentur in Tōkyō hatte ich mich bereits mit den Grundsätzen des japanischen Tanzes vertraut gemacht.

Im Japanischen gibt es zwei Wörter für Tanz: *mai* und *odori.*

Mai ist die allgemeine Bezeichnung für die so genannten klassischen Tänze, die auch als »geheiligte Bewegung« gelten. Sie spielen sowohl in der japanischen Mythologie als auch bei den alten höfischen Zeremonien eine bedeutende Rolle, desgleichen – bis etwa gegen Ende des 16. Jahrhunderts – als Theater-Tanz der Samurai und Adligen, und sind auch heute noch eng verknüpft mit allem, was im Rahmen eines Shintō-Festes aufgeführt wird.

Im Allgemeinen werden drei Formen von *mai* unterschieden: *miko-mai,* die Tänze der *miko,* der Dienerinnen eines Shintō-Schreins, *bugaku,* die Tänze des Kaiserhofes, und *nō-mai,* die Tänze des *nō*-Dramas.

Mit *odori* sind die volkstümlicheren Tänze gemeint, wie zum Beispiel die *bon odori,* Volkstänze, die noch heute am *bon*-Fest zum Gedenken der Ahnen getanzt werden. Das Wort bezeichnet im

Wesentlichen jene volkstümlichen Tänze und *kabuki*-Tanzformen, die sich während der Edo-Zeit entwickelt haben.

Rudyard Kipling berichtete in seinem siebten Brief 1889 aus Japan mit Begeisterung vom Kirschblütentanz, den er in einer sternenklaren Frühlingsnacht in einem mit roten Laternen behangenen Theater in Kyōto erlebt hat:

»Sechzehn Maiden in den allersteifsten uralt-japanischen Gewändern, mit Fächern aus rosa Kirschblüten, kamen hintereinander von rechts auf die Bühne – die japanische Bühne hat zwei Seitenkulissen, die etwa sechs Fuß breit sind und sich über die ganze Länge des Hauses erstrecken. Weitere sechzehn Maiden mit Fächern aus weißen Knospen kamen von links, während ein Chor von zweiundzwanzig Mädchen, die an der rechten und linken Seite des Hauses saßen, die Musik dazu lieferte … Sie verformten ihre Gewänder zu zierlichen Gebilden; sie bewegten Hände und Fächer und Füße in vollkommenem, aber langsamstem Gleichtakt; sie stampften mit einem Fuß auf, diese zweiunddreißig, während die Chormädchen auf ihren Gitarren klimperten und schmerzlich bewegt durch die hübschen kleinen Nasen maunzten. Es hätte monoton sein sollen, aber es war anziehend und zumindest für eine Stunde sogar bezaubernd. Die Gruppen und die Posituren umgab eine zierliche Würde … (Rudyard Kipling)«

Die Maikos, die noch in Ausbildung befindlichen Geishas, zeigen ihr künstlerisches Können noch heute in den öffentlichen Schautänzen »*Kamogawa-odori*« und »*Miyako-odori*«, die aus den einstigen Abschlussprüfungen der Maiko hervorgegangen sind. Sie zählen zu den beliebtesten kulturellen Attraktionen von Kyōto. Die erste öffentliche Vorstellung fand im März 1872 in Kyōto statt. Die Öffentlichkeit bekam erstmals die Gelegenheit, den Geishas zuzuschauen, wenn sie ihre berühmten Tänze darboten. Bis dahin war der Charme der Geishas für diejenigen reserviert gewesen, die sich das leisten konnten. Diese Tänze hatten jedoch eine neue Dimension. Sie waren groß angelegt, nicht so intim, und es waren viele Geishas daran beteiligt. Bei den Aufführungen des Jahres 1872 gab es sieben Gruppen zu je zweiunddreißig Tänzerinnen, wie Rudyard Kipling sie auch Jahre später erlebt hat. Sie wurden begleitet von elf Sängerinnen, vier Handtrommlerinnen, zwei Flötistinnen, drei Musikerinnen an den kleinen Trommeln und den Gongs und einer an der großen Trommel, alles in allem dreihundertsiebzehn Mitwirkende (Lesley Downer).

Es gibt eine große Vielfalt an traditionellen Tänzen. Eine definitive Typisierung ist deshalb schwierig. Die meisten sind jedoch so genannte »eng-bewegte« Tänze, die mehr wegen ihrer Ästhetik bewundert werden als wegen ihres symbolischen Gehalts. Die Körperbewegungen selbst sind dabei auf ein Minimum reduziert. Die Bezeichnung *mai* wird mit dem Wort *mawaru* (drehen) in Verbindung gebracht: Die Tänzerin von *mai* führt überwiegend sehr ruhige, kreisende Bewegungen aus, bei denen ihre Füße stets dem Boden verhaftet bleiben. Ihre sparsamen Gesten kann man als Bewegungskonzentrate bezeichnen, die gleichermaßen abstrakte, pantomimische und metaphorisch-symbolische Elemente in sich vereinen.

Das Ziel der *mai*-Tänzerin ist es, seelische Vorgänge ins Gestische zu transformieren. Dies will sie durch eine subtil andeutende Körpersprache sichtbar machen, wie wir dies auch beobachten, wenn die Geisha tanzt.

Bei Veranstaltungen mit Geishas werden heute oft Tänze unter Begleitung von Musik und gelegentlich auch Gesang aufgeführt. *Jiuta-mai* heißen jene Tänze, denen so genannte *jiuta,* das heißt kurze lyrische Gesänge mit Begleitung des *shamisen* (zusätzlich auch der *kokyū*-Geige oder der *shakuhachi*-Bambusflöte), zugrunde liegen. Im Mittelpunkt dieser Gesänge, die nahezu alle im 18. und 19. Jahrhundert entstanden sind, stehen die Kurtisanen und die Geisha selbst. Die Texte bringen zumeist Gefühle von unerfüllter Liebe, Trennungsschmerz und Einsamkeit zum Ausdruck.

Vier *jiuta-mai*, die zu den repräsentativen Stücken zählen, sind zum Beispiel: *kosu no to* (Bambusvorhang), der zu den wenigen Ausnahmen gehört, in denen die erfüllte und bis in die Gegenwart glücklich fortwährende Liebe einer Geisha geschildert wird. *Kiku no tsuyu* (Tautropfen auf den Chrysanthemen) dagegen ist die wehmütige Klage einer Frau, die beim Anblick der blühenden Chrysanthemen im Garten an ihr vergangenes Glück und den Tod ihres Geliebten erinnert wird. *Zangetsu* (verblassender Mond) ist dem elegischen Andenken einer jung verstorbenen *jiuta*-Tänzerin gewidmet, während in *yuki* (Schnee), dem wohl bekanntesten *jiuta*, wiederum eine Geisha spricht, die sich mit Erinnerungen an ihren Geliebten quält, der sie einst verstieß. Enttäuscht entsagt sie dem weltlichen Leben, um auf dem buddhistischen Heilsweg Erlösung zu suchen.

EIN TANZ FÜR DIE SONNENGÖTTIN

Dem Besucher aus dem Westen wird es nicht leicht fallen, die ruhigen, in seinen Augen kaum variierenden Tanzdarbietungen der Geishas zu verstehen. Es fehlt ihm das Wissen um die Tradition.

Ein Vergleich mit europäischem Tanz, insbesondere dem klassischen Ballett, macht schon vom optischen Eindruck her die unterschiedlichen Welten deutlich: Während beim europäischen Ballett die Körper der Tanzenden kaum durch Kleider eingeengt werden, tanzen die Geishas (und andere klassische Tänzerinnen und Tänzer) in aufwändigen Kostümen. Klassischer japanischer Tanz wird mit *tabi*, Socken aus Baumwolle, getanzt und nicht mit besonderen Tanzschuhen. Anders als etwa beim Ballett sind die Bewegungen sehr langsam und konzentrieren sich auf die Beziehung zum Boden statt zum Himmel. Doch wie beim Ballett erfordern die ausgeführten Bewegungen hochtrainierte Muskeln und werden in festen Mustern *(kata)* gelehrt, die zusammen ein individuelles Stück ergeben.

Wie in anderen alten Kulturen ist auch in Japan der Tanz in der Religion verwurzelt. Im Shintō-Glauben ist es üblich, den Gottheiten nicht nur Gaben zu spenden, sondern sie auch mit Tanz, Gesang und Musik zu erfreuen.

Der *kagura*, »Göttervergnügen«, die Tanzdarbietung im Shintō-Ritual, gilt als die Urform der japanischen Tanzkunst.

Sein Ursprung wird aus einer Götterlegende abgeleitet: aus dem magischen Tanz, den die mythische Göttin Ame no Uzume vor der Felsenhöhle aufgeführt hat, in der sich die Sonnengöttin Amaterasu – erzürnt ob des ungehörigen Benehmens ihres Brudergottes – verbarrikadiert hielt und die Welt der mythischen Zeit in Finsternis und Unheil stürzte. Das »Kojiki«, die älteste Chronik Japans, berichtet, achthundert Myriaden Gottheiten hätten sich daraufhin versammelt und sich vielerlei überlegt, um die Sonnengöttin aus der Grotte zu locken, damit es wieder Tag werden sollte. Sie riefen und flehten, der Opfergott waltete seines Amtes und brachte Opfer dar, der Ritualgott hielt eine feierliche Ansprache – alles vergebens. Amaterasu grollte weiter. Schließlich schlug eine Gottheit vor, einen heiligen *sakaki*-Baum zu holen und ihn mit fünfhundert Juwelen, einem achteckigen Metallspiegel sowie einem heiligen Tuch zu behängen. Dann löste sich die Göttin Ame no Uzume aus der Götterrunde, begab sich auf den Platz vor der mit Felsbrocken verbarrikadierten Höhle und begann einen polternden, stampfenden Tanz auf einem umgestülpten Fass. In heiliger Ekstase entblößte sie ihre Brüste. Sie ächzte und stampfte, kein rhythmisches Gleichmaß lenkte ihren Tanz. Manchmal verharrte sie kurz in seltsamen Posen. Sie lockerte ihren Gürtel und ließ ihren Rock so weit herunterfallen, dass ihre Scham für alle sichtbar wurde. Diese Handlung wurde entweder als obszönes Tun oder als Posse aufgenommen, denn, so heißt es im »Kojiki«, die Myriaden von Göttern stimmten ein schallendes Gelächter an. Die schmollende Amaterasu, neugierig geworden, schob den Felsen, der den Eingang zur Höhle verschloss, etwas zur Seite und fragte, weshalb die Götter lachten und warum Ame no Uzume tanzte. Ame no Uzume antwortete, eine Gottheit wäre erschienen, die großartiger als sie, Amaterasu, sei. Daraufhin wurde Amaterasu noch neugieriger und trat noch etwas weiter aus der dunklen Grotte hervor. Blitzschnell hielt Uzume ihr den großen Spiegel vor, in dem Amaterasu sich selbst sah, sich aber nicht erkannte und glaubte, das Antlitz einer wunderschönen fremden Göttin zu erblicken, die ihre Konkurrentin sei. Diese Verwirrung nutzte einer der Götter aus, um die Hand von Amaterasu zu packen und sie ganz aus der Höhle herauszuziehen. Sogleich erstrahlten die Erde und die Himmelsgefilde wieder im Sonnenlicht und alles Unheil verschwand.

Ame no Uzumes Tanz war ein Akt zur Rettung des Himmels und der Erde. Ihre Aufführung war ein Beschwörungsritual. Oder könnte nicht die Entblößung des Körpers ein Opferritual gewesen sein? Gilt nicht in vielen Mythen die Entblößung von Brüsten und der Scham als heilige Handlung zur Vertreibung von Dämonen, als Magie, die eine Macht in Bewegung setzt?

(Die Maske der göttlichen Tänzerin Ame no Uzume kann man heute überall in Japan kaufen. Sie ist als *okame* bekannt. Mit ihrem paus- und rotbackigen, lachenden Gesicht gilt sie als unentbehrlich für jede heitere Tanzvorführung.)

Der *kagura* wurde im Altertum als ritueller Tanz von einer schamanistischen Priesterin an shintōistischen Schreinen aufgeführt. Er beeinflusste alle später entwickelten Shintō-Schrein-Tänze. Manche der *kagura*-Tänze gehören zu den »Vorahmungsritualen«, in denen der Mensch seine Wünsche an die Götter kundtut und ihnen durch den Tanz magisch die Erfüllung der erbetenen Zustände – Regen, Sonne und Fruchtbarkeit – darstellt (Thomas Immoos). In anderen Tänzen werden Erinnerungen an Mythen wachgerufen und auf diese Weise lebendig erhalten.

An den Hof des Kaisers gelangten im Verlauf des siebten und achten Jahrhunderts vorwiegend aus China und Korea auch andere Formen von Musik, die elegante, rein instrumentale *gagaku* (elegante Musik), sowie Tanzformen, die *bugaku*, so genannt, wenn zu *gagaku*-Musik getanzt wird. *Bugaku*-Tänzer tragen Masken und prunkvolle, farbenprächtige Kostüme. *Bugaku*-Tänze wurden auch zu Shintō-Festen an Schreinen und Klöstern aufgeführt und zusammen mit den regionalen *kagura* und buddhistischen zeremoniellen Tänzen aufgeführt. Auch heute noch treten im Rahmen des volkstümlichen Erntedankfestes, das im November an den Shintō-Schreinen des Landes zelebriert wird, junge Mädchen auf, die – in kostbare Kimonos gekleidet und geschmückt wie Kultprinzessinnen – im Mittelpunkt der religiösen Zeremonien stehen, weil sie Tänze aufführen. Die jungen Tänzerinnen sind im Allgemeinen als *miko*, Schreinjungfrauen, angestellt, und werden in den verschiedenen religiösen Tanzformen gewissenhaft ausgebildet.

THEATERTÄNZE

Aus den höfischen Tänzen und den einfachen religiösen Tanzformen des *kagura* hat sich im frühen japanischen Mittelalter die Drama-Version des *nō* entwickelt. Dass aus den bescheidenen Vorformen das raffinierte Gesamtkunstwerk *nō* entstehen konnte, bei dem Schauspiel, Tanz, dramatische Dichtung und Poesie, Gesang und Instrumentalspiel in vollkommener Synthese zusammenwirken, ist dem Theatergenie Zeami, der von 1363 bis etwa 1443 gelebt hat, zu verdanken. Als der Shōgun Ashikaga Yoshimitsu während seiner Regierungszeit von 1368 bis 1384 zum besonderen Gönner des *nō* und Zeami sein »Schützling« wurde, bekam *nō* allmählich den Charakter einer zeremoniellen Kunstform der Samurai-Gesellschaft. Viele *nō*-Stücke gelten den Kämpfen und der Gefühlswelt der Samurai während der Bürgerkriege.

Frauenrollen gab es zwar auch, sie wurden jedoch von Männern dargestellt, denn auf der *nō*-Bühne war Frauen der Zugang verboten, weder als Schauspielerinnen noch als Musikerinnen spielten sie eine Rolle. Dies beruhte wohl vor allem auf der Forderung nach Unterordnung der Frau, schließlich war der Neokonfuzianismus die ideologische Basis der japanischen Kriegergesellschaft.

Nō ist bis heute reines Männertheater und bis zum Ende des 19. Jahrhunderts, bis zum Niedergang des Feudalismus also, eine Kunstform für die Angehörigen der Oberschicht geblieben. Erst mit dem Beginn der Meiji-Zeit, als Japan nicht mehr vom Shōgun, sondern wieder vom Kaiser regiert wurde, ist *nō* auch einer breiteren Öffentlichkeit zugänglich geworden.

Als die Shōgune des Tokugawa-Clans eine straffe Ordnung der Gesellschaft, eine politische Einigung und damit einen stabilen

Frieden schaffen konnten, begann im 17. Jahrhundert das städtische Bürgertum – der zu wirtschaftlicher Macht gelangte Stand der Kaufleute und Handwerker in den großen Metropolen Kyōto, Edo und Ōsaka –, sich »bürgernahe« Vergnügungen und eine Art »Volkskultur« zu schaffen. So entstanden neben der *ukiyo-e*-Holzschnittkunst und dem *haiku*-Kurzgedicht eigene künstlerische Ausdrucksformen auf der Bühne, wie das *bunraku*-Puppentheater und das Schauspieler-Theater *kabuki*.

Insbesondere *kabuki*, noch heute die populärste Spielform unter den traditionellen Bühnenkünsten Japans, ist untrennbar verknüpft mit der Kultur des städtischen Bürgertums der Edo-Zeit. Die Entwicklung seiner bürgernahen Form mit bombastischen Kostümen und fantastischen Frisuren und ebenso auffallenden Schminkmasken hatte gegen Ende des 17. Jahrhunderts begonnen. Seit dieser Zeit treten im *kabuki* – wie beim älteren *nō*-Spiel schon seit seinem Bestehen – ausschließlich männliche Darsteller auf, die auch die Frauenrollen übernehmen.

In den traditionellen Tänzen der Geishas tauchen Elemente auf, die sowohl an die Tanzkunst des *kagura* erinnern als auch an die klassischen Formen des Tanztheaters. Die Tanzmusik wird auf Instrumenten gespielt, die ebenfalls eine lange Tradition haben.

SHAMISEN, KOTO UND BIWA

Bei meinem Besuch in der Geisha-Agentur in Tōkyō ist ein Tag für die Information über die Musikausbildung der jungen Geishas reserviert. Harumi-san, die mich stets in ihrer bescheidenen Art über Einzelheiten der Geisha-Ausbildung informiert, weiß viel über das dreisaitige Lauteninstrument *shamisen*, eines der traditionsreichsten Instrumente Japans, zu erzählen. Keiko-san, die Geschäftsführerin der Agentur, hat mich auf den vom *shamisen*-Spiel etwas schwielig gewordenen kleinen Finger hingewiesen und sagt, Harumi-san sei eine der besten *shamisen*-Spielerinnen Tōkyōs und sehr gefragt, besonders bei Gesellschaften mit ausländischen Gästen.

Das Instrument wird heute fast nur noch von den klassischen Geishas beherrscht, wie dies auch für weitere traditionelle Instrumente wie die *biwa*-Laute oder die *koto*-Zither zutrifft. Auch mit Trommeln und Flöten lernen Geishas umzugehen. Die musikalischen Darbietungen der Geishas spielen heute nicht nur als Begleitung bei den Tanzvorführungen eine wichtige Rolle, oft gehören auch rein instrumentale Aufführungen zum Programm. Da diese traditionellen Instrumente der normalen japanischen Bevölkerung kaum noch bekannt sind, stellt ein kleines *shamisen*- oder *biwa*-Konzert von einer Geisha während eines Banketts oder einer intimen Abendgesellschaft einen besonderen Höhepunkt dar.

Das *shamisen* stammt aus China und war im 16. Jahrhundert über die Ryūkū-Inseln (Okinawa) nach Japan gelangt. Es hatte eine Resonanzdecke aus Schlangenhaut und wurde mit einem Fingerplektrum in Form einer großen Klaue angeschlagen. In Japan, wo es keine Pythonschlangen gibt, benutzte man Katzenhaut als Resonanzdecke. Das Plektron wurde jenem der *biwa*-Laute angeglichen, denn die *biwa*-Spieler waren die Ersten, die mit dem neuen Instrument zu spielen lernten.

Anstelle der vier- oder fünfsaitigen traditionellen *biwa*-Laute wurde bald das modische *shamisen* als zentrales Begleitinstrument in den verschiedenen Theatergattungen verwendet. Es wurde ebenso ein Instrument für Volksmusik wie für anspruchsvolle Theater- und Kammermusik. Bis ins frühe 20. Jahrhundert haftete dem *shamisen* allerdings in der seriösen Musikwelt ein sozialer Makel an: Es gehörte in die Welt der Vergnügungsviertel. Man betrachtete es als das Instrument der Geisha, die dem näselnden Saitenklang eine erotische Färbung zu entlocken verstand.

Im Musikzimmer, in das uns Harumi-san führt, sitzen drei Geishas aufrecht auf weichen Reisstrohmatten in ihren hellen Kimonos einer älteren Geisha, der *shamisen-sensei*, der Meisterin, gegenüber. Alle vier balancieren das *shamisen* auf dem rechten Oberschenkel. Der rechteckige Klangkörper wird nur mit dem rechten Unterarm aufs Bein gedrückt, während die rechte Hand das hölzerne Plektron bewegt. Die *sensei* spielt vor und erinnert daran, dass die Saiten mit dem hölzernen Plektron eher geschlagen als gezupft werden.

Ein anderes wichtiges Instrument, das die Geisha auch heute zu spielen lernt, ist die dreizehnsaitige Wölbbrettzither *koto*. In der höfischen Zeit des Altertums galt es als das edelste aller Instrumente. Wenn im *gagaku*-Ensemble der Kaiser mitwirkte, spielte er die *koto*. Ende des 16. Jahrhunderts begann ein Priester in Kyūshū, es als Begleitinstrument für den vokalen Vortrag von Gedichtzyklen zu benutzen (wozu vorher hauptsächlich die *biwa*-Laute verwendet worden war). Dieser neue Stil fand unter Adel und Klerus großen Anklang. Doch erst, als der blinde *shamisen*-Virtuose Yatsuhashi (1614–1685) Ende des 17. Jahrhunderts sich ebenfalls an diesem Instrument interessiert zeigte, entstand der neue *koto*-Stil, aus dem sich alle späteren Varianten entwickelten.

Auch Yatsuhashi konzentrierte sich zwar noch auf die Vertonung alter Gedichtzyklen, doch im späteren 17. Jahrhundert galten diese Kompositionen schon als antiquiert. Dagegen gewann das historisch relativ unbelastete *shamisen* zunehmend an Popularität. Die Musiker – und ebenso die versierten Musikerinnen in den städtischen Vergnügungsvierteln, die edlen Kurtisanen und bald auch die jungen Geishas – begannen, immer mehr Freude am instrumentalen Duettspiel mit *shamisen* und *koto* zu entwickeln.

Gegen Ende des 18. Jahrhunderts wurden dann diese beiden Instrumente noch mit einem dritten kombiniert; man nannte diese Form »Musik für drei« *(sankyoku)*. Das dritte Instrument konnte entweder ein Streichinstrument sein, *kokyū* genannt, oder eine *shakuhachi*, eine Bambus-Längsflöte. Die *shakuhachi* war ebenso wie die *koto* ein traditionelles Instrument, das bereits im 7. Jahrhundert aus China nach Japan gekommen war und zum Instrumentarium des Hoforchesters *gagaku* avancierte. Bald geriet es jedoch in Vergessenheit und tauchte erst wieder im 15. Jahrhundert bei den Bettelmönchen auf, die in lose organisierten Gruppen *shakuhachi* spielend durch das Land zogen.

Als in der Meiji-Zeit westliche Musik nach Japan gelangte, büßte die *koto* ihre Beliebtheit in der seriösen Musikwelt kaum ein, da es immer noch – anders als das *shamisen* – mit edler Herkunft und Anständigkeit in Verbindung gebracht wurde. Auch für ein anderes traditionelles Instrument, die *biwa,* bedeuteten die tiefgreifenden Neuerungen gesellschaftlicher und kultureller Art in der Meiji-Zeit vorerst keine Gefahr. Im Gegenteil, die *biwa* erlebte mit verschiedenen Typen in den 1920er und 1930er Jahren geradezu einen Höhepunkt auf den Theaterbühnen.

In den legalen und illegalen Vergnügungsvierteln der großen Städte war jedoch das *shamisen* bald zum beliebtesten Begleitinstrument für die Tänze und Gesänge der Unterhaltungskünstlerinnen unter den Freudenmädchen geworden. Als im 18. Jahrhundert die Kurtisanen das *shamisen*-Spiel verlernten, das aber weiter in Mode und überaus beliebt war, schlug die Stunde der Geishas. Und ihre Meisterschaft darin wird heute noch gerühmt.

TEE MIT EINER GEISHA

Es gehört zu den unvergesslichen Erlebnissen eines jeden Besuchers aus dem Westen, an der ungekürzten Form der Teezeremonie teilnehmen zu dürfen. Alles, was ihm seine eigene Kultur über Tee und die Art und Weise, wie Tee zu trinken sei, vermittelt hat, wird ihm zum Verstehen des Rituals nicht weiterhelfen. Die Kunstform des Tee-Zelebrierens schließt weit mehr als die bloße Zubereitung und den Genuss von Tee ein. Die Gäste sollen auch die Zeit damit verbringen, sich an der Umgebung zu erbauen, in die das Ritual gleichsam eingebettet ist: Der schlichte Raum, die erlesene Keramik, die edle Kalligraphie, das stilvolle Blumenarrangement, der Blick in den Garten sind dazu bestimmt, alle Sinne zu erfreuen.

Natürlich fehlen dem fremden Gast zumeist die Einsichten in die japanische Art, Kunst zu begreifen. Niemand in Japan erwartet sein Verständnis, freut sich jedoch an seiner Freude, dem Lob und seinem Erstaunen über die ihm fremdartige Kultur.

Um an einer Teezeremonie teilzunehmen, braucht der westliche Gast im Wesentlichen nur eine Voraussetzung zu erfüllen: Er muss sich Zeit nehmen, denn die traditionelle Teezeremonie wird etwa fünf Stunden dauern. Keiko-san hatte mich und Sachiko-san freundlicherweise für den dritten Tag unseres Aufenthalts in der Geisha-Agentur zu einer vollständigen Teezeremonie eingeladen. Ich war ziemlich aufgeregt, ob ich denn diese fünf Stunden überhaupt ruhig und gefasst durchhalten könnte.

Die erhabene Ruhe und Stille des Rituals wurde durch nichts gestört. Selbst das leise Rascheln des Kimonos und die sanften, schlurfenden Geräusche der *tabi* (weiße Leinensocken) der Geisha auf dem *tatami*-Boden, die zu vernehmen waren, wenn sich die Teemeisterin im festlichen, der Jahreszeit angemessenen Kimono im Raum bewegte, trugen zur meditativen Stimmung bei. Das Summen des Eisenkessels, in dem über glühenden Holzkohlen das Wasser erhitzt wurde, erinnerte an fernes Meeresrauschen, an den Wind, der durch die Kiefern streicht, oder auch an den Sommerregen, der auf die schmalen Blätter eines Bambuswäldchens fällt.

Beruhigend wirkte auch die Art, wie das feine Teepulver mit einem schmalen Bambuslöffel in die raue, irdene Teeschale gegeben, mit wenig heißem Wasser und einem kleinen Bambusbesen zu einem dickflüssigen, grünen Sud gerührt oder aufgeschäumt und mit einer bestimmten Handbewegung und Drehung der wertvollen Teeschale, die stets ein unikates Kunstwerk ist, wie mir Keiko-san schon berichtet hatte, dem Gast gereicht wurde, der nun mit diesem »Schaum von flüssiger Jade«, wie der geschlagene grüne Tee gern genannt wird, seine Seele stärken sollte.

Der Raum, in dem das Teeritual zelebriert wurde, besaß nichts, was das Auge ablenken konnte. Schlicht und formvollendet wie die eigentliche Zermonie war auch die Umgebung, in der sie stattfand. Eine einzige Bildrolle – ein kurzes Gedicht in kunstvoller Kalligraphie gepinselt – in der *tokonoma* genannten traditionellen Nische, eine einfache Blüte in einer Bambusvase, eine Rose in voller Blüte, der Jahreszeit und der Tagesstunde angemessen.

Jede Farbe und jede Form im Raum darf es nur einmal geben, lautet die Regel. Ist der Kessel rund, muss das Wassergefäß eckig sein. Ist die Teeschale rot glasiert, wird die kostbare Teedose nicht ebenfalls rot sein. Nicht einmal ein weißer Pflaumenzweig ist erlaubt, wenn das Weiß sich im Schnee des Gartens wiederholt. An ganz besonderen Tagen, zur Zeit der Kirschblüte etwa oder bei Vollmond, wird der Tee auch im Garten, in der Natur, zelebriert, am späten Nachmittag oder bei Anbruch der Dunkelheit, die sich plötzlich und schnell einstellt, sobald die Sonne untergegangen ist. Nur der Mond erhellt dann die Nacht, ein vereinzelter Vogelruf durchbricht die Stille, und selbst die Geräusche einer Großstadt tauchen ins Unbewusste ab, um die Seele zur Ruhe kommen zu lassen.

Die meditative Atmosphäre der Teezeremonie ließ mich die

Zeit vergessen. Die Philosophie und der Sinn der Teezeremonie sind darauf gerichtet, zu echter Entspannung zu finden. Dies soll durch die Konzentration auf alltägliche, selbstverständliche Verrichtungen mit ebenso schönen wie einfachen Utensilien gelingen. Die Geisha als Teemeisterin und ihre Gäste sind mit allen Sinnen bei der Sache. Dass viele Stunden vergangen sind, bis ich die erlesene Teeschale ehrfürchtig mit beiden Händen halten und die anregende, leicht bittere »flüssige Jade« mit dreieinhalb Schlucken – wie vorgeschrieben – genießen durfte, verlor an Bedeutung.

Eine Geisha wird viele Jahre in der Kunst der Teezeremonie ausgebildet. Für sie gehören die geistigen und praktischen Übungen, die zur perfekten Beherrschung des Rituals notwendig sind, auch nach der jahrelangen Grundausbildung zum täglichen Übungsprogramm. Zur Tee-*sensei,* Teemeisterin, die die wahre Könnerschaft erlangt hat, wird sie, wenn sie bis zu dreizehn Rangstufen durchlaufen hat. Erst dann wird sie dem strengen Formenkult, der jede noch so kleine Bewegung genauestens vorschreibt, die ungezwungen selbstverständliche Natürlichkeit geben können. Nur wer nicht mehr von der Form beherrscht wird, sondern diese selbst beherrscht, wird zum Meister des Tees, bemerkt Keiko-san.

Daher ist nicht jede Japanerin, die die Geheimnisse einer Teezeremonie kennt, auch Teemeisterin. Eine junge Japanerin wird jedoch vor ihrer Heirat in den Grundzügen der Teezeremonie unterwiesen worden sein, um im Kreise der Familie bei festlichen Anlässen Tee zelebrieren zu können. Sie lernt üblicherweise die Kurzform der Teezeremonie, die *chakai* genannt wird und etwa zwanzig Minuten bis eine Stunde dauert. Den entsprechenden Unterricht geben spezielle »Teeschulen«, die von einer Teemeisterin (oder einem Teemeister) geführt werden. Außerdem bieten auch Universitäten, auf deren Lehrplan Seminare in japanischer Kultur und Lebensart stehen, Unterweisungen im Abhalten einer Teezeremonie an. Für Mädchen gibt es die so genannten Kurz-Universitäten, an denen sie in zwei Jahren hauptsächlich in japanischer Lebensart unterrichtet werden. Dort werden neben Haushaltsführung, Kochen, Säuglingspflege auch die traditionellen

Künste wie *Ikebana* (das Arrangieren von Blumen), Kimonokunde und die Teezeremonie gelehrt insbesondere für jene jungen Frauen, denen Bildung eher als Mitgift denn als Basis für eine berufliche Karriere dient.

Die Kurzform der Teezeremonie wird oft bei halb offiziellen Anlässen – einem Bankett etwa oder nach einem festlichen Mahl – dargeboten. Japanische Kulturzentren überall auf der Welt bieten immer wieder als Attraktion für Interessierte einen Einblick in die Kunst der Teezeremonie an.

Die Form von Teezeremonie, die heute befolgt wird, wurde vom Teemeister Sen no Rikyū bereits in der zweiten Hälfte des 16. Jahrhunderts genauestens festgelegt. Seine Lehre verbindet die Verehrung von erlesenen Kunstgegenständen mit den Prinzipien der Einfachheit und der disziplinierten Beachtung komplizierter Regeln der Etikette.

Sen no Rikyū galt als Freund des Shōgun Hideyoshi (1574–1607) und genoss zunächst hohes Ansehen in Kreisen der Kriegergesellschaft. Es gelang ihm jedoch offenbar nicht, seine in der Teezeremonie geforderten ethischen Prinzipien selbst zu leben. Der Shōgun entdeckte seine Bestechlichkeit und seine Betrügereien und verurteilte ihn schließlich im Jahre 1591 zum Tode.

Nach Sen no Rikyūs Tod wurden seine Lehren von seinen Nachkommen und Schülern von Generation zu Generation weitergegeben. Verschiedene Schulen wurden gegründet, die sich voneinander in den Einzelheiten ihrer Regeln unterscheiden, aber das Wesen der Zeremonie, so wie sie Sen no Rikyū entwickelt hat, bis heute bewahren.

KÜNSTLERINNEN OHNE STARKULT

In der europäischen Kultur wird die Teezeremonie nicht zu einer Kunstgattung gezählt, und Kostüme nur aufgrund ihres Materials und dessen Gestaltung, aber nicht wegen der Art und Weise, sie zu tragen. Gesang, Tanz und Instrumentenspiel jedoch gehören sowohl in der westlichen Kultur als auch in Japan eindeutig zu den klassischen Künsten.

Die wahre Geisha gilt zwar in Japan als eine richtige Künstlerin. Sie ist jedoch nicht aufgrund einer besonderen Kunstfertigkeit gefragt, und sei diese noch so perfekt und spektakulär. Ihre Erscheinung und ihre Kunstfertigkeiten werden stets als Gesamtkunstwerk betrachtet. Schon rein äußerlich: Sie ist die genaue Wiedergabe des Originals, der Geisha, wie sie in den Vergnügungsvierteln der Edo-Zeit tonangebend war. Geishas spielen die alten Instrumente *biwa*, *koto* und vor allem das *shamisen* meisterhaft. Sie sind versiert in Gesang und Tanz. Dennoch gibt es unter ihnen keine herausragende Künstlerin, über die zum Beispiel in den Medien berichtet oder die von japanischen oder internationalen Konzertveranstaltern eingeladen würde. Der Name einer Geisha erscheint nicht auf den Bühnen der Welt wie etwa Maria Callas oder der derzeitige Opernstar Anna Netrebko, oder Anne-Sophie Mutter, die begnadete Geigerin, oder die Pianistinnen Martha Argerich und Hélène Grimaud. Es gibt keine Literatur, keine Geschichten, keine Biografie über eine Geisha als hervorragende klassische Künstlerin, wie in der deutschen Kultur etwa über Clara Schumann oder Alma Mahler-Werfel. Lediglich Sayuri Yoshinaga, Japans bekannteste Schauspielerin, hat durch ihre Darstellung die Geishas berühmt gemacht.

Die Geisha als Künstlerin kommt dem Reisenden aus dem Westen genauso wenig in den Sinn. Sie existiert nicht einmal als Stereotyp, sie beunruhigt kein Gemüt, weckt keine Sehnsucht.

Ihr Ruf hat sich als romantisches Wesen verbreitet, verpackt in Liebesgeschichten, wie wir sie aus »Madame Butterfly« kennen.

Über die Künstlerin Geisha zu berichten wäre kein Erfolgsthema gewesen. Nicht im 19. Jahrhundert und auch heute: selten.

Gewiss bekam die Geisha die Chance, ihre Kunst aus dem Ghetto der Vergnügungsbezirke ans Licht der Öffentlichkeit zu bringen: Als im Jahre 1871 die Stadtväter in Kyōto nach Ideen suchten, die Stadt im Ausland angesehener zu machen, entwickelten sie die Idee, eine internationale Ausstellung zu veranstalten, um das Kunsthandwerk der Stadt vorzustellen und den Handel anzukurbeln. Um noch mehr Attraktionen zu schaffen, wurde beschlossen, die Geishas aus ihrer Abgeschiedenheit zu holen und der Öffentlichkeit die Gelegenheit zu geben, den Geishas zuzuschauen, wenn sie ihre berühmten Tänze darboten. Die erste öffentliche Vorstellung der *miyako odori*, der »Tänze der alten Hauptstadt« oder »Kirschblütentänze«, wie sie in Europa bekannt wurden (zum Beispiel berichtete Rudyard Kipling darüber), fand im März 1872 statt und wird seither jährlich wiederholt.

Dies war der Beginn eines neuen Rollenverständnisses für die Geishas. Hatten sie bisher ihre Kunstfertigkeiten in der abgeschiedenen Welt des Vergnügens dargeboten, wurden sie nun von der Öffentlichkeit bewundert, sie wurden berühmt, und jedes Jahr strömten die Massen zusammen, um Eintrittskarten für die fantastischen und farbenprächtigen Tanzspektakel zu erwerben.

Als einzelne Künstlerin wurde die Geisha nicht gefördert. Die öffentlichen Tanzdarbietungen dienten vor allem als Werbung für die Stadt Kyōto und deren Vergnügungswelt. Das ist auch heute noch so.

In den so genannten goldenen 1920er Jahren in Japan wurde den kunstfertigen Geishas schließlich höchster Respekt entgegengebracht. Sie wurden auserkoren, als stolze Repräsentantinnen ihres Landes hohe Staatsgäste zu unterhalten. Als im Jahre 1922 der englische Prince of Wales, der spätere Edward III., zu einem Staatsbesuch nach Japan kam, fand ihm zu Ehren in der Stadt Takamatsu auf der Insel Shikoku eine große Feierlichkeit statt.

Graf Matsudaira, ein Spross der ältesten Adelsfamilie des Landes, hatte ein Vermögen investiert (wie es heißt, mehr als umgerechnet 450 000 Euro), um dem bedeutenden Gast die angemessene Unterhaltung zukommen zu lassen. Nach dem Festmahl, das ein Stab von dreihundert Bediensteten zubereitet und serviert hatte, war der Höhepunkt des Abends erreicht, als zwölf der berühmtesten und schönsten Geishas der Stadt feierlich in den Saal glitten. In extra für diesen Anlass gewobene Seidenkimonos gehüllt, führten sie eine Reihe von Tänzen auf. Damals war Großbritannien Japans zuverlässigster Verbündeter und die englische Presse berichtete über den überaus feierlichen Empfang des Prince of Wales und die Auftritte der Geishas mit Begeisterung.

Es fehlte den kunstfertigen Geishas also weder an öffentlicher Präsenz noch an öffentlicher Anerkennung. Trotzdem haben sie sich nie auf der Bühne behaupten können, wie es zum Beispiel ihren Kollegen, den *kabuki*-Schauspielern, gelungen ist. Tamasaburō Bandō oder Jakuemon Nakamura, die Künstler, die in *kabuki*-Stücken junge Frauen, Prinzessinnen und Geishas darstellen, sind jedermann in Japan heute ein Begriff. Ebenso sind Mao Taichi oder Yūki Amami, die *takarazuka*-Schauspielerinnen, große Namen. (Im *takarazuka*-Theater werden als Gegenpart zum *kabuki* alle Rollen von Frauen gespielt.)

Der Grund, weshalb die Geisha sich nicht als Künstlerin durchgesetzt hat, liegt wohl hauptsächlich darin, dass sie trotz ihres Künstlertums immer von der Gunst der Männer abhängig war und noch ist.

Nur als Lerngeisha, als Maiko während der begrenzten Zeit ihrer Ausbildung, wird sie versuchen müssen, das Wohlwollen von Frauen zu entfachen und zu behalten: der Geishas, denn diese sind es, die ihr beim Start ihrer Karriere helfen werden. Eine wichtige Rolle hat dabei insbesondere die so genannte »ältere Schwester« der Lerngeisha, die bereits in den gesellschaftlichen Kreisen der Kunden etabliert ist. Sie wird die junge Geisha als Patin nach dem Ende von deren Ausbildungszeit in diese Kreise einführen. Je angesehener ihre »ältere Schwester« ist, desto günstiger ist der

Start für die junge Geisha. Später steigt ihr Ruhm hingegen mit dem Ansehen, das sie bei Männern genießt, und nicht aufgrund ihrer Kunstfertigkeit im Tanz oder Instrumentenspiel. Sie verdient nicht durch ihre Kunst Geld, sondern dadurch, dass sie diese als Unterhaltung dienende Kunst zur Verfügung stellt.

Männer haben Macht und Geld, und die Geisha muss sie von ihren Künsten überzeugen, will sie von ihrem Beruf leben können.

Geishas wollen deshalb in einer Männerwelt bestehen, wollen schön und begehrenswert sein, um Chancen zu haben – für die Frauen haben sie ihre Künste nicht eingesetzt, und tun dies auch heute noch selten, denn Frauen sind nicht in der Lage, ihnen eine Existenz zu sichern. Die Abhängigkeit von der Welt der Macht hat im Wesentlichen verhindert, dass die Geisha eine offene Rebellin werden konnte. Daher wurde sie auch nie zur streitbaren Frauenrechtlerin. Trotzdem hat sie mit List, Verschwiegenheit, Würde und Können ihre Kunst weiter tradiert.

In ihrem Berufsleben sind Geishas Frauen, wie Männer sie sich wünschen. Als Künstlerinnen wollen sie aber eigentlich nichts anderes, als ebenso wie ihre männlichen Künstlerkollegen anerkannt zu sein.

Die Geisha von heute betont immer wieder, dass sie keine Prostituierte sei. Das stimmt. Sie wurde erzogen und ausgebildet, um eine gute Unterhalterin und Gesellschafterin zu sein. Der Mann, der sie engagiert, um ihre anregende Gesellschaft zu genießen, tut dies nicht in dem Wunsch nach einem sexuellen Abenteuer. Aber er schließt es auch nicht gänzlich aus. Genauso wenig wie dies eine Geisha tun wird. Nur behält sie sich die Entscheidung vor, ob sie mit ihrem Gast intim werden möchte oder nicht.

Die Geisha versteht sich selbst als lautere Bewahrerin einer alten Tradition, einem lebenden Kunstwerk gleich.

In diesem Sinne trifft sie bei Künstlern auf Resonanz, auf Ebenbürtigkeit und respektvolle Wertschätzung, wie nur Künstler sie sich untereinander geben können.

So kann es sein, dass Seiji Ozawa, der japanische Dirigent, für eine Geisha Klavier spielen wird. Er kommt aus dem gleichen

Kulturkreis, kennt das Wesen der japanischen Kunst und kann die Meisterschaft der Künstlerin erkennen. Sein Spiel wird zur Hommage an die Schwester im Namen der Kunst.

EINE MAIKO IST NOCH KEINE GEISHA

TANZ EINER MAIKO

Als die Geishas den Raum betraten, verstummten die Gäste. Die Maiko trug einen leuchtend blauen Kimono, bestickt mit Hortensien, Fantasievögeln und Pagodenspitzen, und einen *obi* mit geometrischem Muster in unterschiedlichen Rottönen. Die langen Ärmel, die ihr fast an die Fußknöchel reichten, dokumentierten ihre zarte Jugend.

Der Kimono der Geisha glänzte im verhaltenen, seidigen Grün, ihr *obi* war mit weißen Kranichen bestickt. Sie hatte ihr Gesicht nicht mit dicker, weißer Farbe geschminkt wie die Maiko, sie war vielmehr perfekt dezent geschminkt, ihr Teint wirkte zerbrechlich natürlich und betonte ihre intelligenten Augen. Sie muss um die vierzig Jahre alt sein, dachte ich, nicht dreißig, wie uns gesagt worden war. Immerhin kann eine Geisha auch achtzig Jahre alt sein, in ihrem Beruf sind nicht die Jugend oder Schönheit gefragt, sondern ihre Kunstfertigkeiten. Im fortgeschrittenen Alter wird sie wohl nicht mehr tanzen und singen, aber kluge Gespräche führen und mit Taktgefühl und Erfahrung die Atmosphäre einer Gesellschaft steuern können. Ausländische Gäste jedoch bevorzugen die jungen Geishas, je jünger, desto besser, heißt es, denn ihre Sicht der Geishas ist durch die Klischees ihrer westlichen Kultur geprägt, wonach die Geisha als Inbegriff unterwürfiger Erotik gilt, und Erotik ist mit Jugend verknüpft.

Die junge Maiko sah zart und verletzlich aus. Sie setzte sich ans Ende des Tisches und stellte sich dann auf ein Zeichen der Geisha hin vor. War das nicht seltsam, dass ein junges Mädchen, vielleicht neunzehn Jahre alt, herausgeputzt in einem Kostüm einer längst vergangenen Zeit, präsentiert wird, um eine Gruppe Männer mittleren Alters zu unterhalten? Es stimmte mich traurig, und ich fühlte Bedauern für das junge Mädchen, das mit der Machtwelt der Männer konfrontiert wird. Es wird niemals diese Macht erlangen, wird lediglich ein paar Jahre benutzt werden, um den Männern zu gefallen, dann wird sie ausgemustert, weil ihre Haut nicht mehr frisch genug sein wird.

Die Geisha begann, sich mit den ausländischen Geschäftsleuten zu unterhalten, aber diese schienen die Sprache verloren zu haben. Um sie zu entspannen, tanzte die Maiko zu einer heiteren Weise, die aus den Boxen der Musikanlage kam. Wie ganz anders als in Europa die japanischen Tänze sind, dachte ich. Die Posen der Maiko in ihrem prächtigen Gewand wirkten wie eine Demonstration historischen Anschauungsmaterials, wie ein Besuch im lebenden Museum.

Die Maiko bot uns ihren fantasieanregenden Kimono dar und ihr makellos weißes Gesicht, schürte die Illusion eines Traums und gab doch den fremden, alten Männern nichts von ihrer Seele preis.

BESUCH IM MAIKO-HAUS

Der Taxifahrer setzte uns vor einem etwas größeren Wohnhaus in einer ruhigen Wohngegend in Yamagata ab. Ein Häuserblock weiter war ein Tempel zu sehen und ein Friedhof.

Es war ein Uhr nachmittags, wir waren mit der Geschäftsführerin des *beninokai* verabredet.

Als wir auf das Haus zugingen, gesellten sich zwei fröhlich miteinander schwatzende Mädchen in leichten, kurzen modernen Sommerkleidern und Sandalen zu uns. Wie sich herausstellte, hatten wir denselben Weg. Am Eingang streiften sie ihre Schuhe ab und stellten sie auf einen Holzrost. Das taten wir auch. Dann erschien Frau Sato, die Leiterin und Geschäftsführerin des Maiko-Hauses, eine Frau von etwa fünfundfünfzig Jahren, leicht geschminkt, mit kurzen schwarzen Haaren, in heller Bluse und knielangem dunklem Rock, barfuß. Sie wirkte wie eine freundliche Internatserzieherin. Nachdem wir uns begrüßt und die obligatorischen Visitenkarten ausgetauscht hatten, bat sie uns hereinzukommen.

Die Präfektur Yamagata liegt im Nordosten von Tōkyō. In der gleichnamigen Bezirksstadt, die wegen ihrer Scharlachblumen, den *benibana*, deren roten Farbstoff man früher zum Färben von Kimonos verwendete, berühmt wurde, gab es noch bis in die 1980er Jahre hinein Geishas. Ein Hochschullehrer erinnert sich, vor fünfundzwanzig Jahren im Rahmen einer Willkommensparty der Universität Yamagata zum ersten und einzigen Mal einer Geisha begegnet zu sein. Die Geishas haben gesungen, getanzt und *shamisen* gespielt, und ihre Darbietungen haben ihm damals außerordentlich gut gefallen. »Aber das können sich die Leute heute nicht mehr leisten«, sagt Frau Sato, die Geschäftsführerin des einzigen Maiko-Hauses der Stadt, das *beninokai* heißt, was soviel wie »Haus der roten Schminke« oder einfach »rotes Haus« bedeutet.

Bis dahin war ich stets der Meinung gewesen, dass Kyōto der einzige Ort in Japan sei, in dem es noch Maikos gibt. Nun sitze ich zusammen mit einem japanischen Kollegen Frau Sato gegenüber, die uns liebenswürdig bestätigt, dass dem nicht so sei: »Unsere Mädchen sind auch Maikos. Die Schreibweise von Maiko unterscheidet sich von der in Kyōto allerdings durch ein anderes Zeichen für ›ko‹.« Und doch gibt es noch andere wesentliche Unterschiede, denn eine Maiko in Kyōto hat das Ziel, Geisha zu werden. In Yamagata ist Maiko ein eigenständiger Beruf. Eine Ausbildung zur Geisha wird dort nicht angeboten.

Die Maikos von Yamagata werden nicht wie in Kyōto in einem Gemeinschaftshaus ausgebildet. Sie wohnen bei ihren Eltern oder haben eine Mietwohnung. Sie kommen in das *beninokai*, um sich für ihre Verabredungen und Termine anzukleiden, zu schminken und zu schmücken. Und helfen sich dabei gegenseitig. Insbesondere geben die Maikos, die schon länger berufstätig sind, den Anfängerinnen Tipps und praktische Unterstützung.

Frau Sato führte uns bald in einen großen Schminkraum mit

einer Spiegelleiste, die die ganze Wand einnahm. Vor dem wandbreiten Fenster oben hingen einige rot-weiße Unterkimonos.

Im Schminkraum befanden sich bereits zwei junge Maikos, sie wurden uns als Nonoka und Ryuka vorgestellt. Ich hatte der Leiterin des Maiko-Hauses zwei deutsche Bücher als Geschenk mitgebracht, »Einen jüngeren Mann lieben« und »Die Rache der Frauen« in der japanischen Übersetzung. Sie reichte die Bücher an die Mädchen weiter, die sie sofort ganz interessiert durchblätterten und verlegen kicherten, denn die Themen der Bücher sind in Japan weitgehend tabu. Als noch zwei junge Maikos in den Raum kamen, setzten sie sich mit den anderen beiden in einiger Entfernung zu uns, hörten aufmerksam unserem Gespräch zu, begannen aber schon bald, ihre Haare aufzustecken und sich für ihre Arbeit am Abend zurechtzumachen.

Eine von ihnen war für die Übergabe von Blumensträußen bei einer Firmenjubiläumsfeier gebucht, eine andere war für eine Hochzeitszeremonie engagiert, wo sie die Sake-Schälchen für das Brautpaar zu servieren haben würde, während die anderen beiden Maikos bei einem Sommerfest der Stadt tanzen und sich den Gästen zeigen sollten.

»Unser Maikos werden auch gern zu privaten Engagements gerufen«, sagt Frau Sato mit Stolz in der Stimme. »Ist das nicht sehr teuer?«, frage ich. »Wir können uns weder mit Kyōto noch mit Tōkyō vergleichen«, meint sie. »Yamagata ist nur eine kleinere Präfekturstadt, in der auch die Lebenshaltungskosten niedriger und die Preise für Vergnügungen und Kunst entsprechend angenehm sind.« Findet ein Engagement der Maikos innerhalb des Stadtgebiets statt, werden für eine Stunde etwa achtzig Euro für den Dienst einer Maiko berechnet, dazu kommen die Taxikosten. Für die Unterhaltung in einem Ort außerhalb der Stadt werden höhere Honorare fällig. Trinkgelder bekommen die Maikos direkt von den Kunden zugesteckt.

Als Frau Sato erzählt, dass das *beninokai* von einigen Firmen und Hotels der Stadt subventioniert wird, erklärt dies die relativ niedrigen Stundensätze der Maikos: Mit den Mädchen wird

Werbung für die Stadt betrieben, sie sind eine Attraktion und sollen den Tourismus beleben. Man könne sie, so die Werbung des Tourismusbüros, auch als »Maskottchen« buchen, um eine Veranstaltung für Besucher der Stadt, auch Ausländer, interessanter zu gestalten.

Und nicht von ungefähr ist der Besitzer des Maiko-Hauses ein Unternehmer: Er ist der Chef des größten Busunternehmens der Stadt. Frau Sato sowie die Maikos sind Angestellte des Busunternehmens und bekommen monatlich ein festes Gehalt. Feste Arbeitszeiten hingegen gibt es nicht. Zwar ist Frau Sato stets im Haus, um nach dem Rechten zu sehen, die Maikos treffen jedoch nur vor und nach ihren Verabredungen ein.

»Arbeiten die Maikos in Teehäusern?«, frage ich. Frau Sato verneint, Teehäuser gäbe es nicht mehr in Yamagata, seit es keine Geishas mehr gibt. Die Maikos arbeiten überwiegend in den fünf besten Hotels der Stadt. Wenn ein Gast dort eine Veranstaltung abhalten möchte, wie etwa eine Hochzeit oder ein Firmenbankett, helfen geschulte Partymanager, die vom Hotel angestellt sind, bei der kompletten Planung und Durchführung. Sie beraten auch bei der Auswahl der geeigneten Maikos, die der Party eine besondere Atmosphäre verleihen sollen.

Das *beninokai* stellt eine Broschüre mit Fotos und den Namen der einzelnen Mädchen zur Verfügung: In ihren herrlich gemusterten Kimonos und den glänzend schwarzen Perücken, die reich verziert sind mit roten Bändern, Blüten und Zierkämmen, sind sie eine Augenweide für jeden Betrachter, dem es schwer fallen wird, sich für eines der Mädchen zu entscheiden.

»Die Maikos können direkt bei mir gebucht werden«, sagt Frau Sato, »oder bei den Hotels, deren Partymanager sich dann mit mir in Verbindung setzen.« Frau Sato führt den Terminkalender der Maikos und informiert sie entsprechend.

Mit der derzeitigen Auftragslage ist die Geschäftsführerin höchst zufrieden: »Die Nachfrage ist groß. Es gibt genügend Firmen und Familien, die Maikos zu offiziellen Partys und festlichen Anlässen engagieren möchten.« Nachwuchssorgen habe sie auch keine, beteuert sie: »Die meisten Eltern sind stolz darauf, wenn ihre Tochter den Beruf einer Maiko ergreift, weil sie so die traditionelle Kultur und gutes Benehmen lernt.« Die Mädchen stammen aus Familien mit unterschiedlichem sozialem Hintergrund, überwiegend aus gutbürgerlichen oder Akademikerkreisen.

Maiko sei ein Beruf, der eine Garantie für gute Heiratschancen darstellt, meint Frau Sato. In den acht Jahren seit Bestehen des *beninokai* seien vierzehn ihrer Schützlinge unter die Haube gekommen, noch ehe sie das Alter von fünfundzwanzig Jahren erreicht hatten, das als maximales Alter für die Ausübung dieses Berufs gilt. Ab diesem Alter kann die junge Frau nicht mehr als Maiko arbeiten, denn dann wird sie als »nicht mehr jung« betrachtet, ein Makel, denn das Image einer Maiko ist mit jugendlicher Frische verbunden. Wenn die Maiko vor dem Erreichen dieses Alters heiratet, muss sie ihren Beruf aufgeben. Trotzdem ist Frau Sato überzeugt, dass Maiko ein Beruf mit Zukunft sei. Junge japanische Frauen wollen sich heute selten noch an eine lange Berufskarriere binden und verfolgen einen Lebensplan, der beinhaltet, im Idealfall im Alter von sechsundzwanzig Jahren verheiratet zu sein. Nach der Heirat will die junge Ehefrau im Allgemeinen ihre Berufstätigkeit einstellen, spätestens dann, wenn das erste Kind unterwegs ist.

Wir hatten bisher noch nicht über die Voraussetzungen und die Kriterien gesprochen, die ein Mädchen mitbringen muss, um als Maiko-Schülerin akzeptiert zu werden. Die vier Maikos, die sich in unserem Beisein gerade schminkten, hatte ich für älter als fünfzehn Jahre geschätzt. »Das ist richtig«, bestätigt Frau Sato. In Yamagata kann man erst Maiko werden, wenn man einen Schul- oder Hochschulabschluss hat, das heißt nach der Oberschule, der Berufsschule oder einer zweijährigen Frauenuniversität. Die Ausbildung, vor deren Beginn sich jede Bewerberin einer Aufnahmeprüfung zu unterziehen hat, beginnt also mit achtzehn Jahren. In der mündlichen Prüfung sollte Nonoka zum Beispiel begründen, warum sie Maiko werden wollte, und schriftlich darstellen, welche regionalen Spezialitäten sie den Gästen zum Speisen empfehlen würde. Nonoka hat über kaltes *ramen* im Sommer geschrieben, eine Nudelspezialität aus Yamagata.

Die zukünftige Maiko muss eine helle Haut haben und gesund sein, sagt Frau Sato. Je heller der Hautton, desto näher kommt eine Frau in Japan dem klassischen Schönheitsideal, desto edler wird die Schminke wirken. Eine ihrer Maikos sorgte einmal wegen eines kleinen tätowierten Herzens am Handgelenk für Aufregung. Es musste mit Make-up überdeckt werden. Einst, zur Gründerzeit der Yoshiwara-Vergnügungsviertel, galt eine Tätowierung als der höchste Treueschwur bei den Kurtisanen. Heute ist es eine vorübergehende Modeerscheinung.

Für eine Maiko-Bewerberin wäre ein ebenmäßiges Gesicht von Vorteil, doch es ist keine Bedingung. Englischkenntnisse sind erwünscht. Die Aspirantinnen besitzen meistens nur Grundkenntnisse der englischen Sprache, die sie im Laufe der Schulbildung erworben haben. Nachdem die Stadt sich künftig mehr um ausländische Touristen bemühen will, wurde beschlossen, einen jungen Japaner zu engagieren, der vier Jahre in den USA studiert hat. Er gibt den Mädchen des *beninokai* regelmäßig Englischunterricht. Die weiteren Kunstfertigkeiten und Kenntnisse, die zur dreimonatigen Ausbildung gehören, werden den jungen Mädchen im Wesentlichen von den dienstälteren Maikos und von ausgebildeten Lehrern in einer Art »Crash-Kurs« vermittelt.

Während ihrer Berufstätigkeit werden sie jedoch fortlaufend weiterbildenden Unterricht in der Kunst der Teezeremonie, in Tanz, Gesang, Instrumentenspiel, Etikette und Konversation besuchen. Die Mädchen nehmen gern am Unterricht teil, sagen sie, um eine gute Maiko zu sein. Nonoka beispielsweise findet das Maiko-Leben anregend, prunkvoll und lehrreich, weil man mit vielen Gästen zusammentrifft und interessante Gespräche führen kann. Schon die erste Erfahrung, als Maiko ins Berufsleben hinauszugehen, im Stil der Vergangenheit bekleidet und geschminkt, durch einen Künstlernamen von der Wirklichkeit getrennt, hatte sie begeistert.

Beim Sommerfest Ende Juli konnten wir Nonoka und ihre

Kollegin Mikan als Tänzerinnen bewundern. Die beiden Mädchen in ihren blauen Sommerkimonos tanzten einen typischen Jahreszeitentanz, der das Bootfahren auf dem Mogami-gāwā, dem Fluss, der durch Yamagata fließt, symbolisieren soll und das Abschneiden und Einsammeln von Disteln, die eine Spezialität dieser Gegend sind. Mit ruhigen, fließenden Bewegungen des Oberkörpers und der Arme, einen Fächer in einer Hand, vermittelten die Tänzerinnen dem Publikum die Geschichte. Die Musik dazu kam aus einem Kassettenrekorder.

WIE MAN EINE MAIKO IN KYŌTO WIRD

In Kyōto wird eine junge Maiko, wie die Geisha-Schülerin genannt wird, immer noch nach traditionellem Vorbild erzogen und ausgebildet. In ihren typischen farbenprächtigen Kimonos, *hikizuri* genannt, mit perfekt abgestimmten Accessoires, das Gesicht alabasterweiß, die Lippen rot geschminkt, das Haar im *wareshinobu*-Stil frisiert, also bauschig hochgezogen und zu einem hohen Dutt zusammengedreht, mit Ziernadeln geschmückt, auf hohen Sandalen mit Glöckchen, deren feines Klingeln ihr vorauseilt wie ein leiser himmlischer Chor, wirkt die Maiko wie ein lebendig gewordenes Wesen aus einem berühmten Holzschnittbild des 18. Jahrhunderts.

Kyōto gilt als klassische Heimat der Geishas, und die Maikos sind das Aushängeschild der Stadt. Jeder Besucher, der nach Kyōto kommt und über Beziehungen und Geld verfügt, möchte einer Maiko begegnen, denn »ihr Gesicht ist ein perfektes Oval. Ihre Haut ist makellos weiß, ihr Haar schwarz wie die Flügel eines Raben. Ihre Brauen sind Halbmonde, ihr Mund eine zarte Rosenknospe«, schreibt zum Beispiel Mineko Iwasaki. Sie werden häufig eingeladen, um eine Party für besonders wichtige Gäste in einem erlesenen Restaurant aufzuwerten. Allein durch ihre kostbare Kleidung, ihre prachtvolle Erscheinung sollen sie für eine angenehme Atmosphäre sorgen. Geistreiche Gespräche werden von ihnen jedoch nicht verlangt. Die fallen in den Aufgabenbereich der fertigen Geisha, die in Kyōto als *geiko* bezeichnet wird, als Frau, die Kunst ausübt. Die Maikos und *geiko* von Kyōto leben häufig noch in einem *okiya* genannten Geisha-Haus als eine Art Geisha-Familie zusammen, die nach traditionellem Muster funktioniert.

DIE RANGORDNUNG IM GEISHA-HAUS

Auch wenn in einem Geisha-Haus heute selten alle Geishas zusammenleben, ist ein Geisha-Betrieb wie auch schon vor hundert Jahren nach einem verwandtschaftsähnlichen Muster strukturiert. Es gibt Mütter, Töchter und Schwestern, nur Väter oder Brüder gibt es nicht, Söhne lediglich, wenn sie noch Kinder sind. Ein Geisha-Betrieb ist eine Frauenfamilie.

Männer werden zumeist nur als Handwerker gebraucht, wie zum Beispiel der Friseur, der sich auch um die Perücken kümmert, oder der Kimonoschneider, der außerdem beim Ankleiden hilft.

Die Inhaberin des Hauses, das auch für die Ausbildung der Geisha sorgt, wird *okāsan*, Mutter, genannt. Sie ist eine hervorragende Geschäftsfrau und Unternehmerin.

Diejenigen Frauen, die schon früher als sie selbst in die Welt der Geisha eingeführt wurden, nennt die junge Maiko *onēsan*, ältere Schwester. Entsprechend wird sie von jenen jüngere Schwester, *imoto-san,* gerufen. Das wirkliche Alter hat dabei keine Bedeutung, sondern es zählt allein die altersmäßige Rangfolge in der beruflichen Ausbildung.

Die verwandtschaftliche Bezeichnung ist immer mit einer inhaltlichen Funktion verknüpft. Die Rolle der *onēsan* zum Beispiel beinhaltet, dass sie eine Art Patenschaft oder die Funktion einer Vertrauensperson für die jüngere Schwester übernimmt. Das bedeutet, Verantwortung als Mitglied der Geisha-Gesellschaft zu übernehmen und für die anderen ein Vorbild zu sein. Als jüngere Schwester bekommt die Geisha einen Namen, der demjenigen der älteren Schwester ähnlich ist.

Bis weit ins 20. Jahrhundert hinein war es üblich, dass die Geisha-Häuser die Mädchen schon als Kinder adoptiert haben. Die kleinen Mädchen mussten als Teil ihres Trainings in Disziplin die beschwerliche Hausarbeit erledigen und wurden wie Mägde oder Dienerinnen behandelt. Besonders in Notzeiten, wenn eine Familie ihre Kinder nicht mehr ernähren konnte, haben Eltern ihre kleinen Töchter an Geisha-Häuser verkauft.

Heute werden junge Mädchen Maikos, weil sie selbst es wollen. Sie können sich nach dem Abschluss der allgemeinen Schulpflicht, im Alter von fünfzehn, sechzehn oder siebzehn Jahren, als Maiko (zum Beispiel bei einer Geisha-Vereinigung in Kyōto) bewerben. Das bedeutet, dass heute eine Lerngeisha mit ihrer Ausbildung in einem Alter beginnt, in welchem sie früher schon eine fertige Geisha sein konnte.

Für ein japanisches Mädchen, das sich entschlossen hat, Geisha zu werden, erfüllt sich mit der offiziellen Aufnahme als Geisha-Schülerin oftmals ein lang gehegter Traum. Die Aufnahme einer neuen Schülerin, einer Lerngeisha, wird im Geisha-Haus mit einem Fest gefeiert, und die Novizin wird in die Geisha-Familie eingeordnet. Ein glanzvolles Leben wird sie dort zunächst jedoch nicht führen. Die Welt der Blumen und Weiden hat ihre strikten Regeln, Unterordnung und Disziplin sind unerlässlich. Daheim sind die jungen Mädchen frei in der Gestaltung ihres Alltags und der Freizeit, im Geisha-Haus nicht. Viele junge Lerngeishas sind enttäuscht, weil sie die harten Bedingungen der Ausbildung nicht erwartet haben, und geben nach wenigen Monaten auf.

Im Geisha-Haus wird die junge Lerngeisha von ihren älteren Schwestern unter die Fittiche genommen. Diese kümmern sich künftig um ihre Ausbildung und werden ihre Karriere fördern. Ein wichtiger Tag im Leben einer Lerngeisha in Kyōto ist ihr Debüt als Maiko. Dieser erste Übergangsritus in der Ausbildung zur Geisha wird *misedashi* genannt und bedeutet »offen für Geschäfte«.

Vor diesem Debüt gibt es jedoch noch ein wichtiges Zeremoniell. Damit sie als vollwertiges Mitglied in die Geisha-Familie aufgenommen werden kann, muss die Maiko von einer älteren

Schwester adoptiert werden, die sie die Grundlagen der Geisha-Lebensart lehren und sie in die erlesenen Teehäuser ihres Blumendistrikts einführen wird.

Nachdem heute die Zeremonie der *mizuage*, der Entjungferung der jungen Maiko durch einen von der Geisha-Hausmutter ausgewählten wichtigen Kunden, nicht mehr besteht, ist der nächste große Übergangsritus im Leben einer Maiko ihre *erikae*-Zeremonie oder »das Wenden des Kragens«. Diese findet statt, wenn die Maiko den bestickten roten Kragen gegen den weißen einer erwachsenen Geisha eintauscht. Ein festliches Ereignis, das im Allgemeinen im Alter von zwanzig Jahren stattfindet. Es bedeutet für die junge Frau, rituell Abschied vom Leben einer Maiko zu nehmen und in die Welt der berufstätigen Geisha einzutreten.

Doch sogar in Kyōto braucht eine Frau heute nicht unbedingt mehr Maiko gewesen zu sein, bevor sie als voll qualifizierte Geisha gelten kann. Sie kann sich die erforderliche Ausbildung auch privat aneignen. Trotzdem wird eine Geisha, die den traditionellen Weg in den Beruf beschreitet, später als »echte Geisha aus Kyōto« ein höheres Ansehen genießen.

WARUM ES DIE GEISHA NOCH HEUTE GIBT

Die Geisha von heute erklärt gern, sie sei eine Bewahrerin der Tradition. Ein verantwortungsvolles Unterfangen, so scheint es, bei dem zunächst zu fragen ist, um welche Art von Tradition es sich wohl handeln mag und wer denn eine Geisha sei. Denn hinter Geisha verbirgt sich ja nicht der Name einer Person, sondern ein Frauenberuf. Wie Opernsängerin, Balletttänzerin, Theaterschauspielerin oder Konzertpianistin. Sie alle können auch von sich behaupten, Bewahrerinnen von Traditionen zu sein.

Wobei im Falle der Geisha der Beruf jünger ist als die Kunst, die er zu bewahren imstande sein soll. Das ist allerdings eine wechselseitige Bedingtheit. Die Tradition braucht den wohl abgestimmten Beruf, und der Beruf wäre ohne die gewachsene Fülle der Tradition hinfällig. Bedürftiger bei diesem Handel ist die Tradition, die ewig fortleben will und dauerhafte Anerkennung sucht. Die Geisha als Bewahrerin und Vermittlerin verschafft der Tradition eine Rechtfertigung und das Recht auf eine immer währende Gegenwart. Noch. Denn die Geisha trägt eine drückende Last auf ihren Schultern: Nur wenn sie sich selbst bewahrt, bewahrt sie auch die Tradition und kann sie stets aufs Neue zum Leben erwecken.

Sie selbst, die Geisha, ist nicht die wahre Tradition. Ihr Gesicht, ihr Kimono, ihr Gang, die Musik, die sie den seltsamen Instrumenten entlockt, ihr Tanz, ihre Stille, ihr Lächeln, ihre Demut – das alles kommt von weit her aus dem historischen Schoß vergangener Zeit. Die Geisha selbst ist jung, erst knappe zweihundertfünfzig Jahre alt, und stammt aus einem nostalgisch verbrämten Märchenland, der Vergnügungswelt des Yoshiwara in der Edo-Zeit.

Die Geishas in Tōkyōs Bezirk Akasaka, in dem sich die Parlamentsgebäude befinden, gelten als die besten in Japan. Noch vor fünfzig Jahren gab es in diesem Bezirk über achtzig Teehäuser, jetzt sind es zwar nur noch fünf und die Zahl der Geishas ist von mehr als hundert auf etwa dreißig abgesunken, doch die hohen Politiker schätzen auch heute noch die Gesellschaft einer echten Geisha. Einige haben sogar ihre Lieblings-Geisha geehelicht. Und für Skandale haben Beziehungen mit Geishas auch stets gesorgt. Am bekanntesten ist wohl das Ereignis um Sada Abe geworden.

O-sada, wie sie genannt wurde, war eine Geisha niederen Ranges, die sich in ihren Arbeitgeber, einen Restaurantbesitzer, verliebt hatte. Mit ihm verbrachte sie eine Woche in einem Stundenhotel. Einer Version der Ereignisse zufolge soll der grausige Höhepunkt dieser Woche leidenschaftlichen Liebens darin bestanden haben, dass sie ihn erwürgte. Eine andere Version besagt, dass er ein treuloser Herumtreiber gewesen sei und sie ihn erwürgte, um sicherzugehen, dass er ihr ewig treu bleiben werde. Sie wurde im Mai 1936 von der Polizei auf der Straße aufgegriffen und verhaftet, weil sie den abgetrennten Penis ihres Liebhabers in einem Tuch eingewickelt bei sich trug. Ihre Tat wurde als Verbrechen aus Leidenschaft eingestuft, und sie kam mit nur fünf Jahren Gefängnis davon. Im Jahre 1941 wurde sie aus der Haft entlassen, eröffnete eine Bar in Tōkyō und endete ein paar Jahre später in einem Kloster.

Ihre Geschichte wurde 1976 von dem japanischen Regisseur Nagisa Ōshima unter dem Titel »Ai no corrida« (»Im Reich der Sinne«) verfilmt und prägte weltweit das Bild der Geisha als egoistisch, grausam und unberechenbar, ein Gegenbild zur sanften Madame Butterfly.

Damals, in den 1930er Jahren, war bereits ein Umdenken in Bezug auf die Geishas und ihren Platz in der Gesellschaft von den Intellektuellen Japans in Gang gesetzt worden. Angefangen haben die Diskussionen um die künftige Rolle der Geishas im vorherigen Jahrzehnt. Die 1920er Jahre waren für die Geishas so etwas wie ein goldenes Zeitalter. Sie waren gefragt wie zur Blüte der *ukiyo*-Städtekultur. Im Yoshiwara gab es noch immer überaus kultivierte Geishas. Aus der ganzen Stadt kamen Maikos und Geishas, um bei ihnen Tanz- und Musikstunden zu nehmen. In den Augen der Öffentlichkeit aber waren die Lizenzviertel zu wenig mehr als Rotlichtbezirken heruntergekommen. Männer, die Kultiviertheit und Eleganz im traditionellen japanischen Stil suchten – hervorragende *shamisen*-Spielerinnen, anmutigen, erotischen Tanz und geistreiche Konversation –, besuchten die Teehäuser und Spitzenrestaurants der zahlreichen Geisha-Viertel in der Stadt. Um die Jahrhundertwende hatte es in Japan fünfundzwanzigtausend Geishas gegeben, 1929 waren es fast achtzigtausend. Es war ein blühender Erwerbszweig. Damit war aber der Höhepunkt endgültig erreicht.

Als im Jahre 1926 der fünfundzwanzigjährige Kronprinz Hirohito die Nachfolge seines verstorbenen Vaters, des Kaisers Taishō, antrat (seine Krönung zum Kaiser Shōwa fand erst 1928 statt), steckte das Land in einer ausgeprägten Identitätskrise, hin und her gerissen zwischen kontroversen Kräften, und glich »einem riesigen unaufgeräumten Laboratorium« (Kurt Singer). Der neue aus dem Westen kopierte moderne Lebensstil mit seiner lockeren Mode, den Mädchen mit kurzem Haar und kurzen Röcken, den emsigen Geschäftsleuten mit unbequemen Anzügen, amerikanischen Filmen, Grammophonen, schnellen Autos, Marxismus und körpernahen Tänzen sorgte für Verwirrung, denn er war »überdeckt von Resten einer alten Ordnung, die weder lebendig noch tot wirkte, sondern ein geradezu unheimliches Maß an Zusammenhalt und Kontinuität bewahrte« (Kurt Singer).

Die Zerrissenheit der Werte erfasste die Vergnügungswelt und damit auch die Rolle der Geishas in der Welt der Blumen und Weiden. Was waren die Geishas zu jener Zeit wirklich?

Historisch betrachtet, kennen wir sie als stille Revolutionärinnen, die sich durch wohl durchdachte Anpassung am Leben erhalten. Stets gestützt auf ihre exquisite Kunst und ihr umfangreiches Wissen, entschlossen, niemals vom hohen Standard ihres Berufsethos abzuweichen.

Die großen Geishas von Tōkyō und Kyōto waren in keiner Weise mit Prostituierten zu verwechseln. Sie waren jedoch auch keine Aristokratinnen einer Gegenkultur mehr, denn nachdem das streng geordnete Klassensystem der Tokugawa-Gesellschaft völlig aus dem Gleichgewicht geraten war, gab es keine Gegenkultur mehr, jedenfalls nicht von der Art, in der Geishas die Hauptrolle spielen konnten.

Japan war in seiner neuen Epoche der Moderne, der Meiji-Ära ab 1868, hektisch entschlossen, zum Westen aufzuholen. Geishas zählten zu den Ersten, die westliche Frisuren ausprobiert, Regenschirme bei sich gehabt und Tänze aus dem Westen gelernt hatten. Dennoch war und blieb die Hauptattraktion, die Geishas einem kultivierten Mann zu bieten hatten, ihre Meisterschaft in den klassischen Künsten. Der versierten Künstlerin gelang es, den überlasteten Geschäftsmann mit seinem unbequemen westlichen Geschäftsanzug in die romantischen Tage des alten Edo zurückzuversetzen, ihm das vom Übergang von einer alles durchdringenden Ordnung in einen wilden, fremden Lebensstil westlicher Prägung zerrissene, ungeübte, im Inneren ungeliebte Leben zu erleichtern. Unter Geishas konnte er sich als edler Samurai, reicher Kaufmann oder feuriger Draufgänger fühlen.

Es gab im westlich angepassten Japan inzwischen für Männer, die es nach der Gesellschaft oder – wenn möglich – nach mehr als nur der Gesellschaft von Frauen verlangte, viele Möglichkeiten. Überall im Land und vor allem im Zentrum von Tōkyō reihten sich plötzlich straßauf, straßab Cafés westlichen Stils, die genau genommen jedoch Bars waren. Dort schenkten junge Frauen in zeitgemäßer Kleidung den Männern Drinks ein, plauderten und flirteten mit ihnen. Sie benötigten dazu keine jahrelange Ausbildung wie die Geishas. Und die Männer mussten keine *tsu*-Genießer sein, um sie angemessen würdigen zu können. Vor allem in den Jahren nach dem großen Erdbeben von 1923, das Tōkyō dem Erdboden gleichgemacht, mehr als einhunderttausend Tote gefordert und die wenigen Gebäude, die von der alten Stadt noch übrig waren, zerstört hatte, waren Cafés groß in Mode.

Kafū Nagai (1879–1959), einer der berühmtesten Romanciers Japans, hielt in seinem persönlichen Tagebuch fest: »Die Cafés, die sich in der Stadt so großer Beliebtheit erfreuen, sehen rein äußerlich ganz wie Pariser Cafés aus. Die Realität aber ist eine andere. Wir versuchen ständig alles Westliche nachzuahmen, aber es wird immer nur Flickwerk. Die Mädchen gehen jeden Tag zur Arbeit, und doch bekommen sie keinen Lohn. Um leben zu können, sind sie auf die Gaben der Kunden angewiesen. Deshalb liegt es auf der Hand, dass sie im Grunde von der Prostitution leben« (Edward Seidensticker).

Je mehr Café-Mädchen es gab, desto stärker sank die Zahl der Geishas. Im Jahr 1934 standen zweiundsiebzigtausend Geishas bereits mehr als einhunderttausend Café-Mädchen gegenüber. Der Augenblick für ein Umdenken in Bezug auf die Geishas und deren künftigen Platz in der Gesellschaft schien gekommen. Musik und Tanz der Geishas waren vormals aktuelle Musik- und Tanzformen gewesen. Sollten sie nun mit der Zeit gehen oder zu lebenden Überresten einer viel geliebten Vergangenheit werden?

Mitte der 1930er Jahre war diese Frage ein in Japan heiß diskutiertes Thema. Intellektuelle, Dichter, Politiker, Schauspieler, *ryōtei*-Besitzer und der Direktor der Shimbashi-Vereinigung der Geisha-Häuser veröffentlichten ihre Kommentare sogar als Buch. Nur die Geishas blieben – als Frauen – von dieser Diskussion ausgeschlossen.

Der Dichter Sakutaro Hagiwara beschrieb das, was zur allgemein akzeptierten Definition der Rolle einer Geisha werden sollte:

»Unsere Frauen zu Hause sind mit Küche und Kindern vollauf beschäftigt, unsere Unterhaltungen mit ihnen sind von ruhiger Ernsthaftigkeit und drehen sich meist um Haushaltsangelegenheiten. Daneben brauchen Männer eine völlig andere Art von Begleiterin: eine Frau, mit der sie über die Angelegenheiten der Welt reden können, über die Künste, über Ideen. Wir brauchen jemanden, der unterhaltsam ist, belesen, gebildet. Genau das sollten Geishas sein« (Liza Dalby).

Wie Hagiwara die Rolle der Geisha in Bezug auf die Bedürfnisse des Mannes umrissen hat, so wird sie auch heute noch von vielen seiner Landsleute verstanden. Nicht zuletzt deshalb, weil dieser Einstellung ein bestimmtes Verständnis von Liebe und Partnerschaft zugrunde liegt, wie an anderer Stelle noch ausgeführt wird.

In der Politik waren finstere Zeiten angebrochen. Die amerikanische Wirtschaftskrise, die im Herbst 1929 ihren Höhepunkt erreicht hatte, stürzte auch die japanische Wirtschaft in eine schwere Depression. Die Zahl der Arbeitslosen wurde auf mehr als drei Millionen geschätzt. Die Ernte des Jahres 1930 brachte zwar Rekorderträge, bewirkte aber, dass die Reispreise um mehr als die Hälfte fielen und viele Bauern in wirtschaftliche Not gerieten. Im folgenden Jahr kam es in Hokkaidō und Nordjapan infolge von Kälteschäden zu einer Missernte. Die Not der Bauern war so groß, dass viele Eltern mit ihren Kindern Selbstmord begingen oder ihre Töchter verkauften.

Premierminister Osachi Hamaguchi, der mit den Abgeordneten der Demokratischen Partei nach dem Rücktritt des Tanaka-Kabinetts eine neue Regierung gebildet hatte, versprach, für eine Stärkung der japanischen Wirtschaft zu sorgen. Im Jahre 1927 hatte jedoch die damalige japanische Regierung unter Giichi Tanaka auf einer »Ostasienkonferenz« in Tōkyō zusammen mit den Militärs die Einmischung in die chinesische Revolution und die Kolonialisierung des Nordostens von China durch Waffengewalt beschlossen. In ihren »Richtlinien für die Politik gegenüber China« bestimmten sie, dass die Mandschurei und Mongolei nicht zum chinesischen Territorium gehörten und daher unter japanische Herrschaft zu bringen seien.

Zhang Zuolin, der zunächst pro-japanische Führer der chinesischen Militärclique in Fengtian, durchschaute die ehrgeizigen Pläne Japans und folgte nicht mehr dessen Anweisungen. Der japanische Oberst und Stabsoffizier Taisaku Komoto und ihm ergebene Offiziere des in Kuan Tung stationierten japanischen Heeres ließen daraufhin im Juni 1928 in der Nähe von Fengtian einen Zug in die Luft sprengen, in dem sich Zhang befand. Komoto hatte die Absicht, nach diesem Attentat die ganze Mandschurei zu besetzen, wurde aber von der Führung der Guandong-Armee zurückgehalten. (Diese Armee war im Juli 1926 von der Aktionsfront der Volkspartei und der Kommunistischen Partei in Guandong gegen die Militärclique in Nordchina mobilisiert worden. Ihr Kommandeur war Chiang Kai-shek.)

Die japanische Heeresführung erklärte dem Ausland gegenüber, dass das zur Vernichtung der Militärclique des Nordens ausgesandte chinesische Heer die Verantwortung für das Attentat trage, die Wahrheit aber wurde schnell in der ganzen Welt bekannt, nur nicht in Japan. Als die führenden politischen Kreise Japans davon erfuhren, klärten sie das Volk nicht auf und versuchten auch nicht, die Übergriffe des Heeres zu verhindern. Sie benutzten »einen gewissen Vorfall in der Mandschurei« nur als Mittel, den Sturz des Kabinetts herbeizuführen. Die Heeresführung suspendierte Komoto, der aber bald darauf zum Vorstand der Südmandschurischen Eisenbahn avancierte. (Ein Beispiel dafür, dass Personen, die, egal auf welche Weise, für die Kolonialisierung der Mandschurei kämpften, nicht bestraft wurden.)

China war der wichtigste Absatzmarkt für Japan. Der größte Teil der japanischen Auslandsinvestitionen war in die Mandschurei geflossen, siebzig Prozent des dort investierten ausländischen Geldes war japanisches Kapital. Die mandschurische Eisenbahn stellte eine Goldquelle für die japanische Wirtschaft dar. Zhang Xueliang, der Sohn des ermordeten Zhang Zuolin, rächte sich jedoch für den Mord an seinem Vater, indem er gegen die Interessen Japans arbeitete. Er verbündete sich ab 1929 mit der Regierung der chinesischen Volkspartei und baute mit englischem und amerikanischem Kapital eine Eisenbahnlinie und Häfen, um das japanische Monopol zu brechen.

Die kommunistische Partei Chinas, von der Regierung der Volkspartei als illegal bekämpft, bildete in den Provinzen Hunan, Hubei und Jiangxi unter der Führung von Mao Zedong und Shu De die Rote Arbeiter- und Bauern-Armee aus, die das zu ihrer Unterdrückung entsandte Heer der Volkspartei in die Flucht schlug.

Die Entwicklung der Unabhängigkeitsbewegungen in China bedrohte die Zukunft des japanischen Imperialismus. Das Hamaguchi-Kabinett hatte sich für eine Stärkung der japanischen Wirtschaft entschieden. Man hoffte, von England und Amerika Kapitalhilfe zu erhalten. China gegenüber sollten militärische Aktionen möglichst vermieden und die Probleme lediglich mit politischen Mitteln gelöst werden. Diese Politik stieß aber bei der Führung des Heeres und der Marine auf Widerstand. Das Heeresministerium, der Generalstab und das Offizierskorps der Guandong-Armee hielten es für notwendig, die Mandschurei so schnell wie möglich ganz zu einer japanischen Kolonie zu machen und von dort aus die Sowjetunion, die sie als »Brutstätte des Kommunismus« betrachteten, massiv anzugreifen, um die wirtschaftliche Krise Japans zu überwinden. Im November 1930 wurde auf Premierminister Hamaguchi von einem rechtsextremistischen Jugendlichen, den die Militärs angestiftet hatten, ein Attentat verübt, Hamaguchi erlag seinen schweren Verletzungen.

Eine Kirschblütenbund genannte Gruppe plante für März 1931 einen Coup d'État, um eine Militärregierung zu errichten. Heeresminister Ugaki, anfangs zentrale Figur dieser Gruppe, distanzierte sich jedoch von diesem Vorhaben, sodass der Staatsstreich misslang. Die Verantwortlichen wurden nicht vor Gericht gestellt, der Vorfall geheim gehalten. So konnte die Gruppe unbehelligt ihre Ziele weiter verfolgen, die darauf hinausliefen, zuerst einen Krieg zu provozieren und dann unter Ausnutzung des Notstandes im eigenen Land die Regierung zu übernehmen (Kiyoshi Inoue).

Das Volk hatte nichts von dem Coup d'État erfahren, die Regierung jedoch mit Sicherheit. Doch weder die Regierung noch die politischen Parteien unternahmen etwas, um dem Ehrgeiz des Militärs Einhalt zu gebieten.

Am 18. September 1931 ließen der Generalstab und ein Teil der Offiziere der Guandong-Armee die mandschurische Eisenbahnlinie bei Liutiaogou in der Nähe von Fengtian sprengen, gaben diesen Vorfall als Angriff des chinesischen Heeres aus und starteten ohne Kriegserklärung den verharmlosend als »Mandschurei-Zwischenfall« bezeichneten Einfall, um den Nordosten Chinas zu besetzen. Nicht einmal der Kommandeur der Guandong-Armee war in den Plan eingeweiht worden. Die japanische Regierung – die hinnahm, dass das Heer die Regierung missachtet und aus eigenem Entschluss einen Krieg begonnen hatte – versicherte zwar immer wieder, sie werde dafür sorgen, dass sich der Krieg nicht ausweite, konnte aber nicht verhindern, dass bald in der ganzen Mandschurei gekämpft wurde. Im Januar 1932 griffen Heer und Marine Shanghai an und lenkten damit die Aufmerksamkeit Englands, Amerikas und Frankreichs, die dort ihre Interessen bedroht sahen, von den Kämpfen in der Mandschurei ab.

In offener Konfrontation zu der Zivilregierung waren die Truppen in China einmarschiert und hatten die Mandschurei besetzt. Am 1. März 1932 wurde die Gründung des Marionettenstaates »Mandschukuo« bekannt gegeben. Japanische Familien wurden dorthin umgesiedelt. Und Geishas und Prostituierte aus Japan wurden geholt, um die Soldaten zu unterhalten.

Bei der Auseinandersetzung zwischen Armee und Politik kam es mehrmals zu Putschversuchen und zu einer Serie von Attentaten. 1932 wurde der ehemalige Finanzminister sowie einer der Leiter des Mitsui-Konzerns und schließlich, am 15. Mai in seinem Amtssitz am helllichten Tag, Premierminister Inukai ermordet. Danach gab es keine Parteienkabinette mehr. Das Amt des Premierministers wurde mit einem Militärangehörigen, einem Beamten oder einem Adligen besetzt. Es kam zwar vor, dass ein Mitglied einer politischen Partei als Minister in ein Kabinett berufen wurde, aber nur um diesem den Anschein zu geben, es repräsentiere das ganze Volk.

In Deutschland hatte 1933 die Nationalsozialistische Partei Hitlers die Macht ergriffen. Entgegen den Bestimmungen des Versailler Vertrages war mit der Wiederaufrüstung begonnen worden. Die deutsche Forderung nach Neuaufteilung der Kolonien provozierte England, Frankreich und Amerika. Das Dritte Reich betrieb eine aggressive antisowjetische, antikommunistische und antisemitische Politik.

In Japan machte sich mit zunehmendem patriotischem Eifer eine »Gedankenpolizei« ans Werk, die unnachsichtig alles verfolgte, was auch nur im Entferntesten nach Subversion roch. Im November 1936 schloss Japans Militärführung mit Nazi-Deutschland den Antikominternpakt ab, der inoffiziell ein Geheimabkommen für den Angriff auf die Sowjetunion war. Einen Monat nach dem Zustandekommen dieses Paktes schlossen Japan und Italien ebenfalls ein Bündnis (folgend dem politischen Bündnis, der »Achse Berlin–Rom«, zwischen Deutschland und den italienischen Faschisten unter der Führung Mussolinis). So kam das politische Bündnis zwischen Japan, Deutschland und Italien, die Achse Tōkyō–Berlin–Rom zustande, die sich gegen die Sowjetunion, gegen England, Amerika und Frankreich richtete.

In Japan erlosch die Vernarrtheit in alles Westliche. Englisch-Sprechen und Klavierspielen waren plötzlich verpönt, und die Geishas mit ihren traditionellen Kunstfertigkeiten waren wieder gefragt als strahlende, originalgetreue Symbole aus den alten Tagen japanischer Größe. Politiker und Militärs trafen sich in den glanzvollen Geisha-Restaurants von Shimbashi und Akasaka, um über Politik zu diskutieren und ihre Siege zu feiern.

Am 23. August 1939, als japanische Truppen noch in China kämpften (die Invasion in China war 1931 durch den erwähnten »Mandschurei-Zwischenfall« eingeleitet worden), schloss Deutschland mit der Sowjetunion einen Nichtangriffspakt und fiel damit Japan in den Rücken. Dies zwang Japans damaligen Premierminister Hiranuma zum Rücktritt. Eine Woche später, am 1. September, begann Deutschland seinen Blitzkrieg gegen Polen und leitete damit den Zweiten Weltkrieg ein.

Am 8. Dezember 1941 griff Japan ohne Kriegserklärung überraschend Pearl Harbor an und eröffnete damit den Krieg gegen die USA und England. Diesen Krieg nannte die Regierung den »Großen Ostasiatischen Krieg«. Die ersten Vergeltungsschläge wurden im darauf folgenden April von amerikanischen B-52-Bombern geflogen, dabei wurden viele Gebäude und ganze Häuserzeilen am Rande von Tōkyō beschädigt und zerstört. Die eleganten Restaurants, in denen Tōkyōs neuntausend Geishas ihre Gäste unterhielten, aber blieben geöffnet – trotz der extrem hohen neuen Steuern, mit denen die sich verzweifelt um finanzielle Mittel bemühende japanische Regierung solche Luxusaktivitäten belegt hatte.

Von Tōkyōs Bevölkerung war jeder, der es sich leisten konnte, entschlossen, seinen lustvollen Lebensstil fortzuführen. Noch im Frühling 1943 feierte das Militär in den Teehäusern.

Doch schließlich mussten sogar die Geishas gehen. Nagai notierte am 4. März 1944 in seinem Tagebuch: »Von morgen an werden Restaurants und Teehäuser verboten sein … Geishas sind noch nicht verboten, aber sie sind dabei, sich aus Mangel an Engagements nach anderen Beschäftigungen umzusehen. Ohne Geishas und Theater wird die Musik Edos, deren Fundament nun einmal das *shamisen* ist, verstummen« (Edward Seidensticker).

Dies war keine Frage der Moral, sondern geschah aus blanker Not. Das Land stand am Rande des Zusammenbruches. In der letzten Nacht blieben die Geisha-Restaurants fast bis zum Morgengrauen geöffnet. Dann zogen die Geishas ihre Seidenkimonos aus und gingen zur Arbeit in die Munitionsfabriken oder nähten die Nächte hindurch Fallschirme und Uniformen. Manche unter ihnen brachten es fertig, einem solchen Schicksal zu entgehen, indem sie heirateten. Manche verdingten sich als Konkubine oder überredeten ihren Patron, sie auf die Liste seiner Beschäftigten zu setzen. Und wenn ihr *danna* zufällig Angehöriger des Militärs war, sorgte er natürlich dafür, dass sie versorgt war.

Am schlimmsten war es 1945, im letzten Jahr des Krieges. Die Menschen verkauften ihre gesamte Habe und flohen aufs Land. Nacht für Nacht heulte in Tōkyō der Luftalarm, wenn die B-52-Geschwader Unmengen von Brandbomben herabregnen ließen. In der Nacht vom 10. März kamen achtundsiebzigtausend Menschen im Feuer um, anderthalb Millionen verloren ihre Bleibe. Die Stadt war ein Meer aus Schutt und Asche. Die Vergnügungsviertel waren völlig zerstört. Yoshiwara, das ungeachtet aller Regierungsanordnungen nie aufgehört hatte zu funktionieren, brannte, mehrere Hundert Frauen, die von den Bordellbesitzern eingeschlossen worden waren, kamen dabei ums Leben.

Das Ende kam am 15. August 1945, nachdem die Städte Hiroshima (am 6. August) und Nagasaki (am 9. August) von zwei Atombomben nahezu ausgelöscht worden waren.

Wenige Tage später versammelten sich die Menschen um ihre Radiogeräte. Sie vernahmen zum allerersten Mal in der Geschichte die Stimme ihres Kaisers, die von Rauschen und Knistern begleitet über den Äther tönte. Seine Worte waren umständlich, seine Sprache archaisch, die Bedeutung aber war klar: Sein Volk werde, so sagte er, »das Unerduldbare zu erdulden, das Unerträgliche zu ertragen« haben. Am 2. September wurde auf dem amerikanischen Kriegsschiff »Missouri« die Kapitulationsurkunde unterzeichnet. Japan ergab sich Amerika, England, China, der Sowjetunion und den anderen alliierten Ländern.

Die alliierten Besatzungsmächte unter dem Kommando von General Douglas MacArthur trafen wenige Wochen später im Land ein. Am 1. Januar 1946 wurde verkündet, dass der Tennō, der japanische Kaiser, kein Gott sei. Er verlor seine absolute Macht, seine Autorität wurde erheblich geschwächt. Künftig sollte er nur noch als »Symbol Japans« gelten. Am 4. Januar verloren die Repräsentanten des Militarismus, die ehemaligen Berufsoffiziere, ihren Beamtenstatus. Der Wiederaufbau des Landes begann. 1947 wurde die neue, von Amerika diktierte japanische Verfassung bekannt gegeben. Eine Welle der Demokratisierung erfasste das Land.

Die Besetzung Japans durch die amerikanischen Soldaten bewirkte auch erhebliche Veränderungen in der Welt der Blumen und Weiden. Die japanische Regierung hatte – aus Angst und Sorge um die ehrbaren Frauen im Land – in aller Eile noch vor deren Eintreffen geeignete Etablissements für die GIs geschaffen, um ihnen zu bieten, was ihnen fern der Heimat fehlte. General MacArthur wiederum fürchtete um die Moral seiner Soldaten und ließ die Prostitution in Japan verbieten. In der Theorie mit Erfolg, die Praxis hatte, wie wir wissen, die illegalen »Geisha-Girls« hervorgebracht. Das eigentliche Antiprostitutionsgesetz wurde allerdings erst 1956 erlassen, auf der Basis der neuen Verfassung, die Frauen und Männer vor dem Gesetz sowie in Politik und Bildung als gleichwertig erklärte.

Am 25. Oktober 1945 erhielten zunächst die Bars, Teehäuser und Geisha-Häuser die offizielle Genehmigung zur Wiedereröffnung des Betriebs. Die Menschen, die aufs Land geflohen waren, kehrten nach und nach zurück.

Die fremden Männer aus Amerika brachten nicht nur neue Ordnung ins Land, sondern vor allem »fremde« Verhaltensmuster aus ihrer westlichen Kultur. Küssen in der Öffentlichkeit war beispielsweise bis dahin in Japan unerhört und ungesehen. Es gehörte selbst bei den Geishas zu den naturwidrigen und möglichst zu vermeidenden Handlungen in ihrem erotischen Repertoire. Unter Eheleuten war es unüblich und galt als beinahe so intim wie der Geschlechtsverkehr selbst.

Ab 1946 konnte nun auf Bühnen und Leinwänden geküsst werden. Vorbild waren die Filme aus Amerika, die zunehmend in den Kinotheatern zu sehen waren. Der erste Kuss auf der Bühne wurde, so heißt es, zur größten Verlegenheit der beiden Schauspieler ausgetauscht. Im Jahre 1947 erlebte Japan eine weitere Neuheit: den Striptease. Es schien, als sei nun der Weg zu einer Sexualkultur ohne Schranken bereitet.

Während des Krieges war die Zahl der Geishas praktisch auf null gesunken. Nun begann sie allmählich wieder zu steigen, aber es sollte noch lange Zeit dauern, bis der Berufszweig sich vollkommen erholt hatte. Im Jahre 1947 gab es in Tōkyō 1695 Geishas, im gesamten Land waren es 2478. Und im März 1948 konnten die Geishas im Stadtteil Shimbashi in ihrem eigenen Theater, dem »Shimbashi Embujo«, das man in seinem alten Jugendstilglanz wieder hatte erstehen lassen, die erste ihrer jährlichen Tanzvorführungen, den *Azuma odori* (»Tanz des Ostens« – Tōkyō galt als die östliche Hauptstadt im Gegensatz zur alten Hauptstadt Kyōto, die im Westen liegt), darbieten.

Das Antiprostitutionsgesetz von 1956, das die öffentliche Zurschaustellung und das Aushalten von Prostituierten unter Verbot stellte, brachte auch für die Geishas einen Einschnitt, selbst wenn sie nicht unmittelbar davon betroffen waren. Trotz aller gegenteiligen Bekundigungen hatte es stets Grauzonen gegeben, in denen sich die Welt der Geishas mit der der Prostitution überschnitt. In den inneren, nichtlizensierten Bezirken standen häufig Geisha-Häuser neben Häusern, in denen Prostituierte lebten. Und sie gehörten zum gleichen »Blumendistrikt«.

Mit Inkrafttreten des Gesetzes im Jahre 1957 mussten sich die Prostituierten, die mit den Geishas im selben Bezirk gelebt hatten, zurückziehen. Manche gingen zu ihren Familien aufs Land, die Glücklicheren fanden jemanden, der sie heiratete. Andere wechselten in die Rotlichtbezirke, die – unter den wachsamen Augen der japanischen Mafia *(yakuza)* und sorgsam getrennt von den Geisha-Vierteln – allmählich entstanden und in denen die illegale Prostitution blühte. Die Geishas waren der Ehrbarkeit ein ganzes Stück näher gekommen, aber eine gewisse Ambivalenz besteht bis auf den heutigen Tag.

Mit der Verfassung von 1947 führte die amerikanische Besatzungsmacht auch die Schulpflicht bis zum Alter von fünfzehn Jahren für Mädchen und Jungen ein. Für den Geisha-Beruf bedeutete dies, dass ein Mädchen nun die Ausbildung erst in einem Alter beginnen konnte, in dem es früher bereits weit fortgeschrittene Kenntnisse in Tanz und Instrumentenspiel erworben hatte. Die gestrenge Ausbildung zur Musikerin und Tänzerin musste in der dreijährigen Lehrzeit beschnitten werden. Die Standards, so schien es, waren in Gefahr.

Wie schon im 19. Jahrhundert schmückten sich nun auch diejenigen, deren Ausbildung den Standards nicht mehr gerecht wurde, mit dem Geisha-Etikett. Daneben gab es weiterhin die wahren Geishas, deren Unterhaltungskünste den strengen Ausbildungsstandards entsprachen, weil sie von den älteren hochqualifizierten Lehrmeisterinnen erzogen und geschult worden waren. Viele Mädchen, die sich für den Geisha-Beruf entschieden, nahmen im Kindesalter Tanzunterricht in den Geisha-Kulturzentren, die oft die besten Lehrmeister zur Verfügung stellten. Mit der historischen Vergangenheit in Verbindung zu bleiben war in jenen Jahren wie auch heute noch ein selbstverständliches Bedürfnis der japanischen Bevölkerung.

Das japanische Leben ist nach wie vor im Kern patriarchalisch und mittelalterlich. Die hypermoderne Struktur des Landes stützt sich auf eine soziale Grundlage traditionellen Charakters. Dadurch bietet Japan das außerordentliche Bild eines mittelalterlichen Landes, das höchsten technischen Standard besitzt, das in allen äußeren Dingen verwestlicht ist, aber im Inneren zutiefst japanisch bleibt in allem, was mit der soziokulturellen und persönlichen Existenz zusammenhängt. Neben gewagten architektonischen Bauten ducken sich verwitterte, alte Holzhäuschen, Ahnenkult und Aberglaube werden neben aufgeklärter Wissenschaft und Forschung praktiziert, stilvolle Vergnügungen neben oberflächlicher Vergnügungssucht und Konsumrausch. Japan-Kenner nennen dieses Merkmal der japanischen Kultur von heute eine »unbegreifliche Fähigkeit, in zwei Zeitaltern zu leben«, eine für Ausländer zutiefst verwirrende Erfahrung »angesichts der Versöhnlichkeit von Widersprüchen, die eigentlich jede Kultur sprengen müssten« (Uwe Schmitt).

Solange diese innere Welt weiter besteht, die Sehnsucht nach der alten Ordnung, aus der das japanische Volk in den vergangenen zwei Jahrhunderten zwei Mal schmerzhaft gerissen worden ist – durch das abrupte Aufwachen aus zweihundertfünfzig Jahren Einsamkeit Mitte des 19. Jahrhunderts, als Major Perry und seine Männer die Tür nach Japan rücksichtslos aufgetreten und dessen Welt den Stürmen der Veränderung ausgesetzt hatten, sowie ein knappes Jahrhundert später, als nach der als schmachvoll empfundenen Niederlage im Zweiten Weltkrieg ihrem Kaiser der göttliche Status verloren ging und dies die Menschen in eine nationale Identitätskrise gestürzt hat –, sind die Geishas im Denken der Menschen eins mit dem alten Japan, das nostalgisch verehrt und romantisiert wird als eine Welt, in der alles noch seine feste Ordnung hatte. Solange dieser Geist existiert, wird es den Geishas, den hochprofessionellen Bewahrerinnen der Tradition, gelingen zu überleben.

LIEBE UND LEBENSWELTEN IM HEUTIGEN JAPAN

EINE GEISHA IN TŌKYŌ

Ein heißer, schwüler Julitag in Tōkyō, vierunddreißig Grad Celsius im Schatten, und das am späten Nachmittag. Ich war auf dem Weg, die Geisha Chiyogiku zu treffen, ihr Name bedeutet »Kind der tausend Chrysanthemen«.

Ich trug ein dünnes, dem Anlass angemessenes schickes Leinenkostüm, doch selbst das war in der schwülen Hitze zu viel. In Europa hätte ich wenigstens auf die Seidenstrümpfe verzichten können, doch in Japan gelten nackte Beine auch im Sommer als unschicklich. Ziemlich abgehetzt und mit gerötetem Gesicht traf ich schließlich in dem Hotelkomplex ein, gegenüber der U-Bahnstation »Akasaka-mitsuke«, in dem wir uns treffen sollten. Shigeo, der Mann meiner Freundin und Übersetzer, kam in kurzärmeligem Hemd und Sommerhose, mit einem Strohhut auf dem Kopf und seinem unvermeidlichen Rucksack lässig über die Schulter gehängt. Chiyogiku hatte das Café im ersten Stock vorgeschlagen. In ihrem himmelblauen Sommerkimono war sie sofort auszumachen. Sie hatte ihre Haare im Nacken zusammengesteckt, war leicht hell geschminkt und hatte nicht zu auffällig rot geschminkte Lippen.

Sie begrüßte uns mit einer tiefen Verneigung, setzte sich graziös auf die Kante ihres Bistrostuhls und blickte uns mit einem schüchternen, mädchenhaften Lächeln an. Ihre dunkelbraunen Augen fielen mir auf, das Gesicht zart und schmal, die Hände makellos manikürt. Sie redete leise, aber selbstbewusst und viel.

Ihre Familie führe seit Generationen ein Kimonogeschäft in Tōkyō, erzählte sie. Daher war sie von Kindheit an mit Kimonos vertraut. Sie war an das Rascheln und die Weichheit der Seidenstoffe gewöhnt und hatte die »Kimonosprache« gelernt wie andere Kinder ein kompliziertes Memory-Spiel. Im Kimonoladen kauften oft auch Geishas ein. Die besten Kimonoschneider der Stadt wurden manchmal gerufen, um ihnen bei der Auswahl der Stoffe zu helfen. Häufig nahmen die Geishas auch etliche Stoffmuster mit, um sich vom Schneider beraten zu lassen. Jede Geisha hatte ihren bevorzugten Kimonoschneider. In dieser Branche gab es kaum Frauen. Chiyogiku wurde später Stammkundin bei einer beliebten Schneiderin. Sie kam aus Nagano aus einer Familie, die eine Seidenweberei betrieb. Im Alter von achtzehn Jahren zog sie nach Tōkyō zu ihrem Bruder. Sie lernte von einem Mann Kimonos nähen und saß beim Schneidern wie ein Mann mit gekreuzten Beinen. Sie wurde daher »Mann-Kimono-Näher« genannt. Wenn sie einen Kimono näht, dann sitzt er absolut perfekt, sagte Chiyogiku.

Das kleine Mädchen Sakue – die spätere Geisha Chiyogiku – war zwölf Jahre alt, als sie davon zu träumen begann, eine Geisha zu werden. Sie beneidete die Geishas in ihren kostbaren Kimonos und ihre glänzenden Frisuren. Sie bestaunte die Eleganz, mit der sie sich bewegten, und die Höflichkeit, mit der sie einander begrüßten. Eines Tages unterhielt sich eine Stammkundin im elterlichen Geschäft mit ihr über ihre Zukunftspläne. »Eine Geisha willst du werden?«, lachte sie und bot Sakues Mutter an, die Tochter als Schülerin aufzunehmen, falls sie nach dem Abschluss der Mittelschule noch immer die ernsthafte Absicht verfolge, sich ausbilden zu lassen.

Mit sechzehn Jahren zog Chiyogiku schließlich mit Genehmigung ihrer Eltern in die Wohnung ihrer Lehrmeisterin ein, die ihr die Feinheiten der Geisha-Tänze und gutes Benehmen beibrachte, ihr Übungsstunden im *shamisen*-Spiel und in der Blumensteckkunst gab. Zur Entspannung führten sie Gespräche über die Tagespolitik, gesellschaftliche Ereignisse, Literatur und das Leben in der Edo-Zeit.

Chiyogikus Lehrmeisterin war im *shamisen*-Spiel, in Tanz, Literatur und Kunst ausgebildet. Sie hatte ihre Lehrzeit im zarten Alter von sechs Jahren, sechs Monaten und sechs Tagen begonnen, wie es in den Jahren vor dem Zweiten Weltkrieg (und noch in den ersten Nachkriegsjahren) üblich war. Mit elf wurde sie Maiko, und mit fünfzehn wurde sie zur vollwertigen Geisha. In der Vorkriegszeit hatte jede Frau, die Geisha geworden war, es als gegeben hingenommen, dass erst die *mizuage,* die Entjungferung durch einen einflussreichen Kunden, sie zur erwachsenen Geisha machte. Nach dem Antiprostitutionsgesetz von 1956 wurde diese Praxis für illegal erklärt. Kam es trotzdem vor, dass eine Geisha einen *danna* hatte, dann schwieg sie darüber. Bis Mitte der 1970er Jahre, lange nachdem das Gesetz in Kraft war, wurden weiterhin kleine Mädchen oft noch im Vorschulalter aus verarmten Familien von Geisha-Häusern gekauft und adoptiert (wie dies beispielsweise auch bei der ehemaligen Geisha Mineko Iwasaki aus Kyōto der Fall war).

Nach dem Zweiten Weltkrieg wurde wie erwähnt erstmals in Japan gesetzlich verankert, dass Frauen das gleiche Recht auf Bildung haben wie Männer. Gleichzeitig wurde die allgemeine Schulpflicht bis zum fünfzehnten Lebensjahr eingeführt, weshalb die Mädchen nunmehr frühestens ab diesem Alter Lerngeisha werden konnten.

Wenn Chiyogiku gelegentlich ihre Lehrmeisterin zu einem Engagement begleiten durfte, nannte sie diese Stunden »Lernen durch Beobachtung«. Sie lernte unter anderem, wie man die Atmosphäre bei einer Geisha-Party durch Plauderei auflockern kann. Nach einem Jahr Lehrzeit durfte sie bereits einem Gast Sake einschenken. Sie sei damals sehr aufgeregt gewesen und habe gehofft, keinen Fehler zu machen. Jede Geste, sei es das Niederknien neben dem Gast, die richtige Art, den kleinen Sakekrug zu halten, oder die Worte, die sie an den Gast richten durfte, musste wohl einstudiert sein.

Während der Zeit ihrer Ausbildung verdiente sie kein Geld. Ihre Eltern haben sie finanziell großzügig unterstützt. Nach drei Jahren wurde sie freigesprochen und konnte sich in ihrem zuständigen *hanamachi*-Bezirk registrieren lassen. Sie bekam ihre Lizenz vom Registrierbüro *(kenban)* für die Etablissements, die Mitglied in der »Restaurant Union« *(ryōtei kumiai)* sind.

Die Geishas müssen sich verpflichten, nur in jenen *ryōtei* zu arbeiten, die zur »Restaurant Union« gehören. *Ryōtei* ist der allgemeine Begriff für Teehäuser in Tōkyō. Im Gegensatz zu den Teehäusern in Kyōto, den *ochaya,* die nur Getränke ausschenken und Mahlzeiten von außerhalb kommen lassen, ist ein *ryōtei* ein erstklassiges japanisches Restaurant mit teurer traditioneller Küche.

Chiyogiku geht zum Beispiel jeden Mittwoch in ein *ryōtei* im Stadtteil Asakusa, um dort die Gäste eines Stammkunden zu unterhalten. Der Kunde lässt stets drei Geishas rufen. Chiyogiku tanzt, die beiden anderen Geishas spielen *shamisen* und Handtrommel. Nach dem Essen wird weiter getrunken und nachgeschenkt. Und dann ist es Zeit für ein paar Trinkspiele, zum Beispiel das beliebte *jankenpo* (Schere-Stein-Papier). Eine Geisha spielt mit einem Gast zusammen gegen einen anderen Gast. Verliert die Partei der Geisha, müssen der Gast und die Geisha je ein Schälchen Sake trinken. Verliert der andere Gast, muss er das Gleiche tun.

Die Party endet im Allgemeinen kurz vor Mitternacht. Ihr künstlerisches Engagement dauert zwei Stunden, und später wird den Geishas dafür ein Honorar von fünfundsiebzigtausend Yen (etwa sechshundert Euro) überwiesen. Was dem Gastgeber für die anschließende Partyzeit berechnet wird, wollte Chiyogiku nicht verraten. Sie erwähnt, dass es trotz der sich verschlechternden wirtschaftlichen Lage noch genügend Besucher traditioneller japanischer *ryōtei* gibt, die weiterhin mit Vergnügen für ihre nächtlichen Extravaganzen Geld ausgeben.

Die Kontaktstelle zwischen einem *ryōtei* und den Geishas ist die Geisha-Vermittlung oder das für den Arbeitsbezirk der Geisha zuständige *kenban*, das zentrale Organisationsbüro. Ist der Kontakt zum Kunden hergestellt, kann er die Geisha auch direkt für weitere Engagements im *ryōtei* anfordern. Ihre Verabredung wird dann vom *ryōtei* dem Vermittlungsbüro gemeldet, damit die Abrechnung ordnungsgemäß erfolgen kann. Es schickt sich nicht für eine Geisha, mit dem Gast direkt abzurechnen.

Als Chiyogiku im Jahre 1973 ihre Ausbildung begonnen hatte, war Japan wirtschaftlich gerade auf die Beine gekommen und hatte endgültig Anschluss an die moderne Welt gefunden. 1960 war Premierminister Ikeda an die Macht gekommen und hatte versprochen, das nationale Einkommen innerhalb der kommenden zehn Jahre zu verdoppeln. Doch schon lange vor dem Ende des Jahrzehnts hatte sich der Lebensstandard explosionsartig verbessert. Als 1964 die Olympischen Spiele in Tōkyō zu Ende waren, besaß fast jeder Haushalt die obligaten »drei Schätze«: Fernseher, Kühlschrank und Waschmaschine. Japan war zu einem modernen, wohlhabenden Land geworden.

Für die Geishas waren diese Jahre zwischen 1965 und 1975 eine Blütezeit. (Mitte der 1970er Jahre gab es immerhin noch siebzehntausend Geishas.)

Die Männer, die Japan zu jener Zeit regierten, waren mit Geishas aufgewachsen. Eine schöne und berühmte Geisha zu unterhalten war noch immer Maßstab für den Erfolg eines Mannes. Es war damals selbstverständlich, wusste Chiyogiku, dass Geschäftsleute und Politiker nach einem harten Arbeitstag ihre Abende in einem ihnen vertrauten Teehaus verbrachten, das praktisch ihr zweites Zuhause war, so gegensätzlich es auch zu dem ihrer Familie war. Im Teehaus, in dem die Geisha eine Atmosphäre gegenseitiger Vertrautheit und Intimität schuf, diskutierten sie die weibliche Sicht der Tagesereignisse. Ihre Frauen, die, an Haus und Kinder gefesselt, ihr Leben in einer sehr viel engeren Welt zubrachten, konnten ihrer Ansicht nach nichts von diesen Dingen verstehen, Geishas hingegen waren es gewohnt, sich mit mächtigen, beredten Männern auf gleicher Ebene zu unterhalten. Weniger wichtige Männer gingen aus denselben Gründen vielleicht in Bars und Clubs (Lesley Downer).

Die in den 1930er Jahren definierte Rolle der Geisha als Gegenbild zur Hausfrau und Mutter, zur Ehefrau, die zur geistigen Auseinandersetzung mit ihrem Mann nicht taugt, trifft auch heute noch zu, behauptet Chiyogiku. Selbst wenn sich mächtige japanische Männer eine Geisha zur Ehefrau erkoren haben, bedeutet dies nicht, dass sie seine geistige Begleiterin geworden ist, wie sie das vor der Ehe war. Oft ist sie nichts anderes als ein Beutestück, eine Schönheit, auf die der Mann, der sie erobert hat, stolz ist. Mit der Heirat muss jede Geisha ihren Beruf an den Nagel hängen und darf ihre Künste nur dann im privaten Kreis pflegen, wenn der Ehemann damit einverstanden ist.

Die luxuriösen Teehäuser, die nur der absoluten Elite zugänglich sind, waren noch bis vor wenigen Jahren im Grunde auch Machtzentren, in denen diejenigen, die an den Schalthebeln saßen, Verhandlungen führten und Abmachungen trafen, zu denen es in der förmlichen Atmosphäre der Konferenzsäle kaum gekommen wäre. Die abendlichen Treffen in den Teehäusern boten auch die Gelegenheit, die Beziehungen untereinander zu vertiefen, in der Gewissheit, dass nichts, was innerhalb des Teehauses geschah, je nach außen dringen würde. Die hochprofessionellen Geishas würden dafür Sorge tragen. Und wurden dafür fürstlich entlohnt.

Heutzutage ist es schwieriger geworden, den Lebensunterhalt als Geisha zu verdienen. Als die aufgeblähte japanische Wirtschaft in den 1990er Jahren ihre Talfahrt antrat, nahm die Zahl der Geishas ab, denn wenn die Wirtschaftskraft nachlässt, werden weniger Feste gefeiert.

Zum einen interessieren sich die Leute nicht mehr so sehr für Teehausgesellschaften, sagt Chiyogiku, und so hat sich die Rolle des Teehauses allmählich geändert. Die Männer, für die Geishas einen wesentlichen Teil ihres Lebens ausgemacht hatten, sind kaum noch an der Macht. Eine neue Generation, der die Art des Umgangs, die in der Vergangenheit gepflegt wurde, fremd ist oder nichts mehr bedeutet, bestimmt nun die Geschicke des Landes. Statt ihre Beziehungen und finanziellen Möglichkeiten bei Teehausgesellschaften öffentlich zu demonstrieren, amüsieren sich heute die Mächtigen in französischen Restaurants oder den schillernden Clubs im piekfeinen Ginza-Bezirk, oder sie laden die Kollegen am Wochenende in einen privaten Golfclub ein.

Die Geishas in Tōkyō, berichtet Chiyogiku, sind in der Öffentlichkeit unsichtbar. Ihr Beruf verlangt höchste Diskretion. Selbst scheinbar unverfängliche Fragen nach lustigen Anekdoten im Laufe ihrer Berufstätigkeit haben die Geishas, mit denen ich gesprochen habe, ausweichend beantwortet. Chiyogiku zum Beispiel behauptete, sie würde »jeden Tag etwas Lustiges erleben«, wollte aber nicht konkreter werden.

Obwohl sie ihr eigener Boss ist, wie dies für die Geishas in Tōkyō heute allgemein üblich ist, gehört es zu ihren Berufsvorschriften, keine Werbung für sich zu machen. Den Geishas ist es beispielsweise nicht gestattet, im Fernsehen aufzutreten, und auch den anderen Medien in Japan dürfen sie keine Interviews geben. Hin und wieder sind Geisha-Skandale in der Presse breitgetreten worden, wie jener im Jahre 1989 um die Affäre des damaligen Premierministers Sosuke Uno mit einer Frau namens Mitsuko Nakanishi, die sich als Geisha bezeichnete (sie hatte nie eine richtige Geisha-Ausbildung genossen) und die mit ihrer unerhörten Tat, Einzelheiten ihrer Affäre mit Uno der Öffentlichkeit zu enthüllen – zum Beispiel habe er ihr, geizig wie er war, nicht das vereinbarte Honorar bezahlt –, Japan den ersten Sexskandal und dem Premierminister seinen politischen Abschied bescherte. Uno hatte sich in den Augen der Japaner vor allem dadurch schuldig gemacht, dass er eine Affäre mit einer Geisha hatte, die so unter Niveau war, dass sie sogar darüber sprach.

Im Allgemeinen ist und bleibt die Geisha-Welt geheim und undurchdringlich. Die klassische Geisha wird zwar von der Elite der Gesellschaft noch immer als gleichwertige Gesprächspartnerin betrachtet, aber hinter geschlossener Tür.

Als Chiyogiku dreißig Jahre alt war, plante sie, sich selbstständig zu machen. Sie wollte eine Geisha-Agentur als GmbH gründen. Der Plan ist gescheitert, weil die Behörden noch keinen Musterfall zur Orientierung hatten. Also arbeitete sie weiter in ihrem Beruf als Geisha. Sie denke immer mal wieder daran, aufzuhören und eine normale Arbeit anzunehmen, sagt Chiyogiku. Geisha zu sein sähe stets von außen schön aus. Doch die Wirklichkeit sei weniger romantisch. Man müsse den Männern stets das Gefühl geben, dass man nur zu ihrem Vergnügen da ist: »Es ist eine Welt des Scheins«, sagt sie, »nach meinem Engagement bin ich allein.« In Japan gibt es auch heute wenig Raum für Frauen, die ihr Leben von Ehemann und Mutterpflichten unabhängig gestalten wollen. Der Geisha-Beruf bietet ihnen die Möglichkeit, ein selbstbestimmtes Leben auf gesicherter wirtschaftlicher Basis zu führen. Auch wenn jede Geisha hofft, im angemessenen Alter einen Gönner oder Ehemann zu finden, hat sie nicht umsonst in ihre Karriere investiert, wenn sie dieses Ziel nicht erreicht: Geisha kann sie ein Leben lang sein. Für diesen Beruf sind andere Fähigkeiten als Jugend und Schönheit ausschlaggebend. In der westlichen Kultur dagegen sind gerade diese Merkmale innerhalb der Welt des Amüsements und der Unterhaltungsbranche ausschlaggebend.

Wenn eine Geisha zu arbeiten aufhört, wechselt sie gewöhnlich in einen verwandten Beruf, zum Beispiel führt sie ein Restaurant, eine Bar oder ein Geschäft, wo sie ihre Erfahrung und ihre Verbindungen zu ihrem Vorteil nutzen kann. Hätte Chiyogiku die Möglichkeit, in das Kimonogeschäft ihrer Eltern zurückzukehren? Nein, sagt sie, das habe ihr Neffe übernommen. Chiyogiku vertreibt sich die Zeit zwischen den Terminen mit dem *shamisen*-Spiel oder mit Tanzübungen, denn »es ist wichtig, täglich zu üben«. Manchmal geht sie aus dem Haus, selbstverständlich in moderner westlicher Kleidung, und lässt sich vom Strom der Menschen in der Stadt treiben.

Als es für die Geishas noch selbstverständlich war, in entsprechenden Häusern zusammenzuwohnen, wäre wohl kaum Einsamkeit aufgekommen, wie sie heute gerade unter den alten Geishas grassiert. In der Hierarchie der Geisha-Familie hatte jede ihren Platz und ihre Funktion und wurde von den jüngeren geachtet, respektiert sowie als Lehrmeisterin geschätzt. Zudem war es üblich, einen *danna* zu haben, der als Geliebter oder eine Art »sugar daddy« für die enormen Unkosten aufkam, die einer Geisha für ihre Ausstattung allein durch die große Anzahl der benötigten Kimonos entstehen. Vor dem Zweiten Weltkrieg musste jede Geisha einen *danna* haben, der sie finanziell unterstützte. Heute ist es möglich, vom Gehalt und den Trinkgeldern zu leben, meint Chiyogiku. »Es gibt sehr wohlhabende Kunden, die den Geishas oft Bündel von 10.000-Yen-Scheinen für geringste Dienste geben.« Deshalb kann sie sich frei entscheiden, ob sie einen Mann als *danna* akzeptieren möchte.

Chiyogiku übt – wie heute allgemein üblich für eine Geisha – ihren Beruf selbstständig und auf eigene Verantwortung aus. Sie muss das, was sie verdient, selbst versteuern, sich privat krankenversichern und sich selber um ihre Altersversorgung kümmern. Kleidung und Schmuck kann sie als Werbungskosten von der Steuer absetzen.

Auch in einer modernen Welt, in der die Frauen selbstständig sein sollen, sei es wichtig, die Traditionen zu pflegen, meint Chiyogiku. Dass dies kein Widerspruch sei, würde der Geisha-Beruf beweisen. Vor drei Jahren hat Chiyogiku einen Verein für japanische Mädchen gegründet, die Interesse an alten Traditionen haben. Und einen Verein für traditionellen Tanz. Das Ziel dieser Vereine ist, den Mädchen Selbstbewusstsein und die Liebe zur japanischen Tradition, zu ihren Wurzeln, zu vermitteln. Es sei wie mit dem Geisha-Beruf: Man muss mit dem Herzen dabei sein, sagt Chiyogiku und lächelt sanft in dem tief verwurzelten Wissen, dass eine ausländische Person dieses japanische Denken nicht verstehen kann. Sie wirkt ein wenig verführerisch.

WAS JAPANER ÜBER GEISHAS DENKEN

Nur wenige Japaner sind jemals einer Geisha begegnet. Aber die meisten japanischen Männer aller Altersstufen sind der Ansicht, dass es zwei Arten von Geishas gibt. Zum einen die berufsmäßigen, die zu einem Teehaus gehören. »Sie zeigen japanischen Tanz als Team«, sagt beispielsweise ein sechzigjähriger ehemaliger Flugkapitän. Normalerweise seien es sechs bis sieben Tänzerinnen, Trommlerinnen, Sängerinnen, *shamisen*-Spielerinnen. Sie geben einer Veranstaltung oder einer Party einen festlichen und würdigen Rahmen. Sie verkaufen sich nie, sie verkaufen nur ihre künstlerische Performance. Die andere Art Geisha sei wenig mehr als eine Prostituierte im Kimono.

Es fällt auf, dass die Japaner der Nachkriegsgeneration wenig Interesse an Geishas zeigen. In der schlechten wirtschaftlichen Situation, die auch Japan seit einigen Jahren zu verzeichnen hat, gibt es nur noch wenige privilegierte Männer, die bereit sind, sich von einer klassischen Geisha unterhalten zu lassen.

»Ein Mann muss dafür ein Vermögen ausgeben«, sagt ein wohlhabender fünfzigjähriger Unternehmer, der gelegentlich sein Vergnügen in Kyōto sucht.

Was ist denn für ihn das Besondere an einer Geisha-Party? »Mit einer wahren Geisha kann man sich auf hohem Niveau unterhalten.« Frauen werden seiner Meinung nach heute erfolgreiche Geishas nicht wegen ihrer Schönheit. Ihre Intelligenz sei die wichtigste Voraussetzung dazu, Schönheit sei »machbar«. Mit dieser Auffassung repräsentiert er viele Geschlechtsgenossen seiner Generation und sozialen Schicht. Ein hoher Ministerialbeamter aus Tōkyō hält die wahren Geishas sogar für die kultiviertesten und gebildetsten Frauen im Land.

Was ist mit seinen Kolleginnen in der Politik, den Frauen in leitenden Positionen, mit den Akademikerinnen, den wenigen Managerinnen in den Chefetagen der Industrie?

»Sie sind klug, aber nicht unterhaltsam.«

Frauen, die zum Vergnügen der Männer erzogen werden, setzen ihre Bildung ein, um ihre Kunden zufrieden zu stellen. Das ist schon immer so, seit es mächtige Männer gibt. Akademikerinnen, die Bildung zu ihrem eigenen Vergnügen betreiben, sind in Japan erst seit den 1950er Jahren selbstverständlich und haben dies den Amerikanern zu verdanken: Beim Aufsetzen der neuen japanischen Verfassung nach dem Zweiten Weltkrieg bestanden diese darauf, dass alle Universitäten auch für Frauen geöffnet wurden. (Auch auf ihr Wahlrecht hatten die Frauen bis zu diesem Zeitpunkt warten müssen.)

Die jüngere Generation Japans, die Männer um die dreißig, halten die Geisha für einen aus der Mode gekommenen Beruf. Sie glauben, dass im Wesentlichen sich nur noch Politiker und reiche Industrielle heute von Geishas mit traditionellem Gesang und Tanz unterhalten lassen mit der unausgesprochenen Erwartung, dass die Damen auch zu Intimitäten bereit sind. Ein fünfunddreißigjähriger Computerspezialist meinte: »Die Japaner sprechen nicht viel und unterhalten sich nicht gern. Eine Person, die sich mit ihnen unterhält, kann dies zum Beruf machen, und das kostet dann eben etwas.«

Dass echte Geishas teuer sind, davon sind alle überzeugt. Der japanische Ehemann einer Dolmetscherin wies zum Beispiel die Bitte seiner Frau, sie zu einem Interview mit einer Geisha zu begleiten, empört zurück und stellte entschieden klar, dass er mit Geishas nichts am Hut habe. Außerdem war er davon überzeugt, das Interview würde teuer sein, denn »Geishas nehmen für alles Geld«.

Richtig ist, dass eine echte Geisha-Party so kostspielig ist, dass sie, falls man nicht über unbegrenzte Mittel verfügt, nur in Frage kommt, wenn man sehr wichtige Geschäftspartner zu unterhalten hat und das Ganze als Bewirtungskosten geltend machen kann.

Ein Gespräch mit einer Ausländerin über ihren Beruf und ihre Person empfindet die Geisha nicht als Dienst. Das beruhigte mich!

Aufgrund der eher vagen und ungenauen Kenntnisse über die Geishas hält sich auch hartnäckig das despektierliche, leicht verruchte Image. Ein angesehener fünfundvierzigjähriger Tierarzt zum Beispiel, von der Intelligenz der Geishas überzeugt und ihrer stilvollen Gesellschaft nicht abgeneigt, würde seiner eigenen Tochter nicht erlauben, diesen Beruf zu ergreifen. »Das wäre ein großes Problem für das Ansehen unserer Familie«, sagt er. Wenn es um die Respektabilität geht, werden Geishas eben doch nicht für salonfähig gehalten.

Und dennoch sind Japaner auf die wahre Geisha-Kultur stolz. Solange die Liebe zur Tradition lebendig bleibt, werden die kunstfertigen Unterhalterinnen als Kulturschatz betrachtet, und wenn es um ihre Vergangenheit geht, werden die meisten Japaner nostalgisch, wie etwa ein zweiundfünfzigjähriger Jurist, der betont, aus der glanzvollen Vergangenheit, die die Geishas verkörpern, »Kraft für den modernen, schnelllebigen Alltag« schöpfen zu können.

Noch immer prägen Geishas das Bild, das Japan von sich selbst hat. Romane, Filme und Fernsehserien beschwören stets aufs Neue jenes Zeitalter der Romantik, für das die Geishas stehen, jene Tage, in denen es besser war zu sterben, anstatt entehrt weiterzuleben, und in denen die Männer noch sehnsuchtsvoll an der großen Weide vorbei in die Welt der Yoshiwara eintauchen konnten. Das alte Japan lebt immer noch. Es existiert eine bestimmte Sentimentalität der Lebensart und Lebensform gegenüber, die sich nicht zuletzt im Alltag ausdrückt, wenn zum Beispiel die auf einem Essplättchen angerichteten Speisen, die in einem traditionellen Restaurant serviert werden, einem Kunstwerk gleichen. In Kyōto, dem beliebten Ziel japanischer (und internationaler) Touristen, treffen die Besucher auf ein exotisches Japan, das an nostalgische Gefühle appelliert. Hier kann man die Sehnsucht nach dem verlorenen Japan mit Tempelbesuchen, einer Rikschafahrt, mit entsprechender Kleidung, mit Restaurantbesuchen und dem Erwerb von kunstgewerblichen und folkloristischen Gegenständen, aber auch traditionellem Gebäck und eingelegtem Gemüse stillen. Die Reise nach Kyōto gestaltet sich somit als Suche nach einer verlorenen Zeit und einer verlorenen Identität.

Diese Art von Selbstexotisierung, von der einige Japan-Kenner sprechen (etwa Irmela Hijiya-Kirschnereit), trägt vermutlich dazu bei, dass die Geisha stellvertretend für das alte Japan als Etikett verwendet wird, wenn Berichte in Europa vom »Land der Geishas« sprechen.

Für einen japanischen Mann weckt der Anblick einer Frau im Kimono eine stets latent vorhandene Erinnerung und eine diffuse Sehnsucht nach äußerer Ordnung, die als notwendig für die Balance einer inneren Sicherheit empfunden wird. Gleichzeitig bedeutet das vertraute Bild der Frau im Kimono mit dem zur Maske geschminkten Gesicht für ihn weniger Geheimnis als vielmehr ein Symbol, ein Zeichen für das Spiel, das nun beginnen kann.

Auch die Darsteller der alten japanischen Theaterformen sind seit jeher maskiert. Im *nō*-Theater zum Beispiel tragen die Schauspieler Masken, im *kabuki*-Theater werden die Masken auf die Haut geschminkt. Das Spiel mit Masken geht zurück bis in vorgeschichtliche Zeit: Schon der älteste religiöse Tanz, der *kagura*, wurde mit Masken aufgeführt.

In der flüchtigen, fließenden Welt des *ukiyo*-Lebensstils im 19. Jahrhundert hat ein Mann das grenzenlose Vergnügen in Gesellschaft schöner Geishas und Freudenmädchen erst mit reiferem Alter genossen, idealerweise nach dem vierzigsten Lebensjahr, nachdem er genug Vermögen angesammelt hatte, um es nur noch für sein Vergnügen ausgeben zu können. Die jungen Japaner von heute schließen nicht aus, dass sie später im Alter Freude an der Gesellschaft von Geishas haben könnten. »Jetzt bin ich noch zu jung, um Geisha-Partys zu genießen«, sagt ein fünfunddreißigjähriger Geschäftsmann, er finde ihre Unterhaltungskünste zwar kunstvoll, aber »ein wenig langweilig«.

Vielleicht wird die Generation von heute, die sich zeitgemäßere Formen des Amüsements geschaffen hat, in fortgeschrittenem Alter die Gesellschaft von Geishas wieder aufs Neue entdecken.

Die Ausbildung zur Geisha ist anstrengend und lang. Es gibt inzwischen im *mizushōbai*, der Welt des Vergnügens, einfachere Möglichkeiten, finanziell unabhängig zu sein. Männer der älteren Generation sind allerdings überzeugt, dass die »modernen« Geishas eine andere Kultur in Japan bewirken werden. Die Erwartung der japanischen Männer an die moderne Geisha umfasst neben der klugen Konversation und dem traditionellen Tanz auch die Fähigkeit, mit ihnen Karaoke singen zu können und verschiedene Spiele zur Aufheiterung zu spielen, vom komplizierten Brettspiel wie etwa dem *go* bis hin zum »Memory« aus Kindertagen. Wenn man sich für einen Begleitservice, so genannte *»companion«*, zum Beispiel für ein Geschäftsessen mit Damen, entscheidet, wird jedoch ebenso auf Kultiviertheit Wert gelegt. Vermittelt werden die *companions* im Allgemeinen durch eine Künstleragentur.

Für einen japanischen Mann gehören regelmäßige Besuche in einer Bar mit den Kollegen zum Arbeitsalltag. Man geht nach Dienstschluss in eine der vielen kleinen intimen Kneipen, die von einer *mama-san,* wie die Besitzerin einer solchen Kneipe liebevoll genannt wird, betrieben wird. Man wird entweder von der Chefin selbst betreut oder von einer der Bar-Hostessen, die sich scheinbar liebevoll um ihre Stammkunden kümmern. Die kleinen engen Bars, die oft Tür an Tür in den oberen Stockwerken von schmalen fünf- bis siebenstöckigen grauen Gebäuden mit aufdringlicher glitzernder Reklame an der Außenfassade liegen, haben heute fast alle eine Karaoke-Anlage. Die meisten Japaner üben die typischen Karaoke-Lieder, wehmütige japanische Volksweisen, zu Hause, um sich vor den Kollegen dann nicht zu blamieren.

Ich erinnere mich an einen Abend mit drei Kollegen in einer Bar, in der es außer dem Tresen und etlichen Barhockern einen großen viereckigen Tisch gab, um den auf drei Seiten Sofas gestellt waren, die Seite zum Tresen war frei. Auf diesem winzigen kleinen Platz stellte sich jeweils ein Mann auf, um wie auf der Bühne zur Musik zu singen, den Text las er sorgsam von dem Video ab, das auf dem TV-Bildschirm flackerte. Die *mama-san* hatte ihre drei jungen Barmädchen zu den Gästen aufs Sofa geschickt. Sie klatschten begeistert und enthusiastisch mit dem Sänger mit und animierten alle zu einem weiteren und noch einen Song. Daneben achteten sie darauf, dass die Whisky-Gläser der Besucher stets gefüllt waren.

Die *mama-san* hatte mich nicht zu den Männern aufs Sofa gesetzt, sondern mir einen Barhocker an den Tresen gerückt, sodass ich den anderen den Rücken zukehrte. Sie begann eine Unterhaltung mit mir, fragte mich, woher ich käme und was ich in Japan mache. Ich schätzte die *mama-san* auf Mitte vierzig, sie trug ein glitzerndes, schwarzes langes Kleid, ihre Bar-Hostessen trugen weiße Blusen und rote Miniröcke. Die kleine Bar lebte von ihren Stammkunden und deren Gästen. Als das Karaoke-Singen offensichtlich beendet war und ich mich zu meinen Kollegen umdrehte, erschrak ich über ihre roten Gesichter und das Lächeln, das so typisch für betrunkene japanische Männer ist: Sie erinnern an glückliche Kinder. In dem Maße, wie ihnen der Whisky und der Sake zu Kopf stiegen, verloren die Herren allmählich ihre würdevolle Haltung. Und versuchten nun, sich das von der Seele zu reden, was sie offenbar loswerden wollten. Japanische Männer weinen sich am Abend bei ihrer *mama-san* gern aus. Bei ihren eigenen Frauen trauen sie sich das nicht, denn sie fürchten, die Gattin könnte die Achtung vor ihnen verlieren.

In den Vergnügungsvierteln der großen Städte sind heute Frauen aus dem Westen als Bar-Hostessen beliebt. Das ist vielleicht eine Folge der in der Werbung sehr häufig vorkommenden weißhäutigen, blonden Modelle. Die am Westen orientierte Schönheitsnorm der Japaner zeigt sich auch in den Frauenzeitschriften, in denen auf gut einem Drittel der Seiten die Gesichter der Frauen westliche Züge haben, um bei den Japanerinnen die Wunschvorstellung zu wecken, auch so auszusehen. Die Konsequenz sind die zunehmenden Lidfalten- und Nasenoperationen.

In den Vergnügungsvierteln stehen überwiegend Ausländerinnen auf der Straße und locken die Kunden in die Clubs. Und es ist nicht selten, dass viele Europäerinnen, die auf Weltreise durch Südostasien sind, in japanischen Clubs arbeiten. Seit einigen Jahren sind blonde Hostessen in den kleinen Bars die Attraktion.

»Ich finde ausländische Hostessen unkompliziert, besonders amerikanische und australische Mädchen«, sagt ein Regierungsbeamter, der Stammgast in einem der ungefähr zwanzig Clubs mit ausländischen Hostessen in Tōkyōs Vergnügungsviertel Roppongi ist. »Wir singen zusammen Karaoke, zum Beispiel Beatle-Songs, und wenn sie sich dann zu mir herüberbeugen und mich unabsichtlich mit ihren großen Busen berühren, wenn sie mir ein Küsschen auf die Wange geben, das ist sehr aufregend für mich.«

Die Versuche westlicher Künstler, das Konzept »Geisha« in ihrer Kultur zu vermarkten, zum Beispiel die Sängerin Madonna, die im Kimono aufgetreten ist, werden in Japan als Kuriosität betrachtet. Derartige Aktionen würden beweisen, wie schwierig die japanische Kultur für Nichtjapaner zu verstehen sein muss, bemerkte höflich eine Gruppe japanischer Geschäftsleute, mit denen ich am Flughafen in Ōsaka ins Gespräch gekommen war. Hinter der Höflichkeit versteckt sich ihre Ansicht, dass Ausländer sich wohl stets auffallend unsensibel der japanischen Kultur gegenüber verhalten. In diesem Sinne wird die Geisha-Kultur sicher auch als Ort des Widerstands gegen die Ansprüche des Westens, Elemente aller Kulturen der Welt zu vermischen, betrachtet.

VERWANDLUNG IN EINE GEISHA

Nicht nur für Japanerinnen

Wer schon immer einmal wissen wollte, wie sich eine Geisha ankleidet, wie sie geschminkt wird und welche Tricks für die Haartracht verwendet werden, und ausprobieren möchte, wie es ist, wie eine Geisha auszusehen, hat dazu Gelegenheit, dies am eigenen Leib zu erfahren. In Kyōto zum Beispiel, das jährlich Tausende von einheimischen und ausländischen Touristen anzieht, gibt es einige kleine Geschäfte, meist eine Kombination zwischen Kimono- und Fotoladen, die sich eine spezielle Attraktion für die Touristen ausgedacht haben.

»Gönnen Sie sich ein besonderes Erinnerungsfoto an Japan«, heißt es da in japanischer und englischer Sprache, »professionelle Kimonoankleider kümmern sich um Sie, und ein Fotograf verewigt Sie im Kimono. Sie werden sich kaum wiedererkennen.« Das Foto daneben zeigt eine Geisha in prächtigster Aufmachung: weiße Schminke im Gesicht, mandelförmig schwarz umrandete Augen und blutrot bemalte Lippen, eine schwarze Perücke, eine hoch aufgetürmte Haartracht mit schmückenden Ornamenten.

»Bitte nur mit den Augen lächeln, den Mund geschlossen halten, und niemand wird Sie als Europäerin erkennen«, ermunterte mich die liebenswürdige kleine, etwa siebzigjährige Frau, die mir versicherte, dass sie selbst einst eine Geisha gewesen, nun aber eine Geschäftsfrau sei. Der junge Fotograf war ihr Partner. »Um es stolz den Zuhausegebliebenen als Dokument zu präsentieren, hat es fast einen zweifelhaften Wert, denn man könnte Sie des Betrugs oder der Aufschneiderei bezichtigen«, sagte sie verschmitzt, »auf dem Foto – das ist doch eine Geisha, das ist doch eindeutig, wird man Ihnen vorhalten.«

Aber jede Frau, die sich in dem kleinen Geschäft als Geisha »verkleidet« fotografieren lässt, weiß, dass sie selbst es war, die sich dem Ritual des Schminkens und Ankleidens unterzogen hat, das aber nicht ganz so lange dauerte wie bei den richtigen Geishas – dafür würde sie weder die nötige Zeit noch das nötige Geld aufbringen wollen.

Die Verwandlung zur fotogenen Geisha dauert im Allgemeinen etwa zwei Stunden und kostet mindestens zehntausend Yen samt Erinnerungsfoto (etwa fünfundsiebzig Euro).

Die Kimonogewandeten werden nicht ausreichend Gelegenheit haben, sich als Geisha zu fühlen. Trotzdem werden sie ein paar Schritte in den Plateau-Holzsandalen wagen wollen und sofort verstehen können, weshalb die Geishas sich nur in kleinen, trippelnden Schritten vorwärts bewegen. Auch der gerade nach unten fallende, schwere Kimono lässt keine ausholenden Schritte zu. Der *obi* ist eng von der Taille bis über die Brust gewickelt, so eng, dass sie nun auch volles Verständnis dafür entwickeln, dass die Geishas bei ihren Verpflichtungen niemals essen und hoffen, während ihres Engagements nicht zur Toilette gehen zu müssen.

»Als ich nach draußen ging, konnte ich mir ein wenig vorstellen, wie sich eine Geisha gefühlt haben muss«, sagte eine fünfundvierzigjährige Frau, die zwei Tage in Kinugawa, einem Thermal-Badeort in der Tochigi-Präfektur, zur Erholung verbracht hatte.

Dort bietet die Geisha-Vereinigung der Stadt seit März 2004 Japanerinnen die Möglichkeit, sich in eine Geisha verwandeln zu lassen.

Drei echte Geishas helfen beim Ankleiden und Schminken. Im Fundus des Vereins liegen etwa fünfzig Kimonos unterschiedlicher Farbe und Muster zur Auswahl bereit, und ebenso viele Perücken und Sandalen.

Die als Geisha verkleideten Frauen spazieren dann durch Kinugawas Badeviertel. Sie werden oft angehalten und fotografiert. »Viele Leute wollten mit mir sprechen«, sagte die fünfundvierzigjährige Frau. Die weiße Schminke, glänzende Perücke und der prächtige Kimono hatten aus der älteren durchschnittlichen

Frau ein verführerisches Geschöpf gezaubert, nicht hübsch, aber zweifellos faszinierend. Sie fühlte sich bewundert und zog die Aufmerksamkeit der Leute auf sich, eine Erfahrung, die selbst eine junge Japanerin in einem Fest-Kimono nicht machen kann: »An meinem Großjährigkeitsfest mit zwanzig Jahren habe ich zuletzt einen festlichen Kimono getragen. Mein Vater war besonders stolz auf mich, ihm habe ich im Kimono sehr gut gefallen, aber für alle anderen war es ganz normal, mich an so einem Tag im Kimono zu sehen«, meinte eine etwa fünfundzwanzigjährige Japanerin, die gerade dabei war, sich zu einem »Geisha-Verwandlungstermin« anzumelden.

Die Kurverwaltung der Tochigi-Präfektur erklärt, man habe mit diesem Angebot eine Attraktion für die Frauen schaffen wollen, die sich für alte japanische Traditionen interessieren, oder jene, die sich oft langweilen, wenn ihre Männer abends die Gesellschaft der *onsen*-Geishas suchen, um mit ihnen zu trinken und ausgelassene Spiele zu treiben. Die *onsen*-Geishas, die ihren Beruf in den Thermal-Badehäusern *(onsen)* betreiben, haben seit jeher keinen guten Ruf unter den klassischen Geishas. Sie müssen sich nicht registrieren lassen, benötigen auch keine Lizenz und arbeiten im Grenzbereich zwischen Animation und Prostitution. Tatsächlich verhalten sie sich der Lebenswelt in einem Kurbad angemessen, in der Entspannung, Rückzug vom Alltag, unbeschwerte Anonymität eher gesucht werden als geistige Herausforderung oder ein Schwelgen in städtischer Eleganz. Eine junge Geisha in Beppu, dem berühmten Kurort auf der Insel Kyūshū, sagte: »Es ist allgemein üblich, dass Männer während ihres Aufenthalts in einem *onsen* von einer Geisha unterhalten werden wollen. Über Arbeitsmangel braucht hier keine Geisha zu klagen. Ich verdiene sehr gut, arbeite aber nur, wenn es mir Freude macht.«

Eine junge Frau hatte sich entschlossen, ein Geisha-Kostüm für den Abend zu mieten und ihren Gatten damit zu überraschen. »Er wird mich vielleicht nicht erkennen«, kicherte sie und hoffte, pünktlich um achtzehn Uhr zum »Abendessen mit einer Geisha« im Restaurant ihren Mann zu treffen.

Ist die zunehmende Lust der (jüngeren) japanischen Frauen zur Kostümierung als Geisha ein Anzeichen dafür, dass die traditionelle Kluft zwischen Ehefrau und Geisha allmählich schwindet?

LIEBE UND EROTIK

GETRENNTE LIEBESWELTEN

Japanische Männer unterscheiden im Allgemeinen zwischen zwei Frauenwelten: ihren Ehefrauen und denjenigen Frauen, die für das Vergnügen der Männer da sind.

Diese beiden Welten sind traditionellerweise einerseits streng voneinander getrennt, bestehen aber andererseits durchaus nebeneinander.

Yōko und Tatsuo Morikawa, ein junges Ehepaar aus Kobe, hatte ich durch japanische Bekannte kennen gelernt. Yōko erzählte mir einmal von ihren Problemen in der Ehe. Hier ist ihre Darstellung:

»Lass uns heute früh zu Bett gehen«, schlage ich hoffnungsvoll vor. Er nickt schläfrig. Er hat sich damit abgefunden, den monatlichen Sex mit seiner Frau haben zu müssen. In dieser Nacht, nach stundenlangem Fernsehen irgendwelcher banaler Sendungen und drei oder vier Whiskys wird er sich zu mir ins Bett legen. Das Zimmer muss dunkel sein, er hat noch immer sein T-Shirt an, und seine Unterhosen hängen an seinem rechten Knie, damit er sie nicht suchen muss, später, wenn alles vorbei ist. Er versucht, in die Gänge zu kommen, ein bisschen hier, ein bisschen da, dann tun wir 's, und das war 's dann bis zum nächsten Monat.

Wir sind seit drei Jahren verheiratet, haben eine zweijährige Tochter, und unser Gefühls- und Sexleben könnte nicht noch dramatisch anders sein als zur Zeit vor unserer Heirat.

Nachdem wir uns sieben Monate kannten, sind wir zum ersten Mal in ein Love Hotel gefahren, wobei er mich bat, dass dies unser erstes und letztes Mal sein sollte. Ich versprach nichts, und das war der Beginn von eineinhalb atemberaubenden Jahren. Wir gingen oft zwei Mal täglich in ein Love Hotel, weil wir nicht genug voneinander bekommen konnten.

Vor der Heirat besprachen wir immer wieder, wie oft denn verheiratete Paare üblicherweise Sex haben würden. Wir kamen zu dem Schluss, dass es wohl mehrmals pro Woche sein müsste.

Ab unserem Hochzeitstag schien er besessen zu sein – es musste jeden Tag Sex geben, ohne Ausnahme. Wenn er eine Nacht nicht zu Hause war, dann musste es zwei Mal am nächsten Tag sein. Wir wollten ein Kind, und das gab unserem Sex eine ganz neue Dimension. Es gab allem einen Sinn und eine tiefe Liebe, die ich vorher nie gefühlt hatte.

Nach nur einem Monat wurde ich schwanger. Ich freute mich über die Veränderungen meines Körpers, und meine Hormone spielten verrückt. Ich kam mir vor wie eine Sexbombe. Mein Mann allerdings fühlte sich völlig anders. Er war besorgt, das Baby könnte verletzt werden, und er wandte den Blick von meinem Körper. Er begann, meine Unterwäsche zu kritisieren, er wollte sie weder an mir noch irgendwo sonst sehen. Sogar saubere Unterwäsche musste ich unter die anderen Wäschestücke legen. Wenn er gelegentlich die Wäsche zum Trocknen aufhing, ließ er meine Unterwäsche im Wäschekorb liegen. Wir hatten zwar noch bis kurz vor der Geburt des Kindes unregelmäßig Sex, aber die Initiative ging immer von mir aus.

Bei der Geburt des Kindes war er anwesend und unterstützte mich äußerst liebevoll. Wir hatten nun dieses Kind zusammen auf die Welt gebracht, und unsere Liebe schien perfekt. Jetzt waren wir eine Familie.

Acht Wochen später, als meine Versuche zum nächtlichen Schmusen wieder zurückgewiesen wurden, fragte ich ihn, warum, und er sagte mir unumwunden: Du bist einfach nicht sexy.

Meine Welt drohte einzustürzen. Ich hasste mich und meinen Körper, und mein Mann hasste mich offenbar auch.

Das Leben wurde zur Routine. Das Baby gedieh prächtig, und alle ringsherum, vor allem meine Schwiegereltern, waren von ihm entzückt. Meine Frustration und mein Unglücklichsein machten mich allmählich immer weniger liebenswert.

Wir haben darüber gesprochen. Ich habe einige Ansätze zur Veränderung gemacht. Ist es ein körperliches Problem? Soll ich Gewicht abnehmen? Ich dachte, vielleicht liegt es daran, dass wir nicht allein im Schlafzimmer sind. Deshalb baute ich ein Zimmer an das Haus an, damit wir nicht mit dem Kind in einem Raum schlafen mussten. Aber er sagt, er braucht es einfach nicht. Wenn ich darüber spreche, sagt er: Hast du mich nur wegen Sex geheiratet? Natürlich nicht, aber ich finde, es gehört zu einer gesunden ehelichen Beziehung.

Kürzlich habe ich einige dieser Softporno-Heftchen in seiner Reisetasche gefunden. Auch in einer Schublade seines Schreibtisches. Und dann entdeckte ich eine Visitenkarte. Als ich ihn entrüstet zur Rede stellte, sagte er: »Du bist meine Ehefrau, und wir sind eine Familie, daran ändert sich nichts.«

Für einen Ehemann sei es vollkommen normal, sich bei einer »modernen Geisha« zu vergnügen. Diese Einstellung teilen immer noch viele Männer in Japan. Das zu akzeptieren gehöre zu den Aufgaben einer guten japanischen Ehefrau. Als ihr Ehemann erwartete Tatsuo dies auch ohne Wenn und Aber von Yōko.

Liebe und Ehe, so denkt man auch heute noch in Japan, sind zwei verschiedene Dinge. Die Liebe lebt man außerhalb der Ehe, sie bedeutet Vergnügen und Leidenschaft. Eine Ehefrau liebt man aus Pflichtgefühl und zur Familiengründung. Diese Liebe bedeutet Verantwortung.

In der Ehe wird keine sexuelle Befriedigung erwartet. Ein Ehemann braucht den Sex mit der Gattin weder zu genießen noch sich um ihre sexuelle Befriedigung zu sorgen. Und für eine Ehefrau soll Sex ebenfalls kein Lustgewinn, sondern Pflichterfüllung sein. Von ihr wird erwartet, untertan zu sein und Kinder zu gebären.

Während den Ehefrauen das Vergnügen völlig vorenthalten wird, werden Ehemänner hingegen ermutigt, ihrerseits nicht auf das (sexuelle) Vergnügen zu verzichten.

Die Beziehungen der Angehörigen einer Familie untereinander sind durch den Kodex konfuzianischer Moral geregelt. Und zu den Haupttugenden einer Frau gehören auch heute noch Selbstaufopferung, Zurückhaltung, Bescheidenheit, Nachsicht und Uneigennützigkeit im weitesten Sinn. Die Rolle der Frau ist zwar per Gesetz (seit der Verfassung nach dem Zweiten Weltkrieg) der des Mannes gleich, im Alltagsleben bekommt man jedoch den Eindruck, dass die Frauen noch immer als »dem Manne nachgeordnet« behandelt werden, wie noch im kaiserlichen Erziehungsedikt von 1890 festgeschrieben stand.

Nach wie vor scheinen die pädagogischen Zielvorstellungen der höheren japanischen Mädchenschule von 1891 bis 1947 in gewisser Weise lebendig zu sein, als deren oberstes Leitbild die »gute Ehefrau und Mutter« galt, und die die Mädchen zu einer »herzlichen, gütigen, keuschen und sanften Persönlichkeit« zu erziehen trachtete. Das Glück einer Frau sollte aus ihrem Leben als Ehefrau und Mutter bestehen.

Als Ehefrau tut sie alles, um ihm das Leben angenehm zu machen, verschmilzt mit ihm in seinen Gewohnheiten und seiner Persönlichkeit, seinen Vorlieben und Abneigungen. Sie ist auch die Dulderin schlechthin, erträgt Untreue und sogar Verlassenwerden mit stiller Würde und Mut. Und vor allem zeigt sie keine eigene Begehrlichkeit oder gar Lüsternheit.

Dessen ungeachtet bekamen bereits im 18. Jahrhundert heiratsfähige Mädchen ein Brautbuch überreicht, das sie in Wort und Bild in das Geschlechtsleben einführte. Mit dessen Hilfe sollte sie ihren Ehemann verführen, um ihn von den vielen Versuchungen außerhalb der Ehe fern zu halten. Solange ein Ehemann seiner Frau gegenüber gewissenhaft seine Pflicht erfüllte, sie finanziell unterstützte und ihr einen Erben schenkte, war er jedoch in jeder Hinsicht frei, sich zu amüsieren, wie es ihm gefiel.

In den ausklingenden Jahren des 18. Jahrhunderts haben die Geishas ihren eigenen Stil geprägt. Bis heute verkörpern sie das Ideal von Schönheit und Anmut. Sie gelten, wie viele japanische Frauen und Männer bestätigen, noch immer als Inbegriff weiblicher Vollkommenheit.

Ein Idealbild hat jedoch meist wenig mit der Wirklichkeit zu tun. Deshalb bleibt die Geisha für die Alltagsfrau nicht nur unerreichbar, sondern sogar uninteressant. Sie ist kein erstrebenswertes Vorbild und auch keine Bedrohung für die »normale« Frau.

In der getrennten Welt von Männern und Frauen in Japan gehört die Geisha zur Männerwelt. Die Ehefrau hat an dieser Welt nicht teil.

Die Wurzeln der getrennten Lebenswelten lassen sich im japanischen Mittelalter finden: In der späteren Edo-Gesellschaft sank die Ehefrau, wie Michael Stein schreibt, zurück auf »jenen Status aus grauer Vorzeit, als man in China das Schriftzeichen für Ehefrau aus den Zeichen Besen und Frau kombinierte, wobei sinnigerweise der Besen wie ein Damokles-Schwert über der Frau schwebt«. Sie war ins Haus verbannt, ökonomisch und juristisch völlig abhängig von ihrem Herrn und Gebieter, gesellschaftlich an der Erziehungsschrift der so genannten *onna daigaku*, der »Schule der Frauen«, gemessen, die ihr zum Beispiel lehrte, dass »für die Frau ihr Ehemann der Himmel (ist)«. Deshalb ist es »sondermalen die Pflicht der Frau, dem Manne zu gehorchen« und »ihrem Herrn in Gesichtsausdruck und Worten ausgesucht höflich, demütig und folgsam (zu) begegnen und darf keinesfalls launisch oder aufsässig, arrogant oder ungezogen sein« (Michael Stein).

Obwohl viele verheiratete Frauen heute im Berufsleben stehen, sind sie sozial immer noch ans Haus gebunden. Ihre Welt teilen sie mit ihren Kindern und Freundinnen. Es ist keineswegs selbstverständlich, dass eine Ehefrau an gesellschaftlichen Veranstaltungen ihres Gatten teilnehmen darf. Zum Beispiel sind zum ersten Gartenfest, zu dem mein Mann und ich in Japan eingeladen hatten, meine Kollegen von der Universität ohne ihre Ehefrauen erschienen. Wir waren fassungslos, denn ich hatte sie mit ihren Familien erwartet. Die Männer erklärten jedoch, dass ihre Frauen »lieber zu Hause bleiben möchten«, ein Argument, das sich später als nicht richtig erwies: Die Männer hatten den Frauen die Einladung gar nicht mitgeteilt, weil sie die Meinung vertraten, sie gehöre nicht in ihre Welt.

Es kann sogar sein, dass die Ehefrau im eigenen Haus unerwünscht ist, wenn der Ehemann eine Geisha-Party gibt, wie es bei der Familie Yonai in Yokohama gelegentlich vorkommt.

Yonai-sensei, wie er von seinen Freunden, Kollegen und Patienten respektvoll genannt wird, ist ein bekannter und wohlhabender Chirurg mit eigener Klinik in Yokohama. Seine Ehefrau Isuzu trifft sich regelmäßig mit ein paar Ehefrauen von angesehenen Kollegen ihres Mannes. Zu diesem Kreis gehören zwei Ausländerinnen, die fünfunddreißigjährige Victoria aus England und die Neuseeländerin Kathy, dreißig Jahre alt. Beide hatten ihre Ehemänner in ihren Heimatländern kennen gelernt und sind ihnen nach Japan gefolgt. Die japanischen Damen um Frau Yonai, alle im gesetzteren Lebensalter, waren auf die liebenswürdigste Weise bemüht, den jungen Ausländerinnen die japanische Kultur nahe zu bringen und ihnen mit Hinweisen und Tipps bei der Bewältigung des japanischen Alltags behilflich zu sein. Tempel- und Schreinbesuche wurden unternommen, Teezeremonie- und Blumensteck-Kurse erkundet und japanische Esskultur vermittelt, indem sie sich einmal im Monat stets in unterschiedlichen Restaurants zum Mittagessen verabredeten. Zu Kathys und Victorias Verwunderung fand nie ein Treffen im Haus einer der Japanerinnen statt. Dies sei nicht üblich in Japan, wurde ihnen höflich erklärt. Das gesellschaftliche Leben spiele sich – mit wenigen Ausnahmen – in Hotels und unzähligen kleinen Restaurants ab.

Eines Tages wollte sich Frau Yonai mit den Damen nicht zum Mittagessen, sondern abends verabreden. Sie sagte, dass an jenem Abend ihr Mann zu Hause eine Geisha-Party geben würde. Der Direktor seiner Bank, der Präsident des Rotary Clubs und sein

Anwalt waren geladen. »Und Sie als Gastgeberin sind nicht zu Hause?«, wunderte sich Kathy. Die Japanerinnen in der Gruppe lächelten. Es sei eine Männerparty, sagten sie, und Frau Yonai gestand sogar, sie wäre froh, nicht daran teilnehmen zu müssen, denn die Männer wären langweilig. Sie brauche sich auch nicht um die Organisation dieser Party zu kümmern, das werde Herr Yonai persönlich erledigen. Er werde wie üblich drei seiner bevorzugten Geishas rufen und ein Abendessen ins Haus liefern lassen. Es sei die Aufgabe der Geishas, sich mit den Männern abzugeben. Sie würden mit ihnen trinken und sie bei bester Laune halten. Allerdings werde es dabei auch um durchaus verbindliche geschäftliche Gespräche gehen, bei denen Herrn Yonais Lieblings-Geisha oft die Funktion einer Vermittlerin übernehmen würde, wenn es zu Meinungsverschiedenheiten komme. Frau Yonai hielt von dieser Geisha sehr viel. Sie sei intelligent und im besten Alter, sagte sie.

Wenn Frau Yonai später, so gegen halb zehn, von ihrem Treffen mit den Damen nach Hause zurückkehre, würde sie sich sofort in ihr Schlafzimmer begeben. Sie werde vielleicht leise Klänge des *shamisen* oder der Gesänge der Geishas vernehmen, die papiernen Schiebetüren böten wenig Schutz vor Geräuschen. Aber das sei ihr nicht unangenehm, dem lausche sie aus der sicheren Entfernung ganz gern. Mit fortschreitender Stunde und dem Genuss von Alkohol würden dann die Stimmen der Männer polternder und lauter, die Geishas erzählten mit sanfter Stimme nette Anzüglichkeiten, und die Männer amüsierten sich köstlich. Gegen Mitternacht führen zwei Taxis vor. Man beschließe vielleicht noch, zusammen in eine Bar zu fahren, in der einer der Herren Stammkunde ist, um so dem Zusammensein einen angemessenen Abschluss zu geben, denn Karaoke sängen die Herren gern.

Frau Yonai schlafe tief und fest, wenn ein Taxi ihren Gatten zurückbringe und er sich schließlich irgendwo im Haus auf Sitzkissen zur Ruhe begebe. Ins eheliche Schlafzimmer komme er nicht.

Die in Japan vorherrschende Rollen- und Aufgabenverteilung zwischen den Geschlechtern unterscheidet sich deutlich von derjenigen in der westlichen Kultur. Vor allem die Trennung der Lebenszusammenhänge ist derart strikt, dass es selbst innerhalb der Familie kaum Überschneidungen gibt. Die Frau ist für alle Angelegenheiten im Haus verantwortlich, während der Mann dafür zu sorgen hat, den Lebensunterhalt der Familie zu sichern.

Die Freizeit wird oft ebenfalls getrennt in gleichgeschlechtlichen Gruppen verbracht. Wie bereits erwähnt, kommt ein gemeinsames »Ausgehen« der Ehepartner so gut wie gar nicht vor. Alle Abendveranstaltungen, mit Ausnahme von Konzerten oder anderen Ereignissen, die mit einer europäischen Kunstgattung zu tun haben, sind Männersache. Nachtclubs werden nur von einzelnen Männern oder von Männergruppen aufgesucht, ebenso die zahllosen, kleinen Bars. Wenn sie sich dort mit Hostessen und Bardamen amüsieren, sind sie ihren Frauen nicht untreu, sondern in einem Lebensbereich, der – so die allgemeine Ansicht in Japan – mit ihren Frauen nichts zu tun hat. Auch das gefühlsmäßige Wohlergehen des Mannes ist mindestens in gleichem Maße eine Angelegenheit des Betriebes und des Kollegenkreises wie von Frau und Familie zu Hause.

Gemeinschaftliches Ausgehen und Barbesuche nach der offiziellen Arbeitzeit sind zum Beispiel für alle Mitarbeiter obligatorisch und gelten als ungeschriebenes Gesetz. Dort werden die Kollegen zu entspannterem und persönlicherem Verhalten ermutigt, als dies innerhalb der Firma erwünscht ist. Und dort ist es auch erlaubt, über die wahren Gefühle zu sprechen. Am nächsten Tag, wenn sie sich wieder in der Firma treffen, geht alles seinen emotionslosen Gang und niemand erwähnt auch nur ein Wort von dem, was am Abend vorher geschehen oder an privaten Geheimnissen preisgegeben worden ist.

Die meisten Ehen stellen eher »Zweckgemeinschaften« oder »Wirtschaftsbeziehungen« im Dienste der Fortpflanzung dar. Nur selten handelt es sich um eine Beziehung, die sich selbst und die jeweiligen Ansprüche der Partner zum Mittelpunkt hat.

Die Freudenmädchen in den Vergnügungsvierteln der großen Städte kannten unzählige Geheimrituale zur Beschwörung und Verzauberung potentieller Kunden. Jedes Haus im Yoshiwara-Viertel hatte auch seinen Hausschrein, auf dem mit roter und goldener Farbe bemalte Phalli aus Pappmaché und Holz standen, die als Glücksbringer galten. Sie hatten einen beschwerten, runden Boden, damit sie wie Stehaufmännchen nicht umfallen konnten. Die Figuren, *donkyo-sama* oder *konze-sama* genannt, wurden alljährlich im zwölften Monat auf dem Jahrmarkt in Asakusa verkauft. Der Verkauf solcher Phalli ist allerdings seit Ende des 19. Jahrhunderts (zur Meiji-Zeit) verboten.

Die Geishas spannten beispielsweise von einer auf ihrem Hausaltar befindlichen Figur des Gottes Doso, der als Phallusgottheit verehrt wurde, ein kleines Seil zu einem Holzpfeiler des Altars, falteten längliche Behälter aus handgeschöpftem Papier und banden sie an die Schnur, sodass sie dicht an dicht herabhingen. Das Trinkgeld, das sie von ihren Kunden im Teehaus bekamen, steckten sie in ihren *obi*, und wenn sie ins Geisha-Haus zurückkamen, packten sie die Geldstücke aus, umwickelten sie mit Papier und steckten sie in die kleinen Behälter am Seil. Wenn man dies tue, so glaubten sie, bewirke das unfehlbar weitere Einkünfte.

Es war bekannt, dass auch die Geishas unzählige Geheimrituale zur Beschwörung und Verzauberung potentieller Käufer kannten.

Von den zahlreichen Stunden, die japanische Männer in den Vergnügungsvierteln der Städte verbrachten, waren jedoch nur wenige dem Sex gewidmet. Der Großteil der Zeit diente dem sinnlichen Genuss von Speis und Trank, dem Gespräch, Flirts, erotischer Musik und Tanz. Das ist auch heute noch typisch.

Die konfuzianische Moral verurteilt Völlerei, sexuelle Ausschweifung und andere menschliche Laster, die im Rahmen des verschwenderischen Lebensstils der *ukiyo*-Kultur des aufsteigenden japanischen Bürgertums im 19. Jahrhunderts bedenkenlos ausgelebt worden sind.

Im Sündenkatalog christlicher Ethik ist der außereheliche Sex mit der Völlerei gekoppelt. Dafür gibt es (nach Michel Foucault) mehrere Gründe: weil beides »natürliche« Laster sind und wir uns deshalb nur sehr schwer von ihnen befreien können; weil beide Laster nicht nur zu ihrer Entstehung, sondern auch zur Verwirklichung ihres Ziels des Körpers bedürfen (im Gegensatz zu den Lastern Habsucht und Zorn, Hochmut und Eitelkeit zum Beispiel); und schließlich weil zwischen ihnen ein sehr direktes Kausalverhältnis besteht, denn die Unmäßigkeit bei der Ernährung entzündet im Körper, so heißt es, das Verlangen nach der »Unzucht«.

Der europäische Gast einer Abendgesellschaft, bei der Mädchen im Kimono Tänze aufführen, die überraschend in einer Art Striptease – wie etwa der Schmetterlingstanz der Geisha Butterfly – enden können, mag sich heute überlegen, inwiefern der Tanz und die Tänzerin sinnlich wirken. Für den Betrachter aus dem Westen sehen die prunkvoll ausgestatteten Geishas alle gleich aus. Doch das Verhüllungsspiel, die berauschenden Farben, die weiche Seide regen andere Sinne an als die Entblößungskultur und das Zeigen von Haut im Westen.

Er mag sich fragen, ob sich wohl ein Japaner in solche Wesen verliebt, die einem Mann aus dem Westen nicht selten als künstliche Puppen erscheinen. Verliebt er sich in die Schönheit der seidenen Kimonos und der farbenprächtig darauf abgestimmten Schärpen, der kunstvoll aufgetürmten blauschwarzen Haartracht mit den dekorativen großen Nadeln und Blütenzweigen, in das maskenhaft bleich geschminkte Gesicht, das jedes individuelle Merkmal versteckt, ja auszulöschen scheint, oder in den schmalen, kleinen Körper, der, gemessen am europäischen Schönheitsideal, wenig attraktiv erscheint?

»Ohne Kimono und dekorativen Gürtel und Schleife wirkt sie unansehnlich mit krummen Beinen und flachen Brüsten. Sie hat nichts mehr von ihrem künstlichen kleinen Charme, das ist alles mit dem Ablegen der Kleidung verschwunden«, schreibt beispielsweise Loti über seine Geisha Chrysanthème. Die ehemalige

Geisha Mineko Iwasaki behauptet, der Kimono schmeichle der Figur der japanischen Frau, denn sie hat gemeinhin einen langen Oberkörper und lange Oberschenkel, aber einen kleinen Busen und kurze Unterschenkel.

»Die tanzenden Geishas repräsentieren vollkommene Schönheit, und das zieht mich an«, sagte mir ein japanischer Geschäftsmann. Das Verführerische sei die Verpackung, das Gesamtkunstwerk, und im Allgemeinen fühle sich der wahre Kunstliebhaber davon angezogen. Aufgrund der verhüllten Formen gelte es, die Gesten der Hände zu beachten, die zärtlichen Bewegungen seien erregend, und die Augen im maskenhaft geschminkten Gesicht ebenso.

»Sich eine Geisha leisten zu können ist ein Statussymbol«, sagte ein anderer und verwies darauf, je exklusiver der Prunk eines Mädchens sei, desto teurer seien seine Dienste und desto höher steige das Ansehen des Kunden, der sie bezahlen könne.

Viele Männer sehen keinen besonderen Grund, eine Geisha oder auch eine Prostituierte sinnlich zu finden.

Spricht man von der Erotik der Geisha, so stellen sich die meisten von mir befragten japanischen Männer vor, dass eine ausgebildete Geisha über ein Ensemble von Praktiken verfügt, die den Koitus hinauszögern, wenn sie ihn nicht gänzlich vermeiden, und zwar mit dem Ziel, besser und länger zu genießen, also ausschließlich der Lust wegen. So gesehen unterscheidet sich der Genuss, den eine Geisha vermittelt, von demjenigen einer Prostituierten, deren Ziel es ist, die Vollendung des Geschlechtsakts in einem vorher festgelegten Zeitraum zu erreichen.

Ein grundlegendes Muster japanischer Erotik legt nahe, dass die weibliche Sexualität vom Mann geweckt werden soll. Dies bedeutet, dass die Frau erst durch den Mann ihren Wert bekommt. Aufgrund dieses Musters wird allen Frauen, auch den Prostituierten von der einfachen Dirne bis zur gebildeten Kurtisane, ein gesellschaftlicher Stellenwert zugewiesen. Nur die Funktionen sind anders: Ist die Ehegattin zur Erfüllung des Kinderwunschs anerkannt, so dient die Prostituierte als Quelle des Vergnügens.

Die Vorstellung, dass weibliche Erotik und Sexualität durch den Mann initiiert werden muss, um als Quelle der Macht dienen zu können, wird schon in der Mythologie um die Sonnengöttin Amaterasu, die als Urahnin des japanischen Kaisergeschlechts gilt, deutlich.

Der Mythologie nach wurde Amaterasu vom männlichen Gott des Geschwisterpaars Izanami und Izanagi, die als die Schöpfer Japans gelten, erschaffen. Sie entstand, so die Legende, aus dem Schmutz, den Izanagi aus seinen Augen wusch, nachdem er sich der Unreinheit der Unterwelt ausgesetzt hatte. Dort war seine göttliche Schwester und gleichzeitige Ehefrau Izanami nach dem Tod bei der Geburt eines Kindes verblieben. Auch Amaterasu »machte mit ihrem Bruder Kinder«, wie in der Mythologie dargestellt wird. Und sie gab schließlich ihrem Enkelsohn den Auftrag, auf Kyūshū, der südlichen japanischen Insel, vom Himmel herabzusteigen, um das Geschlecht der zukünftigen Kaiser Japans zu gründen. Der Nachfolger von Amaterasus Enkel wurde schließlich Jimmu Tennō, der erste halb-historische Kaiser. Amaterasu hat die Fruchtbarkeit und Macht von männlichen Schöpfern erhalten und wieder an männliche Symbole weitergegeben. Sie selbst ist nie schöpferisch in Erscheinung getreten.

Nur zwei Frauen in der japanischen Geschichte fallen aus diesem Muster heraus: Die Göttin Ame no Uzume tanzt für eine Frau, die Sonnengöttin Amaterasu, die sich der Welt entzogen hat. Sie strahlt eine urkräftige erotische Macht aus, die ihr nicht durch einen Mann erteilt worden ist. (Siehe den Abschnitt »Ein Tanz für die Sonnengöttin«.)

Und Himiko, die erste mächtige Königin des japanischen Volkes im Altertum, verbarrikadiert sich und lässt keinen Mann in ihre Nähe.

Bei beiden Frauen bleibt ihre magische Kraft und Erotik ein Geheimnis.

Himiko war im Jahr 180 n.Chr. zur Herrscherin über das legendäre Reich Yamataikoku erwählt worden und muss es offenbar verstanden haben, Vertrauen, Stärke und Macht zu verkörpern. Es gelang ihr, Dutzende der kleinen Staaten in Zentraljapan und auf der Insel Kyūshū zusammenzuschließen.

Ihre Existenz wurde in den japanischen Reichschroniken verschwiegen. Aufzeichnungen über sie sind jedoch in Berichten während der chinesischen Wei-Dynastie (220–265) gemacht worden. Himiko pflegte ein gutes diplomatisches Verhältnis zum König von Wei. Bei ihrer Thronbesteigung soll sie ein junges Mädchen zwischen zehn und fünfzehn Jahren gewesen sein. In den chinesischen Quellen heißt es: »Sie hatte nie geheiratet, auch in ihrer Jugend nicht. Ein jüngerer Bruder half ihr, das Land zu regieren. Seit sie Königin war, sahen sie nur wenige Leute. Zu ihrer Bedienung hatte sie tausend Frauen um sich, aber nur einen Mann (den Bruder), der ihr zu essen und zu trinken brachte, ihre Worte verkündete und Zutritt zu ihrem Wohngemach hatte. Ihr Palast, erhabene Gebäude und Zitadellen, wurde ununterbrochen von bewaffneten Soldaten bewacht.«

Zu Himikos Zeiten herrschte in Japan der Glaube, dass Frauen, die jungfräulich blieben, von einem bösen Geist besessen seien. (Vom buddhistischen Standpunkt aus gelten Jungfrauen allerdings als Weise, die asketisch den Verlockungen des Fleisches entsagen.)

Von Himikos Bedeutung will die offizielle Dokumentation in Japan wenig wissen. Die charismatische Priester-Königin könnte allzu deutlich als Beweis dafür gelten, dass weibliche Sexualität nicht durch den Mann initiiert zu werden braucht, um als Quelle der Macht zu dienen.

Die Geisha ist ebenfalls von einer Aura geheimnisvoller Erotik umgeben. Als vollwertige, erwachsene Geisha erkannte man sie erst an, nachdem sie die Entjungferungszeremonie durch einen (alten) Mann überstanden hatte. Diese Zeremonie findet spätestens seit den 1960er Jahren nicht mehr statt, wie aus Kreisen der Geisha-Vereinigungen bekräftigt wird. Nach wie vor gilt jedoch die Regel, dass eine Geisha nicht verheiratet sein darf. Und die Geishas und ihre Lobby betonen, keine Prostituierten zu sein. Trotzdem haben viele Geishas Gönner, die traditionellerweise *danna* heißen. Doch wem die Geisha ihre Gunst schenkt, bleibt ein Geheimnis. Diejenigen, die sich diese Gunst ersehnen, befinden sich in einem scheinbar arglosen Spiel. Dazu ausgebildet, Genuss zu schenken, erfüllt die Geisha ihre Aufgabe spielerisch perfekt und bleibt persönlich scheinbar unbewegt.

Stets kommt sie als die Unnahbare ins Spiel, die jedoch jeden Augenblick durchscheinen lässt, wie es sein könnte, wenn sie sich nahbar gäbe.

Fest steht, dass die Geisha nicht unabhängig von der Macht eines Mannes bestehen kann. Aus dieser Abhängigkeit konnte sie sich nicht befreien. Sie braucht den Mann, um gesellschaftlich anerkannt zu sein. Als unabhängige Künstlerin hat sie sich nicht durchgesetzt. Berühmt wird sie, wenn ein mächtiger Mann sie anerkennt, unabhängig davon, ob er auch ihr Sexualpartner ist oder lediglich ein Gönner in berufsförderndem Sinn.

Somit steht die Geisha nicht außerhalb des Musters, zu dem ein als naturgegeben betrachtetes Recht des Mannes auf sexuelle Dienste gehört. Das könnte bedeuten, dass sie wenig Möglichkeiten hat, sich diesem Anspruch zu entziehen.

DIE ROMANTISCHE LIEBE

So wenig wie die erfüllte Sexualität ist auch die romantische Liebe im Allgemeinen in Japan in der Ehe von Bedeutung. Vermittelte Heiraten sind noch immer üblich, sei es durch Verwandte, Lehrer oder Vorgesetzte, Personen, die mit dem Lebenszusammenhang der Betreffenden zu tun haben, die die jungen Leute und ihre Ansprüche gut kennen und aus ihrem Bekanntenkreis geeignete Partner vorschlagen. Manche Jugendlichen schließen aber auch eigene Bekanntschaften und wählen selbst einen Partner, denn Liebe gilt heute als zumindest wünschenswerte Voraussetzung für eine Eheschließung. Es gibt daher Liebesheiraten, sie sind allerdings schwer zu definieren und gelten als »modern« und problematisch. Wenn man von Liebesheirat spricht, so ist damit häufig nicht die individuelle Zuneigung, sondern nur der eigene, freiwillige Entschluss zur Heirat gemeint. Die allgemeine Meinung ist, dass die Ehe eine viel zu wichtige Angelegenheit darstellt, um sie ausschließlich auf ein flüchtiges Gefühl (als das die Liebe gilt) zu gründen.

Die Heirat stellt in gewisser Weise zudem eine gesellschaftliche Verpflichtung dar. Mehr Gewicht als der persönliche Lebensentwurf hat die gesellschaftliche Normalbiografie, die spätestens dann wohlmeinende Unterstützung auf den Plan ruft, wenn das als angemessen geltende Heiratsalter erreicht ist und noch kein passender Partner zur Verfügung steht. Es gibt einen begrenzten biografischen Zeitraum, in dem sich potentielle Partner kennen lernen können, auch wenn sie dafür in der strikt nach Geschlechtern getrennten japanischen Gesellschaft vergleichsweise wenig Gelegenheiten haben: Heute wird von einem Mann erwartet, bis zum Alter von dreißig Jahren verheiratet zu sein, eine Frau gilt mit achtundzwanzig bereits als »schwer vermittelbar«. Wenn sich bis dahin keine passende Verbindung ergeben hat, wird man auf eine Form der vermittelten Heirat zurückgreifen. Letztendlich ist es somit nicht notwendig, dass der Mann oder gar die Frau von sich aus initiativ wird.

Aber nicht nur die Partnerwahl ist in diesem Sinn weniger eine Privatsache, auch die Beziehung zwischen den Eheleuten scheint – gemessen an den gegenwärtig in der westlichen Kultur dominierenden Vorstellungen – nicht so individualisiert zu sein. Die meisten Ehepaare sehen ihre Beziehung nicht von Liebe, sondern eher von Sympathie oder einer Art Kameradschaftsgefühl geprägt. Und Sex dient vor allem der Fortpflanzung, nicht dem Spaß.

Vom Standpunkt des japanischen Mannes aus gesehen, ergänzen sich die Rollen der Ehefrau und der Geisha. Die Geisha stellt sich nicht gegen die eheliche Ordnung und untergräbt sie auch nicht.

Geishas hält man für sexy, künstlerisch bewandert und unterhaltsam, während Ehefrauen schlicht, langweilig und ernsthaft zu sein haben. Doch selbst wenn eine Geisha flirtet, so wie sie es gelernt hat – stets ein wenig spöttelnd, aber auch schmeichelnd –, bleibt sie distanziert.

Bis weit in die 1940er Jahre hinein waren in der Welt der Geishas weder Sex noch sinnliche Vergnügen tabu, sondern an sich nur eines: die Liebe. Heute betonen Geishas, bei der Ausübung ihres Berufs sei vor allem Sex tabu, jedoch nach wie vor auch die Liebe, zumindest die Liebe, zu der man sich offen bekennen kann.

In den früheren Vergnügungsvierteln, die insbesondere während des *ukiyo*, der Lebensauffassung einer fließenden, flüchtigen Welt, eine geschützte Gegenwelt zur rauen Wirklichkeit des Alltagslebens darstellten, waren Emotionen und »Menschlichkeit«, die es außerhalb dieser Stätten nicht geben durfte, gestattet.

Die Samurai kannten die Verehrung der Frau nicht, eine Frau zu lieben galt für sie als Schwäche. Dennoch haben sich Romanzen zwischen den Frauen und ihren Gästen entwickelt. In der geschützten Atmosphäre des intimen Zusammenseins konnten standesgemäße Verhaltensweisen beiseite gelegt und Liebesgefühle zugelassen werden. Das Bedürfnis nach Liebe, das außerhalb des Yoshiwara kasteit werden musste und sich auch nicht an der eigenen Ehefrau entzünden durfte, ließ sich durch die Frauen, die ausschließlich für das Wohlergehen des Mannes zur Verfügung standen, auf köstliche Weise erfüllen.

Was den Ehefrauen aufgrund der Trennung von ehelicher und außerehelicher Liebe verwehrt werden musste, konnte ungehemmt an die Geishas verschwendet werden. Sie wurden verehrt, ihnen wurden Gedichte gewidmet, Liebesbriefe wurden ausgetauscht, Sehnsüchte und Träume geteilt. Doch in der Welt des Vergnügens war die Liebe mit dem Berufsethos einer Geisha unvereinbar.

Noch heute gilt es in Japan als unschicklich, »Ich liebe dich« zu sagen – zum Teil freilich deshalb, weil die Japaner solche Gefühle in der Regel nicht in Worte fassen. Die am häufigsten benutzte Wendung lautet *suki desu*, was wörtlich eigentlich nur »Ich mag dich« bedeutet. Allerdings wird überall in Japan die Bedeutung des Gesagten mehr durch den Tonfall und das innere Gefühl vermittelt als durch die Worte selbst.

Welche Verwirrung in der Welt der Geishas durch Emotionen, vor allem die Liebe, hervorgerufen werden kann, hat Kafū Nagai

(1879–1959) in seinen Werken eindrucksvoll beschrieben. Seine Bewunderung für eine verschwindende Kultur, die dem modernen Tōkyō vererbt worden war aus der Zeit, als die Stadt noch Edo hieß, hat ihn nicht nur dazu bewegt, selbst einige der traditionellen Künste zu erlernen, wie zum Beispiel klassischen Tanz und das Flötenspiel *(shakuhachi)*, sondern er tauchte auch intensiv in die Geisha-Welt ein. Er veröffentlichte 1918 mit seinem Roman »Udekurabe« (»Rivalität«) ein Porträt der Geisha-Welt vor der Zerstörung Tōkyōs durch das Große Erdbeben im Jahr 1923 und vor den Veränderungen der japanischen Gesellschaft durch den Zweiten Weltkrieg und in der Nachkriegszeit. Er schilderte, wie Gefühle die Welt des Vergnügens manipulieren und in welche Verstrickungen diejenigen fallen, die sich unklugerweise von Liebe leiten lassen.

Vor dem Hintergrund des klassischen Geisha-Viertels Shimbashi erzählt Nagai die Geschichte der sanften, arglosen jungen Geisha Komayo. Nachdem sie mit sechsundzwanzig Jahren Witwe geworden ist, entschließt sie sich, wieder wie vor ihrer Heirat als Geisha zu arbeiten. Sie trifft einen Mann namens Yoshioka, der zu seinen Studentenzeiten vor Jahren ihr Geliebter gewesen war. Aus ihm ist ein erfolgreicher, zynischer Geschäftsmann geworden, und er ist bereits der *danna* einer älteren und berühmten Geisha.

Die Begegnung mit der lieblichen Komayo weckt in Yoshioka Erinnerungen an die Tage seiner Jugend und entfacht in ihm eine große Leidenschaft für Komayo. Er beschließt, sie zu der seinen zu machen, und will sie freikaufen. Er bietet ihr an, ihr die Freiheit zu geben, sie in eine Villa ziehen zu lassen und ihr *danna* zu werden. Eine Heirat stellt er ihr natürlich nicht in Aussicht, denn er hat bereits Frau und Kinder. Zu seinem Erstaunen und Zorn nimmt Komayo sein Angebot nicht an.

Komayo hat inzwischen einen Fehler begangen, der geeignet ist, jede Geisha in Schwierigkeiten zu bringen: Sie hat sich verliebt. Segawa, ein gut aussehender junger *onna-gata* (ein *kabuki*-Schauspieler) hat sie verführt, und Komayo ist ihm restlos verfallen. Sie lässt sich von ihren Gefühlen davontragen und ist – wider alle Vernunft – überzeugt, dass der Schauspieler sie heiraten wird.

Um sich aber alle Möglichkeiten offen zu halten und finanziell unabhängig zu bleiben, akzeptiert sie einen hässlichen Antiquitätenhändler als Gelegenheits-*danna*. Dieser versorgt sie mit Geld und befriedigt im Austausch dafür zwei seiner Neigungen: die Lust, mit einer Geisha zu schlafen, die sich auch einem berühmten *kabuki*-Schauspieler hingibt, und den Genuss, mit einer Frau schlafen zu können, die ihn, wie er sehr wohl weiß, körperlich abstoßend findet.

Doch ihr geliebter *kabuki*-Schauspieler lässt Komayo fallen, als sie sich ihm gegenüber mehr und mehr wie eine Ehefrau benimmt. Dieses Verhalten langweilt ihn. Seine neue Wahl ist eine Dame, die über ein großes Erbe verfügen kann.

Und Yoshioka nimmt Rache an Komayo, indem er ihre Rivalin aus demselben Geisha-Haus freigekauft hat und deren *danna* geworden ist.

Komayo, die sich von ihren Gefühlen hat leiten lassen, bleibt schließlich unglücklich allein. Sie hat alles verloren, und ihr Leben scheint im Elend zu enden. Doch die Geschichte wendet sich noch zum Guten. Der freundliche alte Mann, der das Geisha-Haus führt, will sich zur Ruhe setzen und hat sich entschlossen, Komayo das Geschäft anzubieten. Er überschreibt ihr das Haus, erlaubt ihr die Fortführung seines Namens und des Geschäfts. Sie hat noch einmal eine Zukunft vor sich. Sie kann das Haus führen und für die Geishas sorgen, die dort leben. Endlich hat sie die finanzielle Freiheit, die in der Geisha-Welt weit verlässlicher ist als die Gunst eines Mannes (Lesley Downer).

Neben den beiden meistgenannten Merkmalen einer Geisha – sie muss verschwiegen und unverheiratet sein – gehören zwei weitere wichtige Regeln zu ihrem Beruf, die auch für Kimiko in Lafcadio Hearns gleichnamiger Erzählung galten: »Jedem gebühre die gleiche Gunst, und keinem gewähre den Körper.« Von der letztgenannten Regel nimmt eine Geisha Abstand, wenn es um ihre finanzielle Situation geht oder wenn sie sich verliebt hat. Im ersteren Fall lässt sie sich ihre Gunst in klingender Münze fürstlich vergelten, im anderen Fall geht sie ein hohes Berufsrisiko ein.

Verheiratete Kunden sind die gefährlichsten von allen, pflegen noch heute die Geisha-Hausmütter und die älteren Schwestern den jungen Geishas einzuprägen.

Für eine Geisha, die unvorsichtig genug war, sich in einen verheirateten Mann zu verlieben, gab es noch bis in die 1950er Jahre im Allgemeinen nur zwei Alternativen. Wenn er sich erbot, sie zu behalten, sie aus dem Geisha-Haus freizukaufen und ihr ein eigenes Haus zu geben, führte sie bestenfalls ein riskantes, allen Wechselfällen seiner Zuneigung ausgesetztes Leben. Die Sicherheit der Ehe war ihr verwehrt, und sie musste mit der Unsicherheit leben, dass er sie jederzeit wieder aufgeben konnte.

Die andere Möglichkeit, die sehr viel wahrscheinlicher war, bestand darin, dass der verheiratete Mann der Geisha einfach müde wurde und sich einer anderen Frau oder vielleicht wieder ausschließlich seiner Gattin zuwandte. Beide Möglichkeiten waren gleichermaßen ungünstig und brachten für die Geisha nichts als Unheil, Leid und Not.

Eine Rückkehr ins Geisha-Leben war dann oft nicht mehr möglich.

Das Geisha-Haus, in dem für alles gesorgt war und die Wärme weiblicher Gesellschaft auch den Frauen sicher war, die ihre Blütezeit längst hinter sich hatten, bot eine wesentlich bessere Zukunft, bedeutete aber auch, sich von der romantischen Liebe fern zu halten.

Heute sind Geishas, wie bereits ausgeführt, im Wesentlichen selbstständige Unternehmerinnen, wie die Geisha Chiyogiku aus Tōkyō zum Beispiel, oder sie sind Angestellte eines Teehauses. Nur in Kyōto gibt es noch Geisha-Häuser, die zumindest den Maikos, den Lerngeishas, während ihrer Ausbildungszeit eine geschützte Frauenwelt anbieten können.

Sawako, eine Geisha aus Tōkyō, hat mich darauf aufmerksam gemacht, dass eines der wichtigsten Geheimnisse einer erfolgreichen Geisha darin besteht, sich einen verlässlichen Kundenstamm aufzubauen. Wie dies zu schaffen ist, liegt wiederum in einem Geheimnis begründet: Die Geisha muss ihre Lieblingskunden dazu bringen, sich in sie zu verlieben.

Ihre Verführung beginnt in dem Moment, wo sie – ein atemberaubendes Kunstwerk – im Raum erscheint und neben den Gast gleitet. Mit ihrer Kunst, der Musik, dem Tanz, der lockeren Plauderei, dem witzigen Flirt muss sie einen Mann manipulieren und ihm zugleich das Gefühl geben können, der begehrenswerteste Mann der Welt zu sein.

Doch wenn sie die Kontrolle über ihre eigenen Gefühle verliert, ist sie verloren.

Es kommt nicht selten vor, dass sich Geishas in ihre Gäste verlieben, sagte Sawako, aber sie dürfen es nicht zeigen, vor allem nicht vor den Kolleginnen. Denn es gibt Eifersucht und Rivalität zwischen den Geishas, wenn es um die Gunst eines Mannes geht.

Unter den wenigen klassischen Geishas von heute herrschen Konkurrenz und subtile Mobbing-Strategien. Sawako sagt, sie sei vor einigen Jahren von einer älteren Geisha systematisch »klein gemacht«, verunsichert und gedemütigt worden, weil sich ein wohlhabender Mann von dieser abgewandt und Sawako zu seiner bevorzugten Geisha gemacht hatte. »Sie kritisierte immer wieder meine Tanzdarbietungen in Anwesenheit von Gästen, hat Termine umgebucht, sodass ich keine Zeit hatte für diesen Kunden, für den ich gerne gearbeitet hätte«, erinnert sich Sawako. Das ging schließlich so weit, dass sie immer weniger Engagements bekam und nach einigen Monaten auch die Aufmerksamkeit ihres reichen Gönners verlor. Schließlich zog sie verzweifelt und enttäuscht in ihre Heimat im Norden Japans zurück. »Aber was sollte ich dort tun? Ich musste Geld verdienen, und in der Provinz ist es uninteressant, als klassisch ausgebildete Geisha zu arbeiten«, sagt sie. Deshalb kehrte sie nach drei Monaten nach Tōkyō zurück. Ihre Kollegin hatte sich inzwischen ein anderes »Opfer« gesucht.

Das Risiko, sich zu verlieben, geht aber glücklicherweise manchmal auch den Weg zum Happy End. Dafür sind die ehemaligen Geishas, die in den letzten zehn Jahren ihre Biografien veröffentlicht haben, wie Kiharu Nakamura, eine der erfolgreichsten Geishas in den 1930er Jahren, und Mineko Iwasaki, die Star-Geisha Ende der 1960er bis Ende der 1970er Jahre, beredte Beispiele.

DAS LÄCHELN DER GEISHA

Der Besucher aus dem Westen glaubt, es sei eine Eigenschaft fernöstlicher Menschen, also auch der Geisha, ihre wahren Gefühle hinter einem Lächeln zu verbergen. (»Immer nur Lächeln« aus Franz Lehárs Operette »Das Land des Lächelns« hat auch zu dieser Ansicht beigetragen.) Das ist durchaus richtig. Das Lächeln ist eine Maske. Dahinter fühlt man sich in Sicherheit. Was in der Person vorgeht, hat nach außen keinerlei (moralische) Konsequenzen. Es besteht für einen Japaner kein Anlass, sich zum Beispiel seiner Wut oder des peinlichen Berührtseins zu schämen, wenn es ihm gelungen ist, die Wut oder Peinlichkeit zu verbergen. Und dass er sie verborgen in sich trägt, während er lächelt, ist keine »Unehrlichkeit«, keine »Heuchelei«, sondern eben das einzig angemessene Verhalten, das die soziale Balance nicht stört.

In Japan kann ein Lächeln viele Botschaften vermitteln. Dieses Lächeln sei »ein Fächerwink, ein Schleierschutz, ein Zeitgewinn, ein Noch-Nicht, ein Nicht-Mehr einer Möglichkeit zu einem Gespräch, der überall hinzufügbare Nullwert menschlicher Interaktion«, in seiner Inhaltslosigkeit also vielseitig einsetzbar, wie der Philologe und Japan-Kenner Dietrich Krusche schreibt. Und Lafcadio Hearn hatte bei seinem Aufenthalt in Japan beobachtet, dass es dort Sitte sei, etwas Schmerzhaftes oder Schockierendes mit einem Lächeln zu überbringen. »Je ernster die Sache, desto akzentuierter muss das Lächeln sein.« Und wenn die zu übermittelnde Nachricht der Person sehr unangenehm ist, wird das Lächeln oft ein leises, sanftes Lachen. Hearn konnte lange nicht verstehen, dass dieses Lachen eine Höflichkeit war, die an den äußersten Punkt von Selbstverleugnung reichte. Er sah schließlich in dieser Art des Lächelns ein Merkmal des wahren japanischen Charakters.

Und wie es heißt, besitzt die Geisha dieses Lächeln.

Es gehört zum erstklassigen Benehmen einer Geisha, nicht eine Sekunde lang dieses Lächeln zu vergessen. Ihr verhaltenes, minimales Lächeln ist niemals verletzend, niemals offen zustimmend, niemals abweisend, niemals ermunternd, aber stets vielseitig interpretierbar.

Wenn westliche Männer das Lächeln einer Japanerin als Hilflosigkeit oder verhaltene Leidenschaft interpretieren, ruft es nicht selten ihren Retter- und Heldeninstinkt hervor.

Ein bei ausländischen Schriftstellern gern aufgegriffenes Thema stellt die tugendhafte Japanerin dar, die unter ihrem gefühlskalten, taktlosen japanischen Ehemann leidet und schließlich durch einen romantischen Liebhaber aus dem Westen befreit wird (zum Beispiel in Pico Iyer's »The Lady and the Monk« oder in James Clavells »Shogun«).

Das Image der hilflosen unterdrückten Japanerin wird sogar von den japanischen Medien in den Mangas (den äußerst beliebten und viel gelesenen Comic-Heften) und den TV-Shows unterstützt, wo die Frau immer noch als vom Mann unterdrückt dargestellt wird, als schweigende folgsame Dienerin, die die Bedürfnisse der anderen über ihre eigenen setzt.

Dass sie ihre eigenen Bedürfnisse denen anderer unterordnet, kann auch von der Geisha behauptet werden: Sie ist dazu ausgebildet, sich einzig um das Wohlbefinden der Männer, ihre Kunden, zu kümmern. Dabei verzichtet sie vollkommen auf eigene Wünsche. Für eine Geisha gibt es kein psychologisches Überdenken ihrer eigenen Befindlichkeit. Sie wird nie die Frage stellen: Wie geht es denn eigentlich mir dabei? Sie konzentriert sich ausschließlich auf das Wohl des Mannes, der gerade ihr Kunde ist. Ihr Engagement geht jedoch nicht über die berufliche Beziehung hinaus. Sie ist keine Lebensgefährtin, sondern die situationsbezogene Komplementärfunktion zum Mann in seiner Rolle desjenigen, der sein Vergnügen und eine stilvolle Unterhaltung in seiner Freizeit sucht. (Auch eine Ehefrau ist keine Lebensgefährtin nach westlichem Verständnis, sondern die ergänzende Funktion zum Mann in seiner Rolle des Familienoberhaupts.) Ob er verheiratet ist oder nicht, hat für die Geisha bei der Ausübung ihres Berufs keine Bedeutung.

Japans junge Frauen haben begonnen, sich gegen ihre jahrhundertelange Einpassung in untergeordnete Rollen zur Wehr zu setzen. Frauen werden immer besser ausgebildet und beginnen, gleiche Rechte einzufordern. Mehr als die Hälfte aller Schulabgängerinnen studiert inzwischen an Universitäten. Doch hat ihnen das bis heute nicht zu besseren Positionen oder mehr politischer Einflussnahme verholfen. Nur acht Prozent aller Manager und weniger als fünfzehn Prozent der Abgeordneten sind Frauen. Die traditionell dienende Funktion im Verhältnis der Geschlechter stellen die jungen Frauen zwar zunehmend in Frage. Trotzdem träumt die Mehrheit davon, bis spätestens zum Alter von dreißig Jahren verheiratet zu sein und eine Familie zu haben, was einhergeht mit der Beendigung ihrer Berufstätigkeit. »Nur-Hausfrau und Mutter« zu sein entspricht ihrem eigenen Wunsch ebenso wie der Erwartung, die ihr Umfeld an sie stellt.

Von ihren Ehepartnern erwarten die jungen Frauen heutzutage eine größere Flexibilität bei der Arbeitsteilung und Kooperation, sodass der Mann, wenn nötig, Arbeiten im Haus übernehmen kann. Aber das heißt noch lange nicht, dass die Frauen- und die Männerwelt sich in Japan durchdringen.

Und es bedeutet nicht, dass sich die Vorstellung von der Funktion ehelicher Liebe geändert hat.

Junge Japanerinnen haben sich eine Vorstellung gebildet vom Konzept der Liebesheirat westlicher Prägung: Westliche Lebensmuster werden einerseits laufend durch die Medien vermittelt. Andererseits reisen viele Japaner in europäische Länder sowie in die USA und bringen von dort ihre Eindrücke mit. Der internationale Austausch von Studenten hat in den letzten Jahren zugenommen, und japanische Studierende unternehmen gern nach dem Abschluss ihrer Universitätsausbildung und vor der Aufnahme einer Berufstätigkeit oder Heirat eine Reise in den Westen.

Die jungen japanischen Frauen haben den Eindruck gewonnen, dass westliche Männer – im Gegensatz zu den Japanern – zuvorkommend und liebenswürdig mit Frauen umgehen. Westliche Männer erfreuen sich deshalb bei den Japanerinnen größter Beliebtheit. Sie werden als *kakko ii* (»cool«) bezeichnet, und viele junge japanische Frauen glauben, eine Romanze mit einem westlichen Ausländer bedeute, mit mehr Respekt, Wohlwollen und Verständnis behandelt zu werden.

Obwohl Japanerinnen die (historische) Erfahrung gemacht haben, dass sie von den Männern aus dem Westen verlassen und zugunsten einer Frau aus deren eigenem Kulturkreis aufgegeben werden (siehe Chrysanthème, Butterfly, Sonogi), gelten Verbindungen zwischen einer Japanerin und einem Mann aus dem westlichen Kulturkreis immer noch als romantisch – von Lafcadio Hearn und seiner Setsu bis zu John Lennon und Yoko Ono. Für die westliche Frau hingegen ist der japanische Mann kaum Objekt der Romantik oder Fantasie und auch selten der Begierde. Sein Image als Macho hat im Allgemeinen für eine moderne Frau westlicher Prägung keine Anziehungskraft. Die selbstbewusste westliche Frau erscheint ihm deshalb ebenso wenig begehrenswert.

Das Bild der Madame Butterfly, das sich bis heute als Inbegriff einer Geisha und gleichzeitig als Image einer Japanerin erhalten hat, enthüllt in seiner ursprünglichen Form die extreme Unterdrückung und Nichtbeachtung, ja Rechtlosigkeit der Frau in Japan und zeigt darüber hinaus, wie sie vom Mann aus dem Westen ausgenutzt wird. Das Bild beinhaltet gleichzeitig einen Hinweis für den fremden Mann, der sich für die Geisha, für Madame Butterfly, fatal ausgewirkt hat: Wenn der Fremde sie gut behandelt, tut sie alles für ihn. Wenn er ihrer überdrüssig geworden ist – mehr Leidenschaft oder Unabhängigkeit sucht –, dann ist es kein Problem, Madame Butterfly zu verlassen. Die Japanerin aber, die sich inzwischen an den Rechten der Frauen in der westlichen Kultur orientiert hat, leidet.

Die Frauen des Dorfes Tobiki in John Patricks »Die Geisha des

Captain Fisby – Das kleine Teehaus« hofften, Respekt und partnerschaftliches Verständnis von ihren Ehemännern zu bekommen, wenn es ihnen nur gelänge, eine Atmosphäre zu schaffen, wie es die Geishas tun.

In der Erzählung erfahren wir nicht, welchen Erfolg die tapferen Frauen mit ihrem Versuch, die Aufmerksamkeit und zärtliche Liebe ihrer Männer zu gewinnen, verzeichnen konnten. Man kann jedoch annehmen, dass die Frauen in ihrem Bemühen scheitern mussten, selbst wenn sie sich alle äußeren Merkmale einer Geisha angeeignet hätten, denn Geishas sind nicht dazu erzogen und bestimmt, den Alltag eines Mannes zu teilen.

Ehefrau und Geisha, das passt eben nicht zusammen, wie es in Japan heißt.

Es liegt jedoch weniger an den Ehefrauen, wenn sich das Modell der partnerschaftlichen und zugleich romantischen Liebe in der Ehe in Japan schwer verwirklichen lässt. Es liegt vielmehr an den japanischen Männern, die erst dazu erzogen werden und bereit sein müssen, ein partnerschaftliches Verständnis der Ehe zuzulassen. Die Idee der Gleichwertigkeit der Frau hat in Japan keine lange Tradition. Erst durch die Verfassung von 1947 wurde die allgemeine Benachteiligung der Frau gesetzlich beseitigt. Bis zum Zweiten Weltkrieg war es noch selbstverständlich gewesen, dass die japanische Frau ihrem Ehemann im gebührenden Abstand von drei Schritten folgte und sogar Pakete und Lasten nachschleppte. Bis heute noch besetzen Männer Sitzplätze in öffentlichen Verkehrsmitteln, während die Frauen stehen. Und beim täglichen Bad im *ofuro* (japanische Badewanne) zu Hause steigt die Frau als Letzte in die Badewanne.

In Japan wird sich also zuvörderst die Einstellung der Männer ändern müssen, damit ein anderes Verständnis von Liebe in ihrer häuslichen Umgebung möglich wird. Die Frauen haben bereits ein westliches Konzept im Kopf, wie eine Ehe mit mehr Partnerschaft, Verliebtheit und Verehrung gestaltet werden könnte. Sie sind auch bereit, Begehren, Spiel und Spaß in die Liebe einzubringen. Anzeichen dazu liefern zum Beispiel Verhaltensweisen, wie sie Yōko Morikawa ausprobiert, oder Frauen, die – wenn auch nur kurz – in die Rolle einer Geisha schlüpfen. Die Männer müssen unter anderem zulassen, dass die Leidenschaft in die Ehe einzieht. Das kann erst dann erfolgen, wenn die Trennung zwischen ehelicher und außerehelicher Liebe überwunden ist.

Diese unterschiedlichen Formen der Liebe sind im Übrigen keine japanische Besonderheit. Auch im europäischen und allgemein westlichen Kulturkreis war die Trennung zwischen »Pflicht« und »Vergnügen« nicht unbekannt. Doch seit dem 18. Jahrhundert tendiert die Gesellschaft der westlichen Kultur dazu, die beiden traditionell gegensätzlichen Formen der Liebe einander anzunähern. Im Westen entstand nach und nach ein Eheideal, das es den Gatten zur Pflicht macht, einander wie Verliebte zu lieben. Die außereheliche Erotik hat Eingang in die Ehe gefunden und die traditionelle Zurückhaltung zugunsten der Leidenschaft und auf Kosten der Dauer verdrängt.

Die leidenschaftliche Liebe kennt jedoch keine Dauer. Wenn sie mit der traditionellen ehelichen Liebe verschmelzen soll, wird diese auch nicht mehr von Dauer sein: Dies befürchten in Japan jene, die sich gegen eine Verwestlichung der sittlichen Werte Japans stellen und sich für die Beibehaltung der Trennung von ehelicher Liebe und außerehelicher Leidenschaft einsetzen. Sozialwissenschaftler sagen voraus, dass die Scheidungsziffern bei so genannten Liebesehen auch in Japan drastisch ansteigen werden. Eine Scheidung bezeichnet dann lediglich das reguläre Ende eines Gefühls, das weder andauern kann noch soll und das dem nächsten Erlebnis Platz machen muss.

Geishas verstehen sich auch in dieser Hinsicht als Verfechterinnen der Tradition. Ihr Beruf trage dazu bei, die traditionelle Ehe zu stabilisieren, meint beispielsweise der Soziologe Hiroyuki Andō, denn die Geisha überschneide sich keineswegs mit den Aufgaben, die eine Ehefrau von ihrem Gatten erwarten kann. Sollte die Ehe in Japan dem westlichen Muster jedoch immer mehr angepasst werden, werden die Geishas möglicherweise nur noch für Touristen von Interesse sein, vermutet Andō.

Es ist wohl die Tradition, Frauen- und Männerwelten getrennt zu halten, sowie die unterschiedliche Bewertung von ehelicher und außerehelicher Liebe, die nach wie vor bewirken, dass Frauen in Japan entweder Dienerin des Mannes sind oder dessen Gespielin und Unterhalterin, ohne jemals eine wirkliche Partnerin sein zu können.

Zwar kann sich die Ehefrau in ihrer Funktion als Hausfrau und Mutter ohne weiteres sicher sein, von ihrem Mann Unterstützung zu erhalten. Erwartet sie jedoch mehr Gefühl oder Leidenschaft, wird sie vom Gatten in ihre gesellschaftlich üblichen Schranken verwiesen (Yōko Morikawa). Eine Geisha hingegen darf nie vergessen, die Grenzen ihres Berufs einzuhalten. Indem sie mit ihren Gefühlen achtsam umgeht, beherrscht sie die Situation und somit auch den Mann, von dem sie letztlich abhängig ist. In dem Moment, wo sie das vergisst, ist die wahre Geisha verloren und nur noch eine ganz gewöhnliche Frau.

Können ehemalige Geishas dann als ideale Ehepartnerinnen gelten? »Theoretisch ja«, meint die Geisha Sawako, »doch ist sie erst mal Ehefrau, verhält sich der Mann ihr gegenüber nicht mehr wie vor der Ehe, als sie noch eine Geisha war.« Sie wird zwar als äußerst gebildete Frau für glanzvolle Momente im Eheleben sorgen können, manchmal auch gesellschaftliche Anerkennung ernten (in Abhängigkeit von der Position, die ihr Ehemann in der Gesellschaft einnimmt), wird im Allgemeinen jedoch ihren Ehegatten kaum daran hindern (können), weiterhin die Gesellschaft anderer Geishas zu suchen.

Japanische Ehefrauen träumen nicht selten von der Ehe als bloße Versorgungsinstitution. In diesem Fall begrüßen sie es, wenn ihr Mann sich seine Wünsche nach Vergnügen und Ansprache außer Haus bei einer Geisha erfüllt. »Hausfrau allein zu Haus« ist durchaus ein Wunsch von vielen verheirateten Japanerinnen, wie ich während meines zehnjährigen Aufenthalts in Japan des Öfteren mit Verwunderung und Erstaunen feststellen konnte.

Die westliche Frau hingegen glaubt, für die Nähe zum Partner alles tun zu müssen. In der westlichen Vorstellung ist die Ehe oder eine Lebensgemeinschaft auf eine Erfüllung der Träume angelegt. Das bedeutet nicht zuletzt, dass Frauen sich wünschen, für den Partner stets anziehend, interessant und fesselnd zu sein.

Die Geisha hingegen fesselt den Mann nur für die Dauer ihres Engagements. Sie führt keine Beziehung und keine Partnerschaft. Sie bringt keine Verantwortung, keinen Alltag in die Situation und braucht sich keine Gedanken um das »Nachher« zu machen. Sie kann sich ganz und gar der jeweiligen Situation widmen, dem sorglosen Vergnügen und den gerade aktuellen Bedürfnissen des Mannes. Ist er hungrig, sieht sie ihm beim Essen zu, sie trinkt mit ihm, wenn er ihr Alkohol anbietet, sie tanzt und singt für ihn oder spielt auf alten Instrumenten, wenn er sich in Nostalgie ergehen will. Sie heitert ihn mit frivolen Anekdoten auf, tröstet ihn, wenn er deprimiert ist, und lässt sich seine Unarten lächelnd gefallen.

Auch ihre Erotik wirkt nur im Kontext ihrer Kultur. Sie wirkt als Gesamtkunstwerk.

Der westlichen Frau von heute mag eine Geisha wie eine Erinnerung an eine längst überwundene Zeit erscheinen: Mit ihren trippelnden Schritten kindlich-affektiert, durch ihre Kleidung in ihrer Bewegungsfreiheit eingeengt, mit ihrem typischen Lächeln ausdruckslos und daher schwer zu begreifen. Trotzdem wird sie als Augenweide empfunden mit ihren prunkvollen Seidenkimonos und bestens geschminkt, um niemals Ärger oder Leidenschaft zeigen zu müssen.

Müsste sich die westliche Frau stets selbst verleugnen, wie es eine Geisha tut, wäre sie in einem Konflikt. Sie hat gelernt, sie selbst zu sein, und will als die unverwechselbare Person auch vom Partner anerkannt werden. Auch ihre Sexualität ist getragen von partnerschaftlichen Konzepten, das Unterwürfige widerspricht ihrer Erziehung zur Selbstständigkeit.

Fast alle, die Geishas und deren Leben in Geschichten, Erzählungen und Holzschnitten verewigt haben, waren (japanische) Männer. In den wenigen erhaltenen Schriften und Gemälden, die Geishas geschaffen haben, zeichnen diese von sich selbst ein anderes Bild: Sie geben sich weniger als verführerische oder unnahbare

Wesen, sondern vielmehr als Frauen, die mit beiden Beinen auf der Erde stehen.

Solange der Sinn und Zweck der Ehe die Familiengründung bleibt, ist die gesellschaftliche Funktion der Geisha gesichert. Dazu kommt die spezifisch japanische Sehnsucht nach einer unverwechselbaren nationalen Identität. Die Geisha bildet einen Teil davon, auch wenn der Berufsstand erst knapp zweihundertfünfzig Jahre alt ist.

Geishas können auf ihre Weise viele Träume von Männern und Frauen erfüllen. Träume von Luxus, Romantik und Exklusivität. Sie können dies, nicht weil sie so geboren werden oder als Zauberwesen auf die Welt herabschweben, sondern weil Geisha ein Beruf ist. Sie sind ausgebildet, um Männer zu unterhalten. Und wie in jedem Beruf gibt es auch hier Voraussetzungen, um ihn ergreifen zu können, und es gibt Regeln, nach denen er funktioniert. Es gibt Grenzen, die sich mitunter verwischen lassen: Möglicherweise steckt hinter einer Person, die diesen Beruf ausübt, mehr, als auf den ersten Blick zu sehen ist. Eine Frau, die Geisha wird, bekommt einen Berufsnamen, trägt Berufskleidung, arbeitet in einer bestimmten Umgebung, und ihre Tätigkeit ist zeitlich eingeteilt wie auch begrenzt. Ihr Ziel ist, in ihrem Beruf erfolgreich zu sein und viel Geld zu verdienen. Das ist nur möglich, wenn sie Männer als Kunden für sich gewinnen kann.

Die Tradition hat ihre Entwicklung nicht behindert. Sie ist vielmehr das Herz, die Seele und der Motor der Geisha. Ihre Ahnen haben sich den Künsten gewidmet und somit verhindert, dass sie zu Prostituierten verkamen. Aufgrund ihrer Kunst, mit der sie an die urjapanische Seele rühren, haben sie bis zum heutigen Tag überlebt. Die Geisha ist in gewisser Weise ein abstraktes Wesen, verwurzelt in der Vergangenheit, deren Repräsentantin sie bis heute ist. Sie vertritt, ob sie es will oder nicht, stets die nostalgische Romantik des alten Edo. Ihre Existenz hat sich stets als Ort des Widerstands gegen den Einfluss des Westens erwiesen. Die Bürde, die sie trägt, geht zu ihren Lasten: Weil sie die Hüterin der Traditionen ist und sein will, verzichtet sie darauf, eine lebendige, moderne Frau zu sein, sie verzichtet auch auf ein Stück Selbstverwirklichung außerhalb ihres Berufs, oder besser gesagt: ihrer Berufung, eine Geisha zu sein.

Geishas im alten Sinn gibt es nicht mehr. Heute sind die wenigen Frauen, die diesen Beruf ausüben, meist perfekt in den alten Traditionen ausgebildete Angestellte in einem Edelrestaurant oder Teehaus in Kyōto, Tōkyō oder Ōsaka oder arbeiten als Selbstständige. Für den ganz normalen japanischen Mann ist der Besuch eines Geisha-Restaurants unerschwinglich. Nichtsdestotrotz träumt er davon. Aber er sucht bei seiner Ehefrau noch immer keine ähnlichen Eigenschaften.

Und wenn er genug Geld hat, wird er sich weiterhin an diese Trennung halten.

In der neuen Welt der ständig wechselnden Moden, der Schulmädchenprostitution, der Clubs und *companions* und eines Überangebots an sexuellen Reizen ziehen sich die Geishas immer mehr zurück. Doch sie bleiben die tapferen Hüterinnen ihrer alten Kultur.

Die Geisha ist eine Geisha – darauf muss Verlass sein können. Dies entspricht der festgelegten Ordnung im gesellschaftlichen Miteinander.

SAYONARA, GEISHA, ADIEU?

Auf dem Bild des unbekannten Malers herrscht Winterstimmung. Dicke Schneeflocken fallen vom grauen Himmel, in der Ferne sind schneebedeckte Kiefern im Nebel angedeutet, eine Geisha im festlich moosgrünen Kimono geht in den Schneewald hinein, sie hat dem Betrachter den Rücken zugekehrt, wir wissen nicht, ob sie alt ist oder jung. Wie sie offensichtlich zielstrebig und gefasst durch die winterliche einsame Landschaft schreitet, sieht der westliche Betrachter nicht ohne Rührung. Bald wird sie hinter dem immer dichter werdenden Schneevorhang verschwunden sein, und nur noch die geordnet herabrieselnden Schneeflocken und die Kontur, der Umriss des Kiefernwäldchens werden bleiben. Die einsame Geisha wird mit dem Schneeschleier verschmelzen. Zurück bleibt die weiße Winterlandschaft. Ein Abschied?

Scheint die Zeit der Geishas unwiederbringlich einem Ende zuzugehen? Oder kehrt die Geisha wieder, wenn sich die Sonne zeigt, mit einem Lächeln, das sein Geheimnis niemals lüftet?

ANHANG

DANK

Allen Frauen und Männern, die mir Japan und die Welt der Geishas aus historischer und eigener Sicht erklärt, beschrieben, gezeigt und interpretiert haben, möchte ich hiermit von Herzen danken. Ohne sie hätte ich dieses Buch nicht schreiben können.

Im Besonderen gilt mein Dank den Frauen von der Geisha-Agentur in Tōkyō und dem Maiko-Haus in Yamagata. Ebenso Gabriele Christ-Kagoshima und Shigeo Kagoshima, Barbara Conrady, Ritsuko Kataoka, Anne Loesch, Uschi Nötzoldt-Linden, Sakue Ogawa sowie Helen und Toshikatsu Yamamoto.

Aufrichtigen Dank schulde ich meinen Kindern Christian, Thilo und Katja sowie meinen Freundinnen Coco und Biene und meinen Nachbarinnen Elke, Hanni, Maria, Renate, Rosa und Sabine, die mich alle in Zeiten des Zweifels und Stillstands ermuntert und unterstützt und somit entscheidend dazu beigetragen haben, dass ich das Projekt Geisha zu Ende führen konnte.

Ein ganz besonderer Dank gilt Angela Kaiser, meiner aufmerksamen ersten Leserin und hilfreichen Kritikerin.

Angelika Greß danke ich für ihre wertvollen Hinweise und Heike Rosbach für ihr sorgfältiges Lektorieren der Texte. Nicht zuletzt bin ich Helmut Feller zutiefst dankbar für seine stets unerschütterliche und optimistische Begleitung meines Arbeitsprozesses.

Abensberg, im Mai 2005

VERZEICHNIS JAPANISCHER BEGRIFFE

ageya — Haus der Verabredung in den Vergnügungsvierteln, in dem einst die Patrone Treffen mit ihren Kurtisanen vereinbarten

awase — Winterkimono, der von Oktober bis Mai getragen wird

biwa — vier- oder bisweilen sechssaitige traditionelle japanische Laute, die mit einem Plektron gespielt wird

-chan — Anhängsel an den Namen als verniedlichende, vertrauliche Anrede (etwa »Mariechen« für Maria)

daimyō — Provinzfürst mit Landbesitz und Truppen, der sein eigenes Gebiet verwaltete und dem *shōgun* Treue schwören musste

Edo — alter Name für Tōkyō, in Gebrauch bis 1868

Edo-Zeit — Bezeichnung für eine Epoche der japanischen Geschichte, und zwar für die Zeit zwischen 1600 und 1868

edokko — »Kind« der Stadt Edo, jemand, der in Edo geboren und aufgewachsen ist

furisode — farbenprächtiger Kimono mit langen schwingenden Ärmeln, nur von jungen Mädchen sowie der Braut am Hochzeitstag getragen

geiko — in Kyōto und einigen anderen Städten gebräuchliche Bezeichnung für weibliche Geisha, von *ge* = Kunst und *sha/ko* = Person

geisha — (1) Das Wort bedeutet »Künstler« und bezeichnete zur Edo-Zeit die Musiker, Komödianten und Schausteller, die in den Vergnügungsvierteln

	Kunden die Zeit verkürzten, die auf eine anderweitig engagierte Kurtisane warten mussten. (2) Tänzerinnen, Sängerinnen und *shamisen*-Spielerinnen, denen öffentliche Auftritte verboten worden waren, zogen sich in die Vergnügungsviertel zurück, machten den dortigen Geishas (1) Konkurrenz und übernahmen auch deren Bezeichnung, als *onna*-Geisha (»weibliche Künstler«) präzisiert, um sich von den Kurtisanen und Dirnen zu unterscheiden. (3) Seit der späten Edo-Zeit professionell ausgebildete Künstlerin
hadajuban	blusenähnliches Kleidungsstück unter dem Kimono
hanadai	»Blumenkosten«. Zeiteinheiten, nach denen die Gebühren für eine Geisha berechnet werden, also das Honorar einer Geisha
hanamachi	»Blumenstadt«, Geisha-Bezirk
hangyoku	Geisha-Schülerin
haori	Jacke, die bei Kälte oder Regen über dem Kimono getragen wird
hitoe	Kimono für die Zeit von Mai bis Juni
hōmongi	festlicher Kimono mit fünf Wappen (oder Familienabzeichen)
honne	echtes, aufrichtiges Gefühl, die »innere Realität«
ikebana	Kunst des Blumensteckens nach ästhetischen und philosophischen Regeln. Ikebana-Gestecke dienen als Schmuck der *tokonoma*
iki	»Chic« oder »Eleganz«, hat seinen Ursprung unter den Geishas von Edo
iromuji	einfarbiger Kimono
jiutamai	Form des klassischen japanischen Tanzes, besonders gepflegt von den Geishas der Inoue-Schule
kabuki	traditionelles bürgerliches Theater, dem ein spektakulärer dramatischer Stoff zugrunde liegt,

	und dessen Aufführungen durch prunkvolle Kostüme und einen überaus melodramatischen Stil geprägt sind; ursprünglich nur von Männern aufgeführt
kaburenjo	zentraler Ort in jedem Geisha-Viertel, an dem Übungsräume, ein Theater und die Büros der Geisha-Vereinigung untergebracht sind
kamuro	jugendliche Zofen einer Kurtisane
karaoke	wörtlich »leeres Orchester«, eine der populärsten Abendunterhaltungen in Japan, bei der die Gäste zu einer vom Band gespielten Begleitung singen, mittlerweile auch im Westen weit verbreitet
karyūkai	wörtlich »Welt der Blumen und Weiden«; Gemeinschaft, in der Geishas leben
kata	»Form«, die richtige Art und Weise, etwas zu tun
kenban	Büro der Geisha-Vereinigung, Registrierungsbüro und Verwaltungszentrum des jeweiligen Geisha-Viertels, stellt die Rechnungen an die Kunden aus und übernimmt Buchhaltung, Lohnabrechnung und -auszahlung für die Geisha
kokyū	dreisaitige Laute, die mit einem Bogen gespielt wird
komon	Kimono mit kleinem durchgehendem Muster
kosode	bis ins 18. Jahrhundert hinein die Bezeichnung für Kimono
koto	ein liegendes Saiteninstrument mit gewöhnlich 13 Saiten (es gibt auch Versionen mit 7 Saiten). Das Instrument wird ähnlich wie die europäische Zither gespielt
maiko	Bezeichnung für die Lehrmädchen der Geisha
maiōgi	Tanzfächer
mama-san	»Mutter«, Besitzerin einer Bar
Meiji-Restauration	1868. Abschaffung des Shōgunats und Wiedereinsetzung des Kaisers in seine ursprünglichen Rechte

misedashi »offen für Geschäfte«, Debüt einer Maiko

mizushōbai wörtlich »Wassergeschäft«, im übertragenen Sinn »Bargeschäft«

mizuage eine der Zeremonien, die die Verwandlung der Maiko zur Geisha symbolisiert. Bei einer *oiran* oder *tayū* bezeichnet der Begriff die zeremonielle Entjungferung.

nagajuban langes Unterkleid aus Seide mit von Hand angenähtem Kragen, das unter dem Kimono getragen wird

nō klassisches japanisches Theater, das seit dem Ende des 14. Jahrhunderts von den Samurai gepflegt wurde

obi Kimono-Schärpe

ochaya wörtlich »ehrwürdiges Teehaus«, in dem exklusive Bankette stattfinden, bei denen Geishas und Maikos auftreten

odoriko »Tanzmädchen«, Tanzkünstlerinnen, die um 1700 in Edo wirkten, Vorläuferin der weiblichen Geisha

oiran höchster Rang unter den Kurtisanen des alten Edo ab Mitte des 18. Jahrhunderts, hochrangige Prostituierte

okāsan wörtlich »Mutter«, auch als Bezeichnung für die Besitzerin eines *okiya*

okiya Haus, in dem Maikos und Geishas leben und das für ihre Ausbildung sorgt

onēsan wörtlich »ältere Schwester«, eine Art Patin oder Vertraute einer Maiko

onsen heiße Quellen, Thermalbäder in entsprechenden Kur- oder Erholungsorten

ori Seidenkimono, dessen Fäden vor dem Weben gefärbt wurden

ro Kimono für den Sommer von Juni bis September

ryokan	traditionelles japanisches Gasthaus
ryōtei	Tōkyōter Restaurant der gehobenen Klasse, in dem japanische Haute Cuisine serviert wird und Geishas zur Unterhaltung engagiert werden
sake	»Reiswein«, kann heiß oder gekühlt getrunken werden
samurai	Krieger, die den Kriegsherren des alten Japan dienten, in der Tokugawa-Hierarchie bildeten sie die höchste gesellschaftliche Klasse
-san	wird an den Namen angehängt, wenn die betreffende Person gesiezt wird
sensei	Anrede für Lehrer, ältere oder in irgendeiner Hinsicht besonders zu respektierende Personen
shakuhachi	Bambusblockflöte
shamisen	eine Art Gitarre mit drei Saiten über einem flachen Klangkörper, der mit Katzenfell bespannt ist; wie alle japanischen Saiteninstrumente wird es mit einem Plektron gespielt
shintō	»Der Weg der Götter«, ursprüngliche japanische Religion. Religiöse Stätten im *shintō* sind im Allgemeinen rot gestrichen und werden als Schreine bezeichnet, um sie von den buddhistischen Tempeln zu unterscheiden.
shōgi	ein Brettspiel indischer Herkunft, die Regeln sind denen des Schachspiels sehr ähnlich
shōgun	Bezeichnung für den obersten militärischen Befehlshaber. Von 1192 bis zum Jahre 1868 stand Japan mit nur kurzen Unterbrechungen unter der Herrschaft des Militärs; die Gewalt lag jedoch zumeist nur formal in den Händen des *shōgun* und wurde vielmehr von dessen Regenten faktisch ausgeübt. Die Regierungsbehörde der Militärherrscher bezeichnet man allgemein als das Shōgunat.
shunga	Holzschnitt mit erotischem Motiv

some	Seidenkimono, dessen Stoff erst nach dem Weben gefärbt wurde
sui	Ideal der Eleganz und Bildung des 17. Jahrhunderts in Kyōto und Ōsaka
tabi	Socken aus Baumwolle oder Seide mit abgeteiltem großem Zeh
Takarazuka	berühmtes Revue-Theater in Ōsaka, in dem ausschließlich Frauen auftreten
tatami	Reisstrohmatte, als Einbauelement genormt für japanische Zimmer (90 x 180 cm)
tatemae	die »äußere Fassade«, hinter der man seine Gefühle verbirgt
tayū	Bezeichnung der begabtesten Meisterkurtisanen zu Anfang der Edo-Zeit. Bis der ökonomische Niedergang des Reiches und der künstlerische Niedergang des Kurtisanentums zum Aussterben der großen Meisterkurtisanen und damit auch des *tayū*-Ranges führten, blieb *tayū* der höchste Kurtisanenrang.
tennō	Bezeichnung für den Kaiser in Japan (kein Familienname!). Die wirkliche Macht im Reich übte der *tennō* allerdings nur im Altertum aus.
Tōkaidō	wichtigste Fernstraße der Edo-Zeit zwischen Edo und Kyōto
tokonoma	Alkoven oder Nische in einem Empfangsraum mit Rollbild und einem Blumenarrangement. Der Ehrenplatz, den man dem Gast zuweist, ist stets der Platz vor der *tokonoma*.
Tokugawa	vom 17. bis zum 19. Jahrhundert die führende Shōgun-Familie Japans
tomesode	Kimono der verheirateten Frau, dessen Ärmel nur bis knapp unter die Hüfte reichen
torii	Eingangsportal zu einem Shintō-Schrein, im Allgemeinen aus Holz gearbeitet und rot gestrichen

tsukesage	Kimono, dessen Muster schon im Ballen gefärbt wurde und der eine eindeutig unterscheidbare Vorder- und Rückseite hat
tsutsumi	kleine, leichte Handtrommel, die man auf die Schulter legt, mit einer Hand festhält und mit der anderen Hand schlägt
ukiyo	(ein Dasein in der Schwebe), die »fließend vergängliche Welt«, ursprünglich ein buddhistischer Begriff, der die Vergänglichkeit und das Trügerische irdischen Lebens beschreibt. Wurde zur Edo-Zeit ein populärer Begriff, als man begann, damit die Moden kurzlebigen Amüsements und nichtigen Vergnügens zu umschreiben, denen das männliche Bürgertum der Städte weithin verfallen war.
ukiyo-e	Bilder aus der »fließend vergänglichen Welt«. Im Ausland sind vor allem die Genre-Bilder bekannt, jene farbigen Drucke zeitgenössischer Holzschnitt-Meister wie Kitagawa Utamaro oder Toshusai Sharaku aus der Welt der Amüsierviertel und Theater.
wareshinobu	erste Frisur einer Lerngeisha
yakko-shimada	Festfrisur
zegen	Bezeichnung zur Edo-Zeit für die Menschenhändler und Beschaffer von Dirnen-, Kurtisanen- und Geisha-Nachwuchs
zōri	heutzutage getragene Sandalen mit Riemchen zwischen großem und viertem Zeh sowie mit Keilabsatz

AUSGEWÄHLTE LITERATUR

Asia Society Galleries, The: Undercurrents in the Floating World: Censorship and Japanese Prints. New York 1991.

Bälz, Erwin: Das Leben eines deutschen Arztes im erwachenden Japan. Stuttgart 1931.

Bauer, Marie Theres: Das achtzehnte Jahrhundert. Müller-Kaspar, Ulrike (Hg.), 1000 Jahre Europäische Geschichte. Wien 2001.

Caudill, William: Emotionale Grundstrukturen im modernen Japan. In: Kahle, Gerhard (Hg.): Logik des Herzens. Die soziale Dimension der Gefühle. Frankfurt / Main 1981.

Chamberlain, Basil Hall: ABC der japanischen Kultur. Ein historisches Wörterbuch. Zürich 1990.

Dalby, Liza: Geisha. Reinbek 2000.

Dalby, Liza: Kimono: Fashioning Culture. New Haven 1983.

Downer, Lesley: Geisha. The Secret History of a Vanishing World. London 2000.

Golden, Arthur: Die Geisha. München 1998.

Guinard, Silvain: Traditionelle japanische Musik von den Anfängen bis heute. In: Guinard, Silvain (Hg.): Musik in Japan. München 1996.

Hearn, Lafcadio: Kokoro. Hints and Echoes of Japanese Inner Life. New York, Tōkyō 2001.

Hearn, Lafcadio: Lotos. Blicke in das unbekannte Japan. Frankfurt / Main 1921.

Ihara, Saikaku: Yonosuke, der dreitausendfache Liebhaber. München 1968.

Immoos, Thomas: Die Tanzrituale der Yamabushi. Tōkyō 1968.

Iwasaki, Mineko, mit Rande Brown: Die wahre Geschichte der Geisha. München 2002.

Journal zu den 43. Berliner Festwochen. Berlin 1993.

Kawabata, Yasunari: Schneeland. München 1987.

Kipling, Rudyard: Kipling's Japan. Collected Writings. London, Atlantic Highlands, NJ. o.J.

Krusche, Dietrich: Konkrete Fremde. Stuttgart 1983.

Kudriaffsky, Eufemia: Flora Japonica 1879.

Kuzume, Yoshi: Images of Japanese Women in U.S. Writings and Scholarly Works 1860–1990: Formation and Transformation of Stereotypes. U.S.-Japan Women's Journal, English Supplement, No. 1, 1991. Zitiert in: Ma, Karen: The Modern Madame Butterfly, Fantasy and Reality in Japanese Cross-Cultural Relationships. Rutland, Vt., und Tōkyō 1966.

Longstreet, Stephen and Ethel: Geisha. Hamburg 1961.

Longstreet, Stephen and Ethel: Yoshiwara: The Pleasure Quarters of Old Tōkyō. Rutland, Vt., Tōkyō 1970.

Loti, Pierre: Madame Chrysanthème. Paris 1888.

Masuda, Sayo: Autobiography of a Geisha. New York 2003.

Nagai, Kafu: Geisha in Rivalry. Rutland, Vt., und Tōkyō 1963.

Nakamura, Kiharu: Memoiren einer Geisha. München, Wien 1997.

Oshima, Nagisa: Ai no corrida (Im Reich der Sinne). Erotikfilm, Japan / Frankreich 1976.

Polo, Marco: Il Milione. Zitiert in: Journal zu den 43. Berliner Fest-

wochen. »Vom Mythos zur Moderne«. Berlin 1993.
Richter, Ursula: Bräute der Nacht. Die spirituelle Erotik des alten Japan. Bergisch Gladbach 1998.
Satow, Tamio: Abhandlungen und Erhebungen über das Geschlechtsleben des japanischen Volkes. Folkloristische Studien. Bearbeitet von Ihm, Hermann. In: Krauss, Friedrich S.: Japanisches Geschlechtsleben. Zweiter Band. Leipzig 1931.
Schmitt, Uwe: Wer aus dem Staunen herauskommt. In: Frankfurter Allgemeine Zeitung, Nr. 33, 1997.
Seidensticker, Edward: Kafu the Scribbler. The Life and Writings of Nagai Kafu. Stanford, Ca. 1965.
Sieburg, Friedrich, zitiert nach: Schmitt, Uwe: Wer aus dem Staunen herauskommt. Frankfurter Allgemeine Zeitung, Nr. 33, 1997.
Singer, Kurt: Spiegel, Schwert und Edelstein. Strukturen des japanischen Lebens. Frankfurt / Main 1991.
Sneider, Vern: Die Geisha des Captain Fisby (Das Kleine Teehaus). Frankfurt / M. 1957.
Stein, Michael: Japans Kurtisanen. Eine Kulturgeschichte der japanischen Meisterinnen der Unterhaltungskunst und Erotik aus zwölf Jahrhunderten. München 1997.
Sugimoto, Etsuko: Tochter der Samurai. Lebensbild aus dem neuzeitlichen Japan. Wien 1956.
Weber, Carl W.: Aufstieg und Größe des antiken Stadtstaates Athen. München 1979.

BILDNACHWEIS

Bridgeman Art Library: 2
Geishas in a Tea House at Tonosawa (hand coloured albumen print on card), Kimbei, Kusakabe (1841–1934) (attr. to) © Private Collection, The Stapleton Collection; © Bridgeman Art Library
Bridgeman Art Library: 6
A Shunga Scene (colour woodblock print), Shunsho, Katsukawa (1726–93) (attr. to) © Galerie Janette Ostier, Paris, France; © Bridgeman Art Library
Deutsches Textilmuseum, Krefeld: 15, 17, 18, 19, 21
Ono-Feller, Masami, Bergisch-Gladbach: 1, 3, 4, 5
Richter, Ursula: 7, 8, 9, 10, 11, 12, 13, 14, 16 a–c, 20, 22

REGISTER